国家自然科学基金(项目号:71372030,71872081)
南京大学长江三角洲经济社会发展研究中心暨区域经济转型与管理变革协同创新中心联合招标重大项目(CYD—2020009)
南京大学人文社科双一流建设"百层次"科研项目资助

中国公募基金管理公司整体投资回报能力评价研究(2020)

(Total Investment Performance Rating, TIP Rating—2020)

林 树 著

·南京·

图书在版编目(CIP)数据

中国公募基金管理公司整体投资回报能力评价研究.2020/ 林树著. —南京：东南大学出版社，2021.4
ISBN 978-7-5641-9487-1

Ⅰ.①中… Ⅱ.①林… Ⅲ.①投资基金—金融公司—投资回报—研究—中国—2020 Ⅳ.①F832.3

中国版本图书馆 CIP 数据核字(2021)第 059725 号

中国公募基金管理公司整体投资回报能力评价研究(2020)
Zhongguo Gongmu Jijin Guanli Gongsi Zhengti Touzi Huibao Nengli Pingjia Yanjiu(2020)

出版发行	东南大学出版社	
社　　址	南京市四牌楼 2 号　　邮编　210096	
出 版 人	江建中	
网　　址	http://www.seupress.com	
电子邮箱	press@seupress.com	
经　　销	全国各地新华书店	
印　　刷	广东虎彩云印刷有限公司	
开　　本	700mm×1000mm　1/16	
印　　张	19	
字　　数	480 千	
版　　次	2021 年 4 月第 1 版	
印　　次	2021 年 4 月第 1 次印刷	
书　　号	ISBN 978-7-5641-9487-1	
定　　价	78.00 元	

本社图书若有印装质量问题,请直接与营销部联系。电话(传真):025-83791830

声 明

本书是"南京大学长江三角洲经济社会发展研究中心"暨"区域经济转型与管理变革协同创新中心"联合招标重大项目(CYD—2020009)、国家自然科学基金(项目号:71372030,71872081)及南京大学人文社科双一流建设"百层次"科研项目资助的阶段性成果。此书内容仅供资讯用途,不作为投资建议,也不作为买进或卖出任何证券投资基金的推荐,同时也不保证本书内容的精确性及完整性,也不担保使用本书内容所获得的结果。本书中所有公募基金与基金公司样本均限定在我国大陆地区,不包括港、澳、台地区。作者与此书的相关方对于本书内容所产生的直接或间接的损失或损害,不负任何责任。

摘　　要

相对于发达资本市场国家的公司型基金,我国大陆地区成立的公募基金管理公司所发行的证券投资基金产品到目前为止全部是契约型基金,即每只基金都由基金管理公司发行并管理。这样,国内的证券基金与基金公司之间有着与发达市场不一样的特点。同一基金公司管理着数只基金产品,并且同一公司旗下所有基金产品均共用公司的同一个投研平台,公司投资研究实力的强弱对具体某一只基金的影响非常大。

在这种架构下,仅对单只基金业绩进行考量的评价,而没有考虑到单只基金背后所依托的基金管理公司的实力,在中国目前特有的制度环境下必有其局限性。如某基金公司整体实力可能不行,但可以利用整个公司资源将一只基金业绩做上去,而旗下其他基金业绩会很差,或故意将旗下数只基金投资行为进行显著的差异化,这样可以寄希望总能"蒙"对好的股票,人为的"造出"一两只"明星"基金,以使公司在市场中出名,虽然由此会造成旗下基金业绩间差距,但市场被"明星"基金所吸引,更多的资金流入基金公司,管理费收入得以扩大。

基于此思想,我们开发并于2008年在国内首次推出"中国基金管理公司整体投资回报能力评价(TIP Rating)"。基金管理公司整体投资回报能力评价着重考虑基金管理公司的整体投资管理能力,而不是单只基金的业绩。它试图克服单只基金评级的缺陷,综合考虑基金公司旗下不同类型基金的表现,以及同一公司旗下基金业绩之间的均衡表现,可以反映基金管理公司整体投研实力的强弱与均衡与否。样本范围包括内地基金公司旗下的普通股票型、偏股混合型、平衡混合型、偏债混合型、债券型、指数型、货币型等类型基金。

《中国公募基金管理公司整体投资能力评价研究(2020)》数据截至2020年。我们分为三年期、五年期、十年期三种时间段来对样本基金公司进行评价分析,从我们的分析报告中,可以看出为什么有些基金公司的整体投资回报能力在短期内可以排在前列,有些基金公司则排在后面。从不同的时段上,也可以看出某些基金公司的整体投资能力在长、短期上的剧烈变化,让我们可以对某些基金公司的投研的稳定性有直观的感受。受篇幅所限,我们在这版本的评价研究中去掉了一年期和两年期的评价内容,感兴趣的读者可以向作者询问。

目前的评价方法虽然有其创新性,但难免有不足之处,我们非常欢迎同行的批评与建议,在后续定期的修订版本中根据实际情况进行方法的改进。

感谢"南京大学长江三角洲经济社会发展研究中心"暨"区域经济转型与管理变革协同创新中心"、国家自然科学基金和南京大学的资助,感谢东南大学出版社编辑老师的工作。

目 录

1 概述 ··· 1
   1.1 理论基础 ·· 1
   1.2 数据来源与指标设计 ······································ 2

2 三年期公募基金管理公司整体投资回报能力评价 ············ 7
   2.1 数据来源与样本说明 ······································ 7
   2.2 三年期整体投资回报能力评价结果 ····················· 7
   2.3 三年期整体投资回报能力评价详细说明 ··············· 12

3 五年期公募基金管理公司整体投资回报能力评价 ············ 140
   3.1 数据来源与样本说明 ······································ 140
   3.2 五年期整体投资回报能力评价结果 ····················· 140
   3.3 五年期整体投资回报能力评价详细说明 ··············· 144

4 十年期公募基金管理公司整体投资回报能力评价 ············ 262
   4.1 数据来源与样本说明 ······································ 262
   4.2 十年期整体投资回报能力评价结果 ····················· 262
   4.3 十年期整体投资回报能力评价详细说明 ··············· 265

5 2020年度中国公募基金管理公司整体投资能力评价总结 ······ 294

1 概 述

截至 2020 年底,我国公募基金管理公司约 146 家,他们管理的各类型公募基金 7 783 多只(数据来源:中国证券投资基金业协会官网),数量超过了国内上市的 A 股主板股票数量。面对如此多的公募基金,一般的非专业投资者会感到无从选择,这就需要专业的研究人员为其对公募基金进行评价与挑选。其中最重要的研究工作之一便是根据投资范围、投资风格、收益与风险特征等对各类型基金进行评级,给出一定时期内哪些基金相对表现好,哪些基金相对表现差的直观认识。市场上现有的绝大多数评级一般是对单个基金进行评级,这种做法通俗易懂,但也有它的缺点,具体的原因将在本章的理论基础部分谈及。我们创新性地提出"中国基金管理公司整体投资回报能力评价",基于基金管理公司的整体层面来评价其投资能力的相对高低。基于这样的视角,可以看到基金管理公司整体的投研能力以及对旗下基金的综合管理能力,真正体现出一家基金公司的实力。

在本书中,根据不同的统计区间,我们在第 2 至第 4 章中分别展现截至 2020 年底,三年期、五年期与十年期的"中国基金管理公司整体投资能力评价"结果,大家可以从不同长度时间段的统计结果,基于宏观视角看出我国公募基金业的迅速发展势头,也可以从微观上看出不同基金公司的综合投研实力的平稳或起伏。本章将阐述"中国基金管理公司整体投资回报能力评价"的理论基础、数据来源与评价指标设计思路。

1.1 理论基础

基金管理公司整体投资回报能力评价(TIP Rating)着重考虑基金管理公司的整体投资管理能力,而不只是单只基金的业绩。相对于发达资本市场国家的公司型基金,我国成立的基金管理公司所发行的证券投资基金产品全部是契约型基金,即每只基金都由基金管理公司发行并管理。国内的证券基金与基金公司有着与发达市场不一样的特点:同一基金公司管理着数只基金产品,并且同一公司旗下所有基金产品均共用公司的同一个投研平台,公司投资研究实力的强弱对具体某一只基金的影响非常大。在这种情况下,绝大多数基金经理的决策权限与表现空间将极为有限。

然而,目前国内市场上的基金评级多为对单只基金的业绩进行考量,这样的评级思路没有考虑到单只基金背后所依托的基金管理公司的实力,在中国目前特有的制度环境下有其局限性。如某基金公司整体实力可能不行,但可以利用整个公司资源将一只基金业绩做上去,而旗下其他基金业绩会很差,或故意将旗下数只基金投资行为进行显著的差异化,这样可以寄希望总能"蒙"对好的股票,人为地"造出"一两只"明星"基金,以使公司在市场中出名,虽然由此会造成旗下基金业绩间差距,但市场被"明星"基金所吸引,更多的资金流入基金公司,管理费收入得以扩大。(具体理论与研究结论可参见本书作者的学术论文《他们真的是明星吗?——来自中国证券基金市场的经验证据》一文,发表于《金融研究》2009年第5期)这样,对单只基金的排名就可能受制于某些基金公司的"造星"行为或"激进"行为,并不能反映基金公司的整体实力与水平。

中国公募基金管理公司整体投资回报能力评价(TIP Rating)试图克服目前单只基金评级的缺陷,综合考虑基金公司旗下不同类型基金的表现,以及同一公司旗下基金业绩之间的均衡表现,可以反映基金管理公司整体投研实力的强弱与均衡与否。该评级包括基金公司旗下的普通股票型、偏股混合型、平衡混合型、偏债混合型、债券型、指数型、封闭型等类型基金,不包括QDII等特殊类型基金产品。

1.2 数据来源与指标设计

1.2.1 数据来源与基金分类说明

所有基础数据来源于Wind金融资讯终端。涉及指标包括:基金公司简称、基金名称、期初基金复权净值、期末基金复权净值、期初基金规模、期末基金规模、基金分类。

关于基金分类,我们直接参考Wind的基金分类标准。

基金分类说明:

Wind基金分类体系是结合了契约类型和投资范围来进行的分类。契约类型主要分为了开放式和封闭式;又在此基础上按照投资范围进行分类。

Wind基金投资范围分类主要以基金招募说明书中所载明的基金类别、投资策略以及业绩比较基准为基础。我们认为,以上条款包含了基金管理人对所发行基金的定性,代表了基金对投资者的承诺,构成了对基金投资行为的基本约束。以此为基准进行基金分类,保证了该分类的稳定性,不会因市场环境变化而导致分类频繁调整。Wind 基金分类的数量化界限依据为证监会所规定的基金分类标准。自 2014 年 8 月 8 日起施行的《公开募集证券投资基金运作管理办法》，第四章第三十条规定：基金合同和基金招募说明书应当按照下列规定载明基金的类别：（一）百分之八十以上的基金资产投资于股票的，为股票基金；（二）百分之八十以上的基金资产投资于债券的，为债券基金；（三）仅投资于货币市场工具的，为货币市场基金；（四）百分之八十以上的基金资产投资于其他基金份额的，为基金中基金；（五）投资于股票、债券、货币市场工具或其他基金份额，并且股票投资、债券投资、基金投资的比例不符合第一项、第二项、第四项规定的，为混合基金；（六）中国证监会规定的其他基金类别。在此基础上，我们将在国内市场上所发行的基金分为 6 个一级类别，24 个二级类别。（本分类在基金成立时进行，当发生基金调整投资范围、转型时对分类重新进行界定）

按照 Wind 的分类规则，基金分类体系是结合了契约类型和投资范围来进行的分类。先根据契约类型分类；然后再结合投资类型进行分类。基金投资类型分类居于事前分类，即根据基金的招募说明书以及基金合同确定的基金分类。

基金投资范围分类细则：

1. 股票型

以股票投资为主，股票等权益类资产占基金资产比例下限大于等于 80% 或者在其基金合同和基金招募说明书中载明基金的类别为股票型，且不符合《公开募集证券投资基金运作管理办法》第三十条中第四项、第五项规定的基金。

（1）普通股票型

对属于股票型的基金，在基金公司定义的基金名称或简称中包含"股票"等字样的，则二级分类为普通股票型基金。

（2）指数型

a. 被动指数型

以追踪某一股票指数为投资目标的股票型基金，采取完全复制方法进行指数管理和运作的为被动指数型。

b. 增强指数型

以追踪某一股票指数为投资目标的股票型基金，实施优化策略或增强策略的为增强指数型。

2. 债券型

以债券投资为主，债券资产＋现金占基金资产比例下限大于等于 80% 或者在其基金合同和基金招募说明书中载明基金的类别为债券型，且不符合《公开募集证券投资基金运作管理办法》第三十条中第四项、第五项规定的基金。

(1) 纯债券型

符合债券型条件,但不能投资权益类资产的基金为纯债券型基金;根据其债券久期配置的不同,可分为中长期纯债券型、短期纯债券型。

(2) 中长期纯债券型

属于纯债券型,且在招募说明书中明确其债券的期限配置为长期的基金,期限配置超过1年的为中长期纯债券型。

(3) 短期纯债券型

属于纯债券型,且在招募说明书中明确其债券的期限配置为短期的基金,期限配置小于等于1年的为短期纯债券型。

(4) 混合债券型

符合债券型条件,同时可部分投资权益类资产的基金;根据其配置的权益类资产方式不同,可分为混合债券一级、混合债券二级。

a. 混合债券一级

符合混合债券型,其中可参与一级市场新股申购,持有因可转债转股所形成的股票以及股票派发或可分离交易可转债分离交易的权证等资产的为混合债券一级。

b. 混合债券二级

符合混合债券型,其中可参与投资公开上市发行的股票以及权证的基金,为混合债券二级。

(5) 指数债券型

被动指数型债券基金:被动追踪投资于债券型指数的基金。

增强指数型债券基金:以追踪某一债券指数为投资目标的债券基金,实施优化策略或增强策略的为增强指数型债券基金。

3. 混合型

股票资产与债券资产的配置比例可视市场情况灵活配置,且不符合《公开募集证券投资基金运作管理办法》第三十条中第一项、第二项、第四项、第六项规定的基金。同时根据基金的投资策略、实际资产确定基金的三级分类。

(1) 偏股混合型基金

按照基金的投资策略说明文字,如该基金明确说明其投资是偏向股票,则定为偏股混合型。

(2) 偏债混合型基金

按照基金的投资策略说明文字,如该基金明确说明其投资是偏向债券,则定为偏债混合型基金。

(3) 平衡混合型基金

按照基金的投资策略说明文字,如该基金投资股票和债券的上限接近70%左右,下限接近30%左右,则为平衡混合型基金。

(4) 灵活配置型基金

灵活配置型基金是指基金名称或者基金管理公司自定义为混合基金的,且基金合同载明或者合同本义是股票和债券大类资产之间较大比例灵活配置的基金。分为灵活配置型基金(股票上限95%)与灵活配置型基金(股票上限80%)两类。

4. 货币市场型

仅投资于货币市场工具的基金。

5. 另类投资基金

不属于传统的股票基金、混合基金、债券基金、货币基金的基金。

(1) 股票多空

通过做空和做多投资于股票及股票衍生物获得收益的基金。通常有至少50%的资金投资于股票。

(2) 事件驱动

通过持有公司股票并参与或将参与公司的各种交易,包括但是并不局限于并购、重组、财务危机、收购报价、股票回购、债务调换、证券发行或者其他资本结构调整。

(3) 宏观对冲

关注经济指标的变动方向,投资于大宗商品等。国内公募基金主要是指投资于黄金。

(4) 商品型

投资于大宗商品等。

(5) 相对价值

相对价值策略利用相关投资品种之间的定价误差获利,常见的相对价值策略包括股票市场中性、可转换套利和固定收益套利。

(6) REITS

房地产信托基金,或者主要投资于REITS的基金。

(7) 其他

无法归于上述分类的另类投资基金。

6. QDII

主要投资于非本国的股票、债券、基金、货币、商品或其他衍生品的基金。QDII的分类细则同上面国内的分类。包括QDII股票型、QDII混合型、QDII债券型、QDII另类投资。

1.2.2　基金公司整体投资回报能力指标设计思路

1. 首先根据 Wind 基金分类标准（投资类型二级分类）计算期间内样本基金公司旗下各类型样本基金在同类型基金中的相对排名，计算得出这只基金的标准分。

这一排名方法克服了业绩比较标准不同的麻烦。如果在牛市大家表现都好，那么就看该基金在同类型基金中的排列情况，如果在同类型基金中排名靠后，即使收益不错，也会被认为不行。如果在熊市中大家表现都差，同样要看你在同类型基金中的相对表现，即使收益很差，但相对排名靠前，仍然认为是胜过其他同类型基金。

2. 给参与排名计算的基金赋于权重，我们采用统计期间内此基金的规模除以所属基金公司样本基金同时期规模之和作为其权重。

3. 按基金公司旗下样本基金的权重，将公司旗下样本基金的标准分加权得到该基金公司的整体投资回报能力分值。

4. 将基金公司整体投资回报能力分值由高到低排序，得出该期间基金管理公司整体投资回报能力评价名次。

2 三年期公募基金管理公司整体投资回报能力评价

2.1 数据来源与样本说明

三年期的数据区间为 2017 年 12 月 31 日至 2020 年 12 月 31 日。所有公募基金数据来源于 Wind 金融资讯终端。从 Wind 上我们获得的数据变量有：基金名称、基金管理公司、投资类型（二级分类）、投资风格、复权单位净值增长率（20171231—20201231）、单位净值（20171231）、单位净值（20201231）、基金份额（20171231）、基金份额（20201231）。

我们删除国际（QDII）类基金、同期样本数少于 10 的类别，再删除同期旗下样本基金数少于 3 只的基金管理公司，最后的样本基金数为 2 876 只，样本基金管理公司总共 94 家。

投资类型包括：偏股混合型基金（477 只）、混合债券型一级基金（132 只）、混合债券型二级基金（236 只）、灵活配置型基金（719 只）、被动指数型基金（312 只）、偏债混合型基金（46 只）、货币市场型基金（387 只）、中长期纯债型基金（307 只）、普通股票型基金（150 只）、增强指数型基金（44 只）、平衡混合型基金（28 只）、短期纯债型基金（11 只）、股票多空（15 只）、被动指数型债券基金（12 只）。

我们按第 1 部分介绍的计算方法，计算出样本中每家基金公司的整体投资回报能力分数，依高分到低分进行排序。

2.2 三年期整体投资回报能力评价结果

在三年期的整体投资回报能力排名中，我们可以看到排名靠前的基金公司不是以往老牌的基金公司，从样本基金数量来看，它们的管理规模没有一定的规律。如第 1 名的万家，样本基金数量为 30，排在第 2 名的招商样本基金数量为 62，排在第 3 名的泓德样本基金数为 10，分别代表了中等、大型、小型基金数量规模的基金公司。见表 2-1。

表 2-1 三年期整体投资回报能力评价

整体投资回报能力排名	基金公司（简称）	整体投资回报能力得分	样本基金数量
1	万家	1.118	30
2	招商	0.842	62
3	泓德	0.762	10
4	国金	0.730	7
5	财通	0.729	8
6	鹏华	0.713	91
7	易方达	0.682	103
8	上银	0.657	3
9	民生加银	0.629	32
10	兴证全球	0.621	18
11	前海开源	0.618	34
12	诺德	0.602	7
13	信达澳银	0.572	16
14	方正富邦	0.567	6
15	嘉合	0.562	4
16	融通	0.537	41
17	浦银安盛	0.508	27
18	金鹰	0.499	23
19	汇添富	0.498	70
20	宝盈	0.483	23
21	国投瑞银	0.468	47
22	工银瑞信	0.450	79
23	圆信永丰	0.446	5

续表2-1

整体投资回报能力排名	基金公司(简称)	整体投资回报能力得分	样本基金数量
24	中融	0.443	15
25	泰康资产	0.425	5
26	平安	0.420	15
27	建信	0.414	66
28	北信瑞丰	0.412	9
29	富国	0.411	78
30	中加	0.405	7
31	中银	0.403	52
32	金元顺安	0.387	10
33	益民	0.356	5
34	创金合信	0.349	11
35	交银施罗德	0.335	54
36	海富通	0.331	31
37	嘉实	0.325	78
38	国寿安保	0.320	17
39	中金	0.319	6
40	农银汇理	0.307	28
41	英大	0.299	8
42	景顺长城	0.299	57
43	中欧	0.291	45
44	泰达宏利	0.270	33
45	博时	0.265	79
46	长城	0.260	30
47	银河	0.235	40

续表2-1

整体投资回报能力排名	基金公司(简称)	整体投资回报能力得分	样本基金数量
48	华夏	0.224	68
49	南方	0.222	99
50	摩根士丹利华鑫	0.221	23
51	广发	0.200	85
52	华安	0.198	69
53	江信	0.192	3
54	兴业	0.184	18
55	长安	0.177	8
56	兴银	0.173	10
57	新华	0.145	29
58	中海	0.122	28
59	浙商	0.120	7
60	中信保诚	0.119	36
61	长信	0.118	35
62	东方	0.112	31
63	大成	0.076	58
64	鑫元	0.064	14
65	银华	0.040	44
66	东证资管	0.039	19
67	德邦	0.001	9
68	诺安	−0.001	51
69	华宝	−0.037	40
70	汇丰晋信	−0.040	19
71	国海富兰克林	−0.052	25

续表2-1

整体投资回报能力排名	基金公司(简称)	整体投资回报能力得分	样本基金数量
72	华泰柏瑞	−0.089	39
73	东吴	−0.095	17
74	申万菱信	−0.098	24
75	华富	−0.101	24
76	华融	−0.105	5
77	上投摩根	−0.110	48
78	中邮	−0.154	25
79	天弘	−0.167	53
80	光大保德信	−0.176	28
81	中信建投	−0.193	7
82	西部利得	−0.197	6
83	九泰	−0.197	7
84	国泰	−0.202	58
85	国联安	−0.203	30
86	长盛	−0.272	38
87	天治	−0.357	12
88	华商	−0.409	36
89	安信	−0.416	26
90	泰信	−0.417	18
91	富安达	−0.431	8
92	华润元大	−0.446	8
93	红塔红土	−0.493	3
94	山西证券	−2.320	3

2.3　三年期整体投资回报能力评价详细说明

从表 2-2 中的数据，我们可以看出按照整体投资回报能力的计算方法，为什么有的基金公司可以排在前列。比如排在第 1 名的万家，旗下规模最大的样本基金万家行业优选在同期 477 只偏股混合型基金位列第 1；此外旗下较大规模的样本基金排到同类金中上水平，如万家货币 B 在 387 货币市场型基金中排到第 141 名；以及部分中等规模的样本基金排到同类基金中上水平，如万家品质生活在同期 719 只灵活配置型基金排到 144 名；而一些在同类基金中排名靠后的样本基金多为中小规模。这是万家基金公司在三年期整体投资回报能力评价中排名第 1 的重要原因。

表 2-2　三年期排名中所有样本基金详细情况

整体投资回报能力排名	基金公司（简称）	基金名称	投资类型（二级分类）	样本基金数量	同类基金中排名	期间内规模（亿）
1	万家	万家强化收益	中长期纯债型基金	307	47	3.315
1	万家	万家信用恒利 A	中长期纯债型基金	307	135	3.872
1	万家	万家信用恒利 C	中长期纯债型基金	307	185	0.863
1	万家	万家行业优选	偏股混合型基金	477	1	99.295
1	万家	万家和谐增长	偏股混合型基金	477	169	17.994
1	万家	万家精选	偏股混合型基金	477	469	19.969
1	万家	万家添利	混合债券型一级基金	132	18	0.458
1	万家	万家稳健增利 A	混合债券型一级基金	132	87	0.879
1	万家	万家稳健增利 C	混合债券型一级基金	132	100	0.113
1	万家	万家双利	混合债券型二级基金	236	154	0.750
1	万家	万家增强收益	混合债券型二级基金	236	202	1.037
1	万家	万家品质生活	灵活配置型基金	719	144	21.340
1	万家	万家双引擎	灵活配置型基金	719	474	1.725
1	万家	万家瑞益 A	灵活配置型基金	719	500	1.300

续表2-2

整体投资回报能力排名	基金公司（简称）	基金名称	投资类型（二级分类）	样本基金数量	同类基金中排名	期间内规模（亿）
1	万家	万家瑞益C	灵活配置型基金	719	518	4.064
1	万家	万家瑞兴	灵活配置型基金	719	632	2.654
1	万家	万家瑞丰A	灵活配置型基金	719	651	2.148
1	万家	万家瑞丰C	灵活配置型基金	719	661	1.197
1	万家	万家新利	灵活配置型基金	719	694	7.363
1	万家	万家上证50ETF	被动指数型基金	312	106	1.493
1	万家	万家上证180	被动指数型基金	312	184	14.915
1	万家	万家中证红利	被动指数型基金	312	259	0.478
1	万家	万家货币B	货币市场型基金	387	141	75.700
1	万家	万家货币R	货币市场型基金	387	168	0.166
1	万家	万家货币E	货币市场型基金	387	188	2.009
1	万家	万家现金宝A	货币市场型基金	387	195	53.110
1	万家	万家货币A	货币市场型基金	387	283	3.601
1	万家	万家日日薪B	货币市场型基金	387	312	1.131
1	万家	万家日日薪A	货币市场型基金	387	360	0.238
1	万家	万家日日薪R	货币市场型基金	387	385	0.000
2	招商	招商安泰债券A	中长期纯债型基金	307	97	3.413
2	招商	招商安泰债券B	中长期纯债型基金	307	136	1.727
2	招商	招商优质成长	偏股混合型基金	477	41	18.361
2	招商	招商大盘蓝筹	偏股混合型基金	477	70	7.023
2	招商	招商核心价值	偏股混合型基金	477	114	12.408
2	招商	招商中小盘精选	偏股混合型基金	477	117	2.296
2	招商	招商先锋	偏股混合型基金	477	195	16.346

续表2-2

整体投资回报能力排名	基金公司（简称）	基金名称	投资类型（二级分类）	样本基金数量	同类基金中排名	期间内规模（亿）
2	招商	招商行业领先 A	偏股混合型基金	477	199	5.314
2	招商	招商国企改革	偏股混合型基金	477	279	7.298
2	招商	招商安泰	偏股混合型基金	477	310	6.258
2	招商	招商安泰平衡	平衡混合型基金	28	18	2.319
2	招商	招商医药健康产业	普通股票型基金	150	4	18.459
2	招商	招商行业精选	普通股票型基金	150	10	24.601
2	招商	招商体育文化休闲	普通股票型基金	150	93	0.526
2	招商	招商移动互联网	普通股票型基金	150	128	13.106
2	招商	招商产业 A	混合债券型一级基金	132	30	41.971
2	招商	招商双债增强 C	混合债券型一级基金	132	36	31.204
2	招商	招商产业 C	混合债券型一级基金	132	46	7.144
2	招商	招商安心收益 C	混合债券型一级基金	132	55	24.448
2	招商	招商可转债	混合债券型一级基金	132	60	0.357
2	招商	招商信用添利 A	混合债券型一级基金	132	63	9.803
2	招商	招商安盈	混合债券型二级基金	236	103	13.271
2	招商	招商安瑞进取	混合债券型二级基金	236	172	0.685
2	招商	招商安本增利	混合债券型二级基金	236	208	3.850
2	招商	招商信用增强 A	混合债券型二级基金	236	216	2.594
2	招商	招商安润	灵活配置型基金	719	12	17.489
2	招商	招商境远	灵活配置型基金	719	31	3.978
2	招商	招商安达	灵活配置型基金	719	49	2.663
2	招商	招商制造业转型 A	灵活配置型基金	719	76	7.484
2	招商	招商安弘灵活配置	灵活配置型基金	719	135	9.220

续表2-2

整体投资回报能力排名	基金公司（简称）	基金名称	投资类型（二级分类）	样本基金数量	同类基金中排名	期间内规模（亿）
2	招商	招商丰利A	灵活配置型基金	719	200	0.914
2	招商	招商丰盛稳定增长A	灵活配置型基金	719	216	0.896
2	招商	招商安益	灵活配置型基金	719	328	4.780
2	招商	招商优势企业	灵活配置型基金	719	348	0.730
2	招商	招商丰泽A	灵活配置型基金	719	616	8.898
2	招商	招商瑞丰A	灵活配置型基金	719	617	0.160
2	招商	招商丰泽C	灵活配置型基金	719	630	0.001
2	招商	招商瑞丰C	灵活配置型基金	719	631	8.804
2	招商	招商丰泰	灵活配置型基金	719	675	3.199
2	招商	招商中证白酒	被动指数型基金	312	2	219.826
2	招商	招商国证生物医药	被动指数型基金	312	11	85.846
2	招商	招商上证消费80ETF	被动指数型基金	312	13	3.304
2	招商	招商上证消费80ETF联接A	被动指数型基金	312	14	1.869
2	招商	招商深证100A	被动指数型基金	312	41	1.891
2	招商	招商央视财经50A	被动指数型基金	312	71	4.175
2	招商	招商深证TMT50ETF联接A	被动指数型基金	312	163	1.579
2	招商	招商深证TMT50ETF	被动指数型基金	312	169	1.714
2	招商	招商中证证券公司	被动指数型基金	312	195	20.068
2	招商	招商中证银行指数分级	被动指数型基金	312	198	7.118
2	招商	招商沪深300高贝塔	被动指数型基金	312	209	0.213
2	招商	招商沪深300地产	被动指数型基金	312	272	2.179
2	招商	招商中证煤炭	被动指数型基金	312	285	5.960

续表2-2

整体投资回报能力排名	基金公司（简称）	基金名称	投资类型（二级分类）	样本基金数量	同类基金中排名	期间内规模（亿）
2	招商	招商中证大宗商品	被动指数型基金	312	293	0.713
2	招商	招商现金增值B	货币市场型基金	387	150	143.542
2	招商	招商招钱宝C	货币市场型基金	387	170	100.455
2	招商	招商招钱宝B	货币市场型基金	387	171	888.187
2	招商	招商招钱宝A	货币市场型基金	387	176	105.924
2	招商	招商保证金快线B	货币市场型基金	387	277	6.107
2	招商	招商现金增值A	货币市场型基金	387	288	115.920
2	招商	招商招金宝B	货币市场型基金	387	290	5.135
2	招商	招商保证金快线A	货币市场型基金	387	353	4.868
2	招商	招商招金宝A	货币市场型基金	387	356	58.884
3	泓德	泓德优选成长	偏股混合型基金	477	238	30.024
3	泓德	泓德战略转型	普通股票型基金	150	24	12.641
3	泓德	泓德裕泰A	混合债券型二级基金	236	157	32.454
3	泓德	泓德裕泰C	混合债券型二级基金	236	166	1.490
3	泓德	泓德远见回报	灵活配置型基金	719	28	46.584
3	泓德	泓德泓业	灵活配置型基金	719	71	13.753
3	泓德	泓德泓富A	灵活配置型基金	719	158	36.940
3	泓德	泓德泓富C	灵活配置型基金	719	167	0.027
3	泓德	泓德泓利B	货币市场型基金	387	199	2.947
3	泓德	泓德泓利A	货币市场型基金	387	324	0.227
4	国金	国金沪深300指数增强	增强指数型基金	44	39	1.089
4	国金	国金国鑫灵活配置A	灵活配置型基金	719	387	3.948
4	国金	国金鑫新	灵活配置型基金	719	717	1.108

续表2-2

整体投资回报能力排名	基金公司（简称）	基金名称	投资类型（二级分类）	样本基金数量	同类基金中排名	期间内规模（亿）
4	国金	国金众赢	货币市场型基金	387	7	158.882
4	国金	国金金腾通A	货币市场型基金	387	23	107.900
4	国金	国金金腾通C	货币市场型基金	387	359	39.815
4	国金	国金鑫盈货币	货币市场型基金	387	373	1.576
5	财通	财通纯债A	中长期纯债型基金	307	250	4.377
5	财通	财通可持续发展主题	偏股混合型基金	477	108	2.098
5	财通	财通中证100指数增强A	增强指数型基金	44	22	1.804
5	财通	财通收益增强A	混合债券型二级基金	236	43	2.888
5	财通	财通可转债A	混合债券型二级基金	236	97	0.313
5	财通	财通价值动量	灵活配置型基金	719	108	18.106
5	财通	财通成长优选	灵活配置型基金	719	140	17.656
5	财通	财通多策略精选	灵活配置型基金	719	172	3.479
6	鹏华	鹏华丰融	中长期纯债型基金	307	1	4.518
6	鹏华	鹏华产业债	中长期纯债型基金	307	6	9.838
6	鹏华	鹏华永诚一年定开	中长期纯债型基金	307	14	5.645
6	鹏华	鹏华丰利	中长期纯债型基金	307	19	13.014
6	鹏华	鹏华丰泽	中长期纯债型基金	307	36	12.603
6	鹏华	鹏华纯债	中长期纯债型基金	307	147	2.987
6	鹏华	鹏华丰实A	中长期纯债型基金	307	161	9.038
6	鹏华	鹏华丰实B	中长期纯债型基金	307	201	0.248
6	鹏华	鹏华丰泰A	中长期纯债型基金	307	231	6.156
6	鹏华	鹏华丰华	中长期纯债型基金	307	239	2.396
6	鹏华	鹏华丰泰B	中长期纯债型基金	307	259	0.021

续表2-2

整体投资回报能力排名	基金公司（简称）	基金名称	投资类型（二级分类）	样本基金数量	同类基金中排名	期间内规模（亿）
6	鹏华	鹏华中国50	偏股混合型基金	477	53	14.905
6	鹏华	鹏华优质治理	偏股混合型基金	477	66	14.350
6	鹏华	鹏华消费优选	偏股混合型基金	477	77	9.152
6	鹏华	鹏华普天收益	偏股混合型基金	477	91	6.693
6	鹏华	鹏华新兴产业	偏股混合型基金	477	146	80.933
6	鹏华	鹏华精选成长	偏股混合型基金	477	173	4.867
6	鹏华	鹏华动力增长	偏股混合型基金	477	225	19.169
6	鹏华	鹏华盛世创新	偏股混合型基金	477	289	2.335
6	鹏华	鹏华价值优势	偏股混合型基金	477	307	24.148
6	鹏华	鹏华养老产业	普通股票型基金	150	16	7.392
6	鹏华	鹏华环保产业	普通股票型基金	150	17	5.013
6	鹏华	鹏华医疗保健	普通股票型基金	150	20	13.442
6	鹏华	鹏华医药科技	普通股票型基金	150	21	17.266
6	鹏华	鹏华先进制造	普通股票型基金	150	50	8.059
6	鹏华	鹏华价值精选	普通股票型基金	150	52	2.828
6	鹏华	鹏华改革红利	普通股票型基金	150	121	12.007
6	鹏华	鹏华丰润	混合债券型一级基金	132	75	27.639
6	鹏华	鹏华普天债券A	混合债券型一级基金	132	96	8.563
6	鹏华	鹏华普天债券B	混合债券型一级基金	132	105	0.875
6	鹏华	鹏华可转债A	混合债券型二级基金	236	2	6.120
6	鹏华	鹏华双债加利	混合债券型二级基金	236	40	1.160
6	鹏华	鹏华丰和A	混合债券型二级基金	236	53	2.778
6	鹏华	鹏华双债保利	混合债券型二级基金	236	59	15.940

续表2-2

整体投资回报能力排名	基金公司（简称）	基金名称	投资类型（二级分类）	样本基金数量	同类基金中排名	期间内规模（亿）
6	鹏华	鹏华信用增利A	混合债券型二级基金	236	60	13.495
6	鹏华	鹏华信用增利B	混合债券型二级基金	236	73	0.534
6	鹏华	鹏华双债增利	混合债券型二级基金	236	83	4.642
6	鹏华	鹏华丰收	混合债券型二级基金	236	122	30.880
6	鹏华	鹏华丰盛稳固收益	混合债券型二级基金	236	135	27.682
6	鹏华	鹏华外延成长	灵活配置型基金	719	34	24.001
6	鹏华	鹏华消费领先	灵活配置型基金	719	52	5.115
6	鹏华	鹏华品牌传承	灵活配置型基金	719	54	3.798
6	鹏华	鹏华策略优选	灵活配置型基金	719	142	4.031
6	鹏华	鹏华弘益A	灵活配置型基金	719	470	0.093
6	鹏华	鹏华弘益C	灵活配置型基金	719	475	7.826
6	鹏华	鹏华弘利A	灵活配置型基金	719	513	8.346
6	鹏华	鹏华弘利C	灵活配置型基金	719	529	0.407
6	鹏华	鹏华弘安A	灵活配置型基金	719	540	8.521
6	鹏华	鹏华弘实C	灵活配置型基金	719	553	2.727
6	鹏华	鹏华弘实A	灵活配置型基金	719	555	5.293
6	鹏华	鹏华弘安C	灵活配置型基金	719	559	0.220
6	鹏华	鹏华宏观	灵活配置型基金	719	563	3.488
6	鹏华	鹏华弘润A	灵活配置型基金	719	584	14.463
6	鹏华	鹏华弘泽A	灵活配置型基金	719	589	7.741
6	鹏华	鹏华弘信C	灵活配置型基金	719	592	0.508
6	鹏华	鹏华弘和A	灵活配置型基金	719	593	5.347
6	鹏华	鹏华弘润C	灵活配置型基金	719	594	0.055

续表2-2

整体投资回报能力排名	基金公司（简称）	基金名称	投资类型（二级分类）	样本基金数量	同类基金中排名	期间内规模（亿）
6	鹏华	鹏华弘和C	灵活配置型基金	719	595	2.571
6	鹏华	鹏华弘信A	灵活配置型基金	719	598	6.912
6	鹏华	鹏华弘泽C	灵活配置型基金	719	599	0.225
6	鹏华	鹏华弘盛A	灵活配置型基金	719	611	7.233
6	鹏华	鹏华弘盛C	灵活配置型基金	719	622	0.087
6	鹏华	鹏华弘华C	灵活配置型基金	719	641	2.111
6	鹏华	鹏华弘华A	灵活配置型基金	719	645	3.671
6	鹏华	鹏华弘鑫A	灵活配置型基金	719	655	2.985
6	鹏华	鹏华弘鑫C	灵活配置型基金	719	657	2.892
6	鹏华	鹏华弘泰C	灵活配置型基金	719	704	0.647
6	鹏华	鹏华弘泰A	灵活配置型基金	719	707	2.429
6	鹏华	鹏华中证酒	被动指数型基金	312	1	17.311
6	鹏华	鹏华创业板	被动指数型基金	312	33	1.366
6	鹏华	鹏华中证国防	被动指数型基金	312	36	68.040
6	鹏华	鹏华中证移动互联网	被动指数型基金	312	49	1.294
6	鹏华	鹏华沪深300A	被动指数型基金	312	74	4.210
6	鹏华	鹏华中证医药卫生A	被动指数型基金	312	102	0.611
6	鹏华	鹏华中证信息技术	被动指数型基金	312	103	4.323
6	鹏华	鹏华中证证券	被动指数型基金	312	161	11.228
6	鹏华	鹏华中证500A	被动指数型基金	312	206	3.107
6	鹏华	鹏华中证800证券保险	被动指数型基金	312	215	11.875
6	鹏华	鹏华中证一带一路	被动指数型基金	312	228	4.554
6	鹏华	鹏华中证环保产业	被动指数型基金	312	235	1.099

续表2-2

整体投资回报能力排名	基金公司（简称）	基金名称	投资类型（二级分类）	样本基金数量	同类基金中排名	期间内规模（亿）
6	鹏华	鹏华中证银行	被动指数型基金	312	260	14.950
6	鹏华	鹏华中证A股资源产业	被动指数型基金	312	283	1.522
6	鹏华	鹏华中证800地产	被动指数型基金	312	287	2.855
6	鹏华	鹏华中证传媒	被动指数型基金	312	301	4.869
6	鹏华	鹏华国证钢铁行业	被动指数型基金	312	304	2.866
6	鹏华	鹏华中证高铁产业	被动指数型基金	312	307	0.814
6	鹏华	鹏华安盈宝	货币市场型基金	387	2	236.021
6	鹏华	鹏华添利宝A	货币市场型基金	387	15	721.843
6	鹏华	鹏华增值宝	货币市场型基金	387	111	350.744
6	鹏华	鹏华货币B	货币市场型基金	387	147	44.485
6	鹏华	鹏华货币A	货币市场型基金	387	287	2.552
7	易方达	易方达恒久添利1年A	中长期纯债型基金	307	53	15.785
7	易方达	易方达高等级信用债C	中长期纯债型基金	307	65	9.181
7	易方达	易方达永旭添利	中长期纯债型基金	307	67	15.952
7	易方达	易方达恒久添利1年C	中长期纯债型基金	307	86	0.388
7	易方达	易方达高等级信用债A	中长期纯债型基金	307	87	44.228
7	易方达	易方达信用债A	中长期纯债型基金	307	90	26.339
7	易方达	易方达纯债A	中长期纯债型基金	307	98	18.556
7	易方达	易方达信用债C	中长期纯债型基金	307	126	4.730
7	易方达	易方达纯债1年A	中长期纯债型基金	307	131	17.066
7	易方达	易方达投资级信用债A	中长期纯债型基金	307	149	20.208
7	易方达	易方达纯债C	中长期纯债型基金	307	151	4.461
7	易方达	易方达投资级信用债C	中长期纯债型基金	307	173	1.492

续表2-2

整体投资回报能力排名	基金公司（简称）	基金名称	投资类型（二级分类）	样本基金数量	同类基金中排名	期间内规模（亿）
7	易方达	易方达纯债1年C	中长期纯债型基金	307	177	0.243
7	易方达	易方达安心回馈	偏债混合型基金	46	1	12.889
7	易方达	易方达裕惠回报	偏债混合型基金	46	24	31.223
7	易方达	易方达中小盘	偏股混合型基金	477	12	202.479
7	易方达	易方达医疗保健	偏股混合型基金	477	36	43.380
7	易方达	易方达行业领先	偏股混合型基金	477	73	17.353
7	易方达	易方达改革红利	偏股混合型基金	477	89	17.508
7	易方达	易方达科翔	偏股混合型基金	477	150	44.685
7	易方达	易方达国防军工	偏股混合型基金	477	226	70.191
7	易方达	易方达价值精选	偏股混合型基金	477	252	32.532
7	易方达	易方达科讯	偏股混合型基金	477	269	52.488
7	易方达	易方达积极成长	偏股混合型基金	477	422	24.393
7	易方达	易方达策略2号	偏股混合型基金	477	442	12.359
7	易方达	易方达策略成长	偏股混合型基金	477	444	14.316
7	易方达	易方达资源行业	偏股混合型基金	477	472	10.816
7	易方达	易方达上证50指数A	增强指数型基金	44	1	171.142
7	易方达	易方达沪深300量化增强	增强指数型基金	44	31	14.008
7	易方达	易方达平稳增长	平衡混合型基金	28	10	26.860
7	易方达	易方达消费行业	普通股票型基金	150	29	222.741
7	易方达	易方达双债增强A	混合债券型一级基金	132	6	12.788
7	易方达	易方达双债增强C	混合债券型一级基金	132	7	7.361
7	易方达	易方达岁丰添利	混合债券型一级基金	132	8	2.102
7	易方达	易方达增强回报A	混合债券型一级基金	132	9	51.268

续表2-2

整体投资回报能力排名	基金公司（简称）	基金名称	投资类型（二级分类）	样本基金数量	同类基金中排名	期间内规模（亿）
7	易方达	易方达增强回报B	混合债券型一级基金	132	12	14.889
7	易方达	易方达裕丰回报	混合债券型二级基金	236	36	107.991
7	易方达	易方达安心回报A	混合债券型二级基金	236	47	80.104
7	易方达	易方达安心回报B	混合债券型二级基金	236	50	31.687
7	易方达	易方达稳健收益B	混合债券型二级基金	236	79	123.079
7	易方达	易方达稳健收益A	混合债券型二级基金	236	90	31.285
7	易方达	易方达新收益A	灵活配置型基金	719	5	8.702
7	易方达	易方达新收益C	灵活配置型基金	719	7	2.909
7	易方达	易方达新丝路	灵活配置型基金	719	99	94.902
7	易方达	易方达新经济	灵活配置型基金	719	106	21.289
7	易方达	易方达新兴成长	灵活配置型基金	719	113	59.265
7	易方达	易方达创新驱动	灵活配置型基金	719	196	22.940
7	易方达	易方达瑞享I	灵活配置型基金	719	213	1.693
7	易方达	易方达瑞享E	灵活配置型基金	719	215	0.570
7	易方达	易方达科汇	灵活配置型基金	719	232	32.413
7	易方达	易方达瑞选I	灵活配置型基金	719	310	9.334
7	易方达	易方达瑞选E	灵活配置型基金	719	311	3.210
7	易方达	易方达新益I	灵活配置型基金	719	322	7.327
7	易方达	易方达新益E	灵活配置型基金	719	325	1.365
7	易方达	易方达新常态	灵活配置型基金	719	346	36.306
7	易方达	易方达价值成长	灵活配置型基金	719	369	64.109
7	易方达	易方达新鑫I	灵活配置型基金	719	522	6.739
7	易方达	易方达瑞景	灵活配置型基金	719	525	7.003

续表2-2

整体投资回报能力排名	基金公司（简称）	基金名称	投资类型（二级分类）	样本基金数量	同类基金中排名	期间内规模（亿）
7	易方达	易方达新利	灵活配置型基金	719	539	7.103
7	易方达	易方达新鑫 E	灵活配置型基金	719	544	0.695
7	易方达	易方达新享 A	灵活配置型基金	719	582	4.891
7	易方达	易方达新享 C	灵活配置型基金	719	591	1.235
7	易方达	易方达裕如	灵活配置型基金	719	597	12.437
7	易方达	易方达中债新综合 A	被动指数型债券基金	12	1	3.088
7	易方达	易方达中债新综合 C	被动指数型债券基金	12	3	0.382
7	易方达	易方达 3－5 年期国债	被动指数型债券基金	12	7	1.041
7	易方达	易方达中证万得生物科技 A	被动指数型基金	312	12	4.102
7	易方达	易方达沪深 300 医药卫生 ETF	被动指数型基金	312	15	12.064
7	易方达	易方达创业板 ETF	被动指数型基金	312	24	105.760
7	易方达	易方达军工	被动指数型基金	312	26	2.088
7	易方达	易方达创业板 ETF 联接 A	被动指数型基金	312	32	34.234
7	易方达	易方达深证 100ETF	被动指数型基金	312	52	66.548
7	易方达	易方达深证 100ETF 联接 A	被动指数型基金	312	54	17.372
7	易方达	易方达国企改革分级	被动指数型基金	312	78	2.335
7	易方达	易方达上证 50 分级	被动指数型基金	312	95	1.836
7	易方达	易方达沪深 300ETF	被动指数型基金	312	121	65.229
7	易方达	易方达上证中盘 ETF	被动指数型基金	312	124	2.510
7	易方达	易方达证券公司	被动指数型基金	312	127	4.210
7	易方达	易方达沪深 300ETF 联接 A	被动指数型基金	312	130	48.835

续表2-2

整体投资回报能力排名	基金公司（简称）	基金名称	投资类型（二级分类）	样本基金数量	同类基金中排名	期间内规模（亿）
7	易方达	易方达上证中盘ETF联接A	被动指数型基金	312	135	2.147
7	易方达	易方达沪深300非银ETF	被动指数型基金	312	175	22.846
7	易方达	易方达沪深300非银ETF联接A	被动指数型基金	312	180	15.759
7	易方达	易方达中证500ETF	被动指数型基金	312	266	4.711
7	易方达	易方达并购重组	被动指数型基金	312	289	9.694
7	易方达	易方达现金增利B	货币市场型基金	387	1	471.867
7	易方达	易方达财富快线B	货币市场型基金	387	11	43.968
7	易方达	易方达现金增利A	货币市场型基金	387	20	6.157
7	易方达	易方达天天R	货币市场型基金	387	22	29.396
7	易方达	易方达天天B	货币市场型基金	387	25	210.564
7	易方达	易方达龙宝B	货币市场型基金	387	31	1.506
7	易方达	易方达天天增利B	货币市场型基金	387	44	1.510
7	易方达	易方达增金宝A	货币市场型基金	387	77	171.740
7	易方达	易方达易理财A	货币市场型基金	387	87	1475.678
7	易方达	易方达财富快线A	货币市场型基金	387	96	70.000
7	易方达	易方达财富快线Y	货币市场型基金	387	97	149.055
7	易方达	易方达天天A	货币市场型基金	387	153	242.762
7	易方达	易方达龙宝A	货币市场型基金	387	159	13.838
7	易方达	易方达天天增利A	货币市场型基金	387	190	72.382
7	易方达	易方达货币B	货币市场型基金	387	255	194.922
7	易方达	易方达保证金B	货币市场型基金	387	301	6.471
7	易方达	易方达货币A	货币市场型基金	387	345	15.920

续表2-2

整体投资回报能力排名	基金公司（简称）	基金名称	投资类型（二级分类）	样本基金数量	同类基金中排名	期间内规模（亿）
7	易方达	易方达货币E	货币市场型基金	387	349	6.073
7	易方达	易方达保证金A	货币市场型基金	387	358	6.842
8	上银	上银新兴价值成长	灵活配置型基金	719	235	2.661
8	上银	上银慧财宝B	货币市场型基金	387	40	59.057
8	上银	上银慧财宝A	货币市场型基金	387	183	5.801
9	民生加银	民生加银岁岁增利A	中长期纯债型基金	307	26	11.920
9	民生加银	民生加银岁岁增利C	中长期纯债型基金	307	56	0.577
9	民生加银	民生加银平稳添利A	中长期纯债型基金	307	101	20.402
9	民生加银	民生加银平稳添利C	中长期纯债型基金	307	155	0.117
9	民生加银	民生加银平稳增利A	中长期纯债型基金	307	224	10.932
9	民生加银	民生加银平稳增利C	中长期纯债型基金	307	256	0.363
9	民生加银	民生加银岁岁增利D	中长期纯债型基金	307	307	0.000
9	民生加银	民生加银景气行业A	偏股混合型基金	477	45	17.288
9	民生加银	民生加银内需增长	偏股混合型基金	477	52	5.582
9	民生加银	民生加银稳健成长	偏股混合型基金	477	64	1.910
9	民生加银	民生加银精选	偏股混合型基金	477	477	1.327
9	民生加银	民生加银优选	普通股票型基金	150	31	2.860
9	民生加银	民生加银转债优选A	混合债券型二级基金	236	30	2.300
9	民生加银	民生加银转债优选C	混合债券型二级基金	236	35	0.438
9	民生加银	民生加银增强收益A	混合债券型二级基金	236	99	16.716
9	民生加银	民生加银增强收益C	混合债券型二级基金	236	105	5.662
9	民生加银	民生加银信用双利A	混合债券型二级基金	236	191	12.338
9	民生加银	民生加银信用双利C	混合债券型二级基金	236	203	1.486

2 三年期公募基金管理公司整体投资回报能力评价

续表2-2

整体投资回报能力排名	基金公司（简称）	基金名称	投资类型（二级分类）	样本基金数量	同类基金中排名	期间内规模（亿）
9	民生加银	民生加银策略精选A	灵活配置型基金	719	57	21.516
9	民生加银	民生加银城镇化A	灵活配置型基金	719	63	7.758
9	民生加银	民生加银积极成长	灵活配置型基金	719	88	1.236
9	民生加银	民生加银品牌蓝筹	灵活配置型基金	719	136	2.849
9	民生加银	民生加银研究精选	灵活配置型基金	719	150	6.047
9	民生加银	民生加银红利回报	灵活配置型基金	719	199	2.042
9	民生加银	民生加银新战略	灵活配置型基金	719	374	5.114
9	民生加银	民生加银新动力A	灵活配置型基金	719	674	7.967
9	民生加银	民生加银新动力D	灵活配置型基金	719	719	0.000
9	民生加银	民生加银中证内地资源	被动指数型基金	312	300	1.190
9	民生加银	民生加银现金宝A	货币市场型基金	387	32	230.797
9	民生加银	民生加银现金增利B	货币市场型基金	387	107	45.507
9	民生加银	民生加银现金增利D	货币市场型基金	387	218	4.216
9	民生加银	民生加银现金增利A	货币市场型基金	387	260	14.603
10	兴证全球	兴全稳益定期开放	中长期纯债型基金	307	27	84.629
10	兴证全球	兴全可转债	偏债混合型基金	46	5	34.052
10	兴证全球	兴全商业模式优选	偏股混合型基金	477	9	82.381
10	兴证全球	兴全精选	偏股混合型基金	477	56	30.644
10	兴证全球	兴全合润分级	偏股混合型基金	477	88	107.329
10	兴证全球	兴全绿色投资	偏股混合型基金	477	180	20.531
10	兴证全球	兴全轻资产	偏股混合型基金	477	282	68.205
10	兴证全球	兴全社会责任	偏股混合型基金	477	322	80.984
10	兴证全球	兴全沪深300指数增强A	增强指数型基金	44	21	35.259

续表2-2

整体投资回报能力排名	基金公司（简称）	基金名称	投资类型（二级分类）	样本基金数量	同类基金中排名	期间内规模（亿）
10	兴证全球	兴全全球视野	普通股票型基金	150	80	20.119
10	兴证全球	兴全磐稳增利债券A	混合债券型一级基金	132	80	28.971
10	兴证全球	兴全趋势投资	灵活配置型基金	719	243	229.080
10	兴证全球	兴全有机增长	灵活配置型基金	719	331	44.524
10	兴证全球	兴全新视野	灵活配置型基金	719	332	141.459
10	兴证全球	兴全天添益B	货币市场型基金	387	6	236.807
10	兴证全球	兴全货币A	货币市场型基金	387	38	56.242
10	兴证全球	兴全添利宝	货币市场型基金	387	43	724.131
10	兴证全球	兴全天添益A	货币市场型基金	387	49	0.516
11	前海开源	前海开源睿远稳健增利A	偏债混合型基金	46	6	3.043
11	前海开源	前海开源睿远稳健增利C	偏债混合型基金	46	8	1.006
11	前海开源	前海开源中证大农业增强	增强指数型基金	44	2	4.438
11	前海开源	前海开源再融资主题精选	普通股票型基金	150	87	12.461
11	前海开源	前海开源强势共识100强	普通股票型基金	150	89	0.240
11	前海开源	前海开源优势蓝筹A	普通股票型基金	150	125	1.154
11	前海开源	前海开源优势蓝筹C	普通股票型基金	150	126	0.125
11	前海开源	前海开源股息率100强	普通股票型基金	150	138	4.780
11	前海开源	前海开源可转债	混合债券型二级基金	236	63	0.524
11	前海开源	前海开源中国稀缺资产A	灵活配置型基金	719	1	12.186
11	前海开源	前海开源中国稀缺资产C	灵活配置型基金	719	2	5.025
11	前海开源	前海开源国家比较优势	灵活配置型基金	719	13	32.925
11	前海开源	前海开源大海洋	灵活配置型基金	719	50	2.037
11	前海开源	前海开源中国成长	灵活配置型基金	719	103	0.544

续表2-2

整体投资回报能力排名	基金公司（简称）	基金名称	投资类型（二级分类）	样本基金数量	同类基金中排名	期间内规模（亿）
11	前海开源	前海开源一带一路A	灵活配置型基金	719	139	2.043
11	前海开源	前海开源一带一路C	灵活配置型基金	719	146	0.064
11	前海开源	前海开源工业革命4.0	灵活配置型基金	719	160	6.746
11	前海开源	前海开源大安全核心	灵活配置型基金	719	224	3.745
11	前海开源	前海开源清洁能源A	灵活配置型基金	719	233	3.222
11	前海开源	前海开源新经济	灵活配置型基金	719	335	2.150
11	前海开源	前海开源高端装备制造	灵活配置型基金	719	379	2.703
11	前海开源	前海开源事件驱动A	灵活配置型基金	719	393	0.907
11	前海开源	前海开源事件驱动C	灵活配置型基金	719	397	1.193
11	前海开源	前海开源沪港深农业主题精选	灵活配置型基金	719	414	1.856
11	前海开源	前海开源沪港深蓝筹	灵活配置型基金	719	440	40.496
11	前海开源	前海开源金银珠宝A	灵活配置型基金	719	581	6.348
11	前海开源	前海开源金银珠宝C	灵活配置型基金	719	585	6.461
11	前海开源	前海开源中证健康	被动指数型基金	312	17	2.945
11	前海开源	前海开源沪深300	被动指数型基金	312	35	1.762
11	前海开源	前海开源中证军工A	被动指数型基金	312	43	9.482
11	前海开源	前海开源中证军工C	被动指数型基金	312	45	3.076
11	前海开源	前海开源中航军工	被动指数型基金	312	64	13.091
11	前海开源	前海开源货币B	货币市场型基金	387	173	144.671
11	前海开源	前海开源货币A	货币市场型基金	387	309	0.898
12	诺德	诺德周期策略	偏股混合型基金	477	20	4.712
12	诺德	诺德价值优势	偏股混合型基金	477	42	20.534
12	诺德	诺德成长优势	偏股混合型基金	477	350	9.164

续表2-2

整体投资回报能力排名	基金公司（简称）	基金名称	投资类型（二级分类）	样本基金数量	同类基金中排名	期间内规模（亿）
12	诺德	诺德中小盘	偏股混合型基金	477	412	0.479
12	诺德	诺德优选30	偏股混合型基金	477	433	0.585
12	诺德	诺德增强收益	混合债券型二级基金	236	204	4.415
12	诺德	诺德主题灵活配置	灵活配置型基金	719	418	0.666
13	信达澳银	信达澳银中小盘	偏股混合型基金	477	57	1.040
13	信达澳银	信达澳银红利回报	偏股混合型基金	477	204	0.721
13	信达澳银	信达澳银产业升级	偏股混合型基金	477	210	1.278
13	信达澳银	信达澳银消费优选	偏股混合型基金	477	325	0.619
13	信达澳银	信达澳银领先增长	偏股混合型基金	477	351	15.083
13	信达澳银	信达澳银新能源产业	普通股票型基金	150	7	71.471
13	信达澳银	信达澳银转型创新	普通股票型基金	150	113	5.911
13	信达澳银	信达澳银稳定A	混合债券型一级基金	132	123	4.455
13	信达澳银	信达澳银稳定B	混合债券型一级基金	132	126	0.045
13	信达澳银	信达澳银信用债A	混合债券型二级基金	236	120	1.799
13	信达澳银	信达澳银信用债C	混合债券型二级基金	236	132	0.034
13	信达澳银	信达澳银鑫安	混合债券型二级基金	236	141	2.590
13	信达澳银	信达澳银精华	灵活配置型基金	719	98	5.004
13	信达澳银	信达澳银慧管家C	货币市场型基金	387	267	74.613
13	信达澳银	信达澳银慧管家A	货币市场型基金	387	338	3.698
13	信达澳银	信达澳银慧管家E	货币市场型基金	387	369	0.081
14	方正富邦	方正富邦红利精选A	偏股混合型基金	477	367	2.140
14	方正富邦	方正富邦创新动力A	偏股混合型基金	477	443	0.264
14	方正富邦	方正富邦中证保险	被动指数型基金	312	200	9.059

续表2-2

整体投资回报能力排名	基金公司（简称）	基金名称	投资类型（二级分类）	样本基金数量	同类基金中排名	期间内规模（亿）
14	方正富邦	方正富邦金小宝	货币市场型基金	387	27	115.434
14	方正富邦	方正富邦货币B	货币市场型基金	387	104	8.960
14	方正富邦	方正富邦货币A	货币市场型基金	387	256	27.685
15	嘉合	嘉合磐石A	偏债混合型基金	46	29	0.282
15	嘉合	嘉合磐石C	偏债混合型基金	46	31	4.244
15	嘉合	嘉合货币B	货币市场型基金	387	59	83.042
15	嘉合	嘉合货币A	货币市场型基金	387	208	3.667
16	融通	融通债券AB	中长期纯债型基金	307	217	1.320
16	融通	融通债券C	中长期纯债型基金	307	247	0.297
16	融通	融通岁岁添利A	中长期纯债型基金	307	276	4.835
16	融通	融通岁岁添利B	中长期纯债型基金	307	285	0.758
16	融通	融通医疗保健行业A	偏股混合型基金	477	5	17.367
16	融通	融通行业景气A	偏股混合型基金	477	14	58.999
16	融通	融通领先成长A	偏股混合型基金	477	107	36.405
16	融通	融通内需驱动	偏股混合型基金	477	118	2.400
16	融通	融通动力先锋	偏股混合型基金	477	293	10.799
16	融通	融通新蓝筹	偏股混合型基金	477	387	23.929
16	融通	融通创业板指数增强AB	增强指数型基金	44	3	5.919
16	融通	融通巨潮100AB	增强指数型基金	44	8	8.830
16	融通	融通蓝筹成长	平衡混合型基金	28	24	7.452
16	融通	融通通福A	混合债券型一级基金	132	34	0.667
16	融通	融通通福C	混合债券型一级基金	132	44	0.059
16	融通	融通四季添利A	混合债券型一级基金	132	89	8.436

续表2-2

整体投资回报能力排名	基金公司（简称）	基金名称	投资类型（二级分类）	样本基金数量	同类基金中排名	期间内规模（亿）
16	融通	融通可转债 A	混合债券型二级基金	236	119	0.152
16	融通	融通增强收益 A	混合债券型二级基金	236	134	5.645
16	融通	融通可转债 C	混合债券型二级基金	236	136	0.313
16	融通	融通增强收益 C	混合债券型二级基金	236	171	0.192
16	融通	融通通瑞 AB	混合债券型二级基金	236	211	1.163
16	融通	融通通瑞 C	混合债券型二级基金	236	217	0.006
16	融通	融通健康产业 A	灵活配置型基金	719	15	14.562
16	融通	融通跨界成长	灵活配置型基金	719	43	3.055
16	融通	融通转型三动力 A	灵活配置型基金	719	64	5.838
16	融通	融通成长 30	灵活配置型基金	719	67	2.861
16	融通	融通新能源	灵活配置型基金	719	101	6.921
16	融通	融通新区域新经济	灵活配置型基金	719	206	8.512
16	融通	融通互联网传媒	灵活配置型基金	719	329	19.819
16	融通	融通新机遇	灵活配置型基金	719	460	11.687
16	融通	融通通鑫	灵活配置型基金	719	478	11.951
16	融通	融通通源短融 B	短期纯债型基金	11	2	4.681
16	融通	融通通源短融 A	短期纯债型基金	11	6	0.819
16	融通	融通深证 100AB	被动指数型基金	312	63	71.867
16	融通	融通中证精准医疗	被动指数型基金	312	79	0.362
16	融通	融通深证成指 AB	被动指数型基金	312	90	1.464
16	融通	融通中证云计算与大数据	被动指数型基金	312	145	0.786
16	融通	融通汇财宝 B	货币市场型基金	387	33	292.679
16	融通	融通易支付货币 B	货币市场型基金	387	116	5.301

续表2-2

整体投资回报能力排名	基金公司（简称）	基金名称	投资类型（二级分类）	样本基金数量	同类基金中排名	期间内规模（亿）
16	融通	融通汇财宝A	货币市场型基金	387	149	5.990
16	融通	融通易支付货币A	货币市场型基金	387	266	227.062
17	浦银安盛	浦银安盛6个月A	中长期纯债型基金	307	236	0.502
17	浦银安盛	浦银安盛月月盈A	中长期纯债型基金	307	245	0.649
17	浦银安盛	浦银安盛6个月C	中长期纯债型基金	307	254	0.088
17	浦银安盛	浦银安盛幸福回报A	中长期纯债型基金	307	265	8.667
17	浦银安盛	浦银安盛月月盈C	中长期纯债型基金	307	269	0.039
17	浦银安盛	浦银安盛幸福回报B	中长期纯债型基金	307	279	0.749
17	浦银安盛	浦银安盛红利精选	偏股混合型基金	477	190	0.911
17	浦银安盛	浦银安盛价值成长A	偏股混合型基金	477	373	14.907
17	浦银安盛	浦银安盛沪深300指数增强	增强指数型基金	44	9	2.885
17	浦银安盛	浦银安盛稳健增利C	混合债券型一级基金	132	95	0.309
17	浦银安盛	浦银安盛优化收益A	混合债券型二级基金	236	230	0.200
17	浦银安盛	浦银安盛优化收益C	混合债券型二级基金	236	231	0.131
17	浦银安盛	浦银安盛医疗健康	灵活配置型基金	719	35	10.066
17	浦银安盛	浦银安盛新经济结构	灵活配置型基金	719	138	1.630
17	浦银安盛	浦银安盛消费升级A	灵活配置型基金	719	298	0.811
17	浦银安盛	浦银安盛精致生活	灵活配置型基金	719	318	3.369
17	浦银安盛	浦银安盛盛世精选A	灵活配置型基金	719	360	2.897
17	浦银安盛	浦银安盛盛世精选C	灵活配置型基金	719	366	3.061
17	浦银安盛	浦银安盛战略新兴产业	灵活配置型基金	719	380	4.465
17	浦银安盛	浦银安盛增长动力	灵活配置型基金	719	432	16.762
17	浦银安盛	浦银安盛基本面400	被动指数型基金	312	261	0.427

续表2-2

整体投资回报能力排名	基金公司（简称）	基金名称	投资类型（二级分类）	样本基金数量	同类基金中排名	期间内规模（亿）
17	浦银安盛	浦银安盛货币 B	货币市场型基金	387	37	389.643
17	浦银安盛	浦银安盛货币 A	货币市场型基金	387	175	2.615
17	浦银安盛	浦银安盛货币 E	货币市场型基金	387	177	0.023
17	浦银安盛	浦银安盛日日盈 B	货币市场型基金	387	261	49.164
17	浦银安盛	浦银安盛日日盈 A	货币市场型基金	387	347	0.190
17	浦银安盛	浦银安盛日日盈 D	货币市场型基金	387	348	18.186
18	金鹰	金鹰元盛 C	中长期纯债型基金	307	55	0.451
18	金鹰	金鹰元安 A	偏债混合型基金	46	4	2.837
18	金鹰	金鹰元禧 A	偏债混合型基金	46	22	3.279
18	金鹰	金鹰主题优势	偏股混合型基金	477	145	3.760
18	金鹰	金鹰行业优势	偏股混合型基金	477	164	2.007
18	金鹰	金鹰策略配置	偏股混合型基金	477	178	4.373
18	金鹰	金鹰稳健成长	偏股混合型基金	477	309	12.168
18	金鹰	金鹰中小盘精选	偏股混合型基金	477	370	4.068
18	金鹰	金鹰核心资源	偏股混合型基金	477	463	11.497
18	金鹰	金鹰科技创新	普通股票型基金	150	106	7.875
18	金鹰	金鹰量化精选	普通股票型基金	150	146	0.134
18	金鹰	金鹰元丰	混合债券型二级基金	236	7	1.497
18	金鹰	金鹰持久增利 C	混合债券型二级基金	236	22	0.739
18	金鹰	金鹰民族新兴	灵活配置型基金	719	90	1.243
18	金鹰	金鹰产业整合	灵活配置型基金	719	131	3.082
18	金鹰	金鹰改革红利	灵活配置型基金	719	159	1.631
18	金鹰	金鹰灵活配置 A	灵活配置型基金	719	396	2.838

续表2-2

整体投资回报能力排名	基金公司（简称）	基金名称	投资类型（二级分类）	样本基金数量	同类基金中排名	期间内规模（亿）
18	金鹰	金鹰灵活配置C	灵活配置型基金	719	415	2.139
18	金鹰	金鹰成分股优选	灵活配置型基金	719	485	3.363
18	金鹰	金鹰红利价值	灵活配置型基金	719	705	2.317
18	金鹰	金鹰技术领先A	灵活配置型基金	719	716	2.202
18	金鹰	金鹰货币B	货币市场型基金	387	17	146.749
18	金鹰	金鹰货币A	货币市场型基金	387	126	3.119
19	汇添富	汇添富年年利A	中长期纯债型基金	307	153	6.345
19	汇添富	汇添富高息债A	中长期纯债型基金	307	194	22.456
19	汇添富	汇添富年年利C	中长期纯债型基金	307	195	0.702
19	汇添富	汇添富安心中国C	中长期纯债型基金	307	210	0.242
19	汇添富	汇添富实业债A	中长期纯债型基金	307	222	1.521
19	汇添富	汇添富纯债	中长期纯债型基金	307	243	12.219
19	汇添富	汇添富安心中国A	中长期纯债型基金	307	248	1.888
19	汇添富	汇添富实业债C	中长期纯债型基金	307	255	0.500
19	汇添富	汇添富高息债C	中长期纯债型基金	307	284	7.718
19	汇添富	汇添富消费行业	偏股混合型基金	477	21	116.876
19	汇添富	汇添富医药保健A	偏股混合型基金	477	22	43.417
19	汇添富	汇添富策略回报	偏股混合型基金	477	86	35.485
19	汇添富	汇添富成长焦点	偏股混合型基金	477	207	87.862
19	汇添富	汇添富逆向投资	偏股混合型基金	477	228	9.548
19	汇添富	汇添富价值精选A	偏股混合型基金	477	241	119.519
19	汇添富	汇添富优势精选	偏股混合型基金	477	275	28.507
19	汇添富	汇添富民营活力A	偏股混合型基金	477	288	57.524

续表2-2

整体投资回报能力排名	基金公司（简称）	基金名称	投资类型（二级分类）	样本基金数量	同类基金中排名	期间内规模（亿）
19	汇添富	汇添富均衡增长	偏股混合型基金	477	314	58.430
19	汇添富	汇添富美丽30	偏股混合型基金	477	335	28.239
19	汇添富	汇添富社会责任	偏股混合型基金	477	428	30.063
19	汇添富	汇添富国企创新增长	普通股票型基金	150	65	9.156
19	汇添富	汇添富新兴消费	普通股票型基金	150	92	7.646
19	汇添富	汇添富移动互联	普通股票型基金	150	109	64.323
19	汇添富	汇添富民营新动力	普通股票型基金	150	114	5.162
19	汇添富	汇添富环保行业	普通股票型基金	150	120	25.375
19	汇添富	汇添富成长多因子量化策略	普通股票型基金	150	123	11.400
19	汇添富	汇添富外延增长主题	普通股票型基金	150	129	36.882
19	汇添富	汇添富季季红	混合债券型一级基金	132	22	3.653
19	汇添富	汇添富增强收益A	混合债券型一级基金	132	110	3.573
19	汇添富	汇添富增强收益C	混合债券型一级基金	132	116	1.148
19	汇添富	汇添富可转债A	混合债券型二级基金	236	11	37.816
19	汇添富	汇添富可转债C	混合债券型二级基金	236	15	11.423
19	汇添富	汇添富双利A	混合债券型二级基金	236	45	45.761
19	汇添富	汇添富双利C	混合债券型二级基金	236	51	3.508
19	汇添富	汇添富多元收益A	混合债券型二级基金	236	55	3.737
19	汇添富	汇添富多元收益C	混合债券型二级基金	236	68	0.417
19	汇添富	汇添富双利增强A	混合债券型二级基金	236	96	4.240
19	汇添富	汇添富6月红添利A	混合债券型二级基金	236	98	16.593
19	汇添富	汇添富双利增强C	混合债券型二级基金	236	109	0.536
19	汇添富	汇添富6月红添利C	混合债券型二级基金	236	112	0.013

续表2-2

整体投资回报能力排名	基金公司（简称）	基金名称	投资类型（二级分类）	样本基金数量	同类基金中排名	期间内规模（亿）
19	汇添富	汇添富医疗服务	灵活配置型基金	719	51	94.465
19	汇添富	汇添富蓝筹稳健	灵活配置型基金	719	214	75.131
19	汇添富	汇添富安鑫智选C	灵活配置型基金	719	221	0.655
19	汇添富	汇添富安鑫智选A	灵活配置型基金	719	260	4.336
19	汇添富	汇添富优选回报A	灵活配置型基金	719	316	2.285
19	汇添富	汇添富达欣A	灵活配置型基金	719	362	2.643
19	汇添富	汇添富达欣C	灵活配置型基金	719	376	1.759
19	汇添富	汇添富中证主要消费ETF	被动指数型基金	312	8	49.344
19	汇添富	汇添富中证主要消费ETF联接	被动指数型基金	312	10	34.338
19	汇添富	汇添富中证医药卫生ETF	被动指数型基金	312	72	3.406
19	汇添富	汇添富沪深300安中动态策略	被动指数型基金	312	82	4.172
19	汇添富	汇添富深证300ETF	被动指数型基金	312	120	1.031
19	汇添富	汇添富深证300ETF联接	被动指数型基金	312	126	0.847
19	汇添富	汇添富上证综指	被动指数型基金	312	207	11.626
19	汇添富	汇添富中证金融地产ETF	被动指数型基金	312	264	0.624
19	汇添富	汇添富中证能源ETF	被动指数型基金	312	308	1.019
19	汇添富	汇添富货币B	货币市场型基金	387	18	133.357
19	汇添富	汇添富现金宝A	货币市场型基金	387	54	560.015
19	汇添富	汇添富和聚宝	货币市场型基金	387	70	155.057
19	汇添富	汇添富全额宝	货币市场型基金	387	94	805.643
19	汇添富	汇添富货币A	货币市场型基金	387	135	2.390
19	汇添富	汇添富货币D	货币市场型基金	387	136	13.021

续表2-2

整体投资回报能力排名	基金公司（简称）	基金名称	投资类型（二级分类）	样本基金数量	同类基金中排名	期间内规模（亿）
19	汇添富	汇添富货币 C	货币市场型基金	387	137	27.279
19	汇添富	汇添富收益快线货币 B	货币市场型基金	387	145	72.211
19	汇添富	汇添富添富通 B	货币市场型基金	387	156	48.891
19	汇添富	汇添富添富通 A	货币市场型基金	387	294	20.669
19	汇添富	汇添富添富通 E	货币市场型基金	387	306	7.243
19	汇添富	汇添富收益快钱 B	货币市场型基金	387	363	1.150
19	汇添富	汇添富收益快线货币 A	货币市场型基金	387	366	58.910
19	汇添富	汇添富收益快钱 A	货币市场型基金	387	372	0.563
20	宝盈	宝盈祥泰 A	偏债混合型基金	46	32	0.553
20	宝盈	宝盈祥瑞 A	偏债混合型基金	46	45	0.583
20	宝盈	宝盈资源优选	偏股混合型基金	477	312	24.994
20	宝盈	宝盈策略增长	偏股混合型基金	477	381	22.057
20	宝盈	宝盈泛沿海增长	偏股混合型基金	477	407	11.519
20	宝盈	宝盈中证 100 指数增强 A	增强指数型基金	44	4	3.140
20	宝盈	宝盈医疗健康沪港深	普通股票型基金	150	46	7.989
20	宝盈	宝盈增强收益 AB	混合债券型二级基金	236	149	0.642
20	宝盈	宝盈增强收益 C	混合债券型二级基金	236	162	0.110
20	宝盈	宝盈鸿利收益 A	灵活配置型基金	719	8	24.334
20	宝盈	宝盈先进制造 A	灵活配置型基金	719	9	16.868
20	宝盈	宝盈新锐 A	灵活配置型基金	719	41	3.521
20	宝盈	宝盈睿丰创新 AB	灵活配置型基金	719	89	0.714
20	宝盈	宝盈睿丰创新 C	灵活配置型基金	719	104	1.389
20	宝盈	宝盈核心优势 A	灵活配置型基金	719	105	14.292

续表2-2

整体投资回报能力排名	基金公司（简称）	基金名称	投资类型（二级分类）	样本基金数量	同类基金中排名	期间内规模（亿）
20	宝盈	宝盈科技30	灵活配置型基金	719	145	25.392
20	宝盈	宝盈核心优势C	灵活配置型基金	719	149	0.386
20	宝盈	宝盈新价值A	灵活配置型基金	719	171	10.092
20	宝盈	宝盈优势产业	灵活配置型基金	719	291	1.092
20	宝盈	宝盈新兴产业	灵活配置型基金	719	389	16.876
20	宝盈	宝盈转型动力	灵活配置型基金	719	476	20.599
20	宝盈	宝盈货币B	货币市场型基金	387	105	143.041
20	宝盈	宝盈货币A	货币市场型基金	387	258	43.437
21	国投瑞银	国投瑞银中高等级A	中长期纯债型基金	307	24	0.990
21	国投瑞银	国投瑞银中高等级C	中长期纯债型基金	307	45	0.512
21	国投瑞银	国投瑞银新活力定开A	偏债混合型基金	46	41	0.001
21	国投瑞银	国投瑞银新活力定开C	偏债混合型基金	46	42	1.726
21	国投瑞银	国投瑞银融华债券	偏债混合型基金	46	46	2.843
21	国投瑞银	国投瑞银成长优选	偏股混合型基金	477	128	5.656
21	国投瑞银	国投瑞银创新动力	偏股混合型基金	477	137	21.160
21	国投瑞银	国投瑞银核心企业	偏股混合型基金	477	192	13.289
21	国投瑞银	国投瑞银景气行业	平衡混合型基金	28	5	8.048
21	国投瑞银	国投瑞银双债增利A	混合债券型一级基金	132	24	3.618
21	国投瑞银	国投瑞银双债增利C	混合债券型一级基金	132	29	0.191
21	国投瑞银	国投瑞银稳定增利	混合债券型一级基金	132	59	5.041
21	国投瑞银	国投瑞银优化增强AB	混合债券型二级基金	236	61	10.498
21	国投瑞银	国投瑞银优化增强C	混合债券型二级基金	236	70	1.557
21	国投瑞银	国投瑞银进宝	灵活配置型基金	719	11	4.008

续表2-2

整体投资回报能力排名	基金公司（简称）	基金名称	投资类型（二级分类）	样本基金数量	同类基金中排名	期间内规模（亿）
21	国投瑞银	国投瑞银境煊 A	灵活配置型基金	719	33	0.757
21	国投瑞银	国投瑞银境煊 C	灵活配置型基金	719	44	1.556
21	国投瑞银	国投瑞银美丽中国	灵活配置型基金	719	46	4.014
21	国投瑞银	国投瑞银新机遇 A	灵活配置型基金	719	110	0.562
21	国投瑞银	国投瑞银新机遇 C	灵活配置型基金	719	122	0.824
21	国投瑞银	国投瑞银瑞源	灵活配置型基金	719	123	6.909
21	国投瑞银	国投瑞银新兴产业	灵活配置型基金	719	132	9.617
21	国投瑞银	国投瑞银稳健增长	灵活配置型基金	719	152	8.830
21	国投瑞银	国投瑞银医疗保健行业	灵活配置型基金	719	168	5.462
21	国投瑞银	国投瑞银新丝路	灵活配置型基金	719	187	1.952
21	国投瑞银	国投瑞银瑞盈	灵活配置型基金	719	190	1.703
21	国投瑞银	国投瑞银策略精选	灵活配置型基金	719	209	7.039
21	国投瑞银	国投瑞银招财	灵活配置型基金	719	249	1.626
21	国投瑞银	国投瑞银锐意改革	灵活配置型基金	719	258	9.209
21	国投瑞银	国投瑞银国家安全	灵活配置型基金	719	261	28.686
21	国投瑞银	国投瑞银精选收益	灵活配置型基金	719	278	13.250
21	国投瑞银	国投瑞银瑞利	灵活配置型基金	719	299	2.168
21	国投瑞银	国投瑞银新增长 A	灵活配置型基金	719	378	2.959
21	国投瑞银	国投瑞银信息消费	灵活配置型基金	719	451	1.224
21	国投瑞银	国投瑞银中证下游	被动指数型基金	312	37	0.491
21	国投瑞银	国投瑞银瑞福深证 100	被动指数型基金	312	51	4.831
21	国投瑞银	国投瑞银沪深 300 金融地产 ETF	被动指数型基金	312	159	3.961

续表2-2

整体投资回报能力排名	基金公司（简称）	基金名称	投资类型（二级分类）	样本基金数量	同类基金中排名	期间内规模（亿）
21	国投瑞银	国投瑞银沪深300金融地产ETF联接	被动指数型基金	312	165	4.213
21	国投瑞银	国投瑞银中证上游	被动指数型基金	312	234	1.624
21	国投瑞银	国投瑞银钱多宝A	货币市场型基金	387	3	113.046
21	国投瑞银	国投瑞银钱多宝I	货币市场型基金	387	4	4.872
21	国投瑞银	国投瑞银货币B	货币市场型基金	387	100	154.450
21	国投瑞银	国投瑞银添利宝A	货币市场型基金	387	193	159.417
21	国投瑞银	国投瑞银添利宝B	货币市场型基金	387	200	21.376
21	国投瑞银	国投瑞银增利宝B	货币市场型基金	387	204	72.105
21	国投瑞银	国投瑞银增利宝A	货币市场型基金	387	207	2.681
21	国投瑞银	国投瑞银货币A	货币市场型基金	387	249	15.824
22	工银瑞信	工银信用纯债一年A	中长期纯债型基金	307	25	4.547
22	工银瑞信	工银信用纯债一年C	中长期纯债型基金	307	49	0.747
22	工银瑞信	工银瑞信纯债A	中长期纯债型基金	307	100	50.741
22	工银瑞信	工银信用纯债两年A	中长期纯债型基金	307	109	4.188
22	工银瑞信	工银中高等级信用债A	中长期纯债型基金	307	120	5.667
22	工银瑞信	工银瑞信纯债B	中长期纯债型基金	307	148	8.701
22	工银瑞信	工银信用纯债两年C	中长期纯债型基金	307	157	0.304
22	工银瑞信	工银中高等级信用债B	中长期纯债型基金	307	181	0.433
22	工银瑞信	工银瑞信纯债	中长期纯债型基金	307	202	3.085
22	工银瑞信	工银瑞信目标收益一年C	中长期纯债型基金	307	249	2.532
22	工银瑞信	工银瑞信信用纯债A	中长期纯债型基金	307	289	11.588
22	工银瑞信	工银瑞信信用纯债B	中长期纯债型基金	307	298	0.237
22	工银瑞信	工银瑞信信息产业	偏股混合型基金	477	2	10.175

续表2-2

整体投资回报能力排名	基金公司（简称）	基金名称	投资类型（二级分类）	样本基金数量	同类基金中排名	期间内规模（亿）
22	工银瑞信	工银瑞信中小盘成长	偏股混合型基金	477	3	5.534
22	工银瑞信	工银瑞信主题策略	偏股混合型基金	477	49	14.589
22	工银瑞信	工银瑞信量化策略	偏股混合型基金	477	143	3.228
22	工银瑞信	工银瑞信消费服务	偏股混合型基金	477	151	7.136
22	工银瑞信	工银瑞信核心价值A	偏股混合型基金	477	218	52.476
22	工银瑞信	工银瑞信红利	偏股混合型基金	477	222	6.197
22	工银瑞信	工银瑞信大盘蓝筹	偏股混合型基金	477	254	5.156
22	工银瑞信	工银瑞信稳健成长A	偏股混合型基金	477	318	13.142
22	工银瑞信	工银瑞信精选平衡	偏股混合型基金	477	378	18.488
22	工银瑞信	工银瑞信金融地产A	偏股混合型基金	477	410	50.111
22	工银瑞信	工银瑞信文体产业A	普通股票型基金	150	9	62.074
22	工银瑞信	工银瑞信新金融	普通股票型基金	150	11	12.494
22	工银瑞信	工银瑞信战略转型主题	普通股票型基金	150	13	19.512
22	工银瑞信	工银瑞信养老产业	普通股票型基金	150	19	25.541
22	工银瑞信	工银瑞信生态环境	普通股票型基金	150	22	11.625
22	工银瑞信	工银瑞信医疗保健行业	普通股票型基金	150	26	43.357
22	工银瑞信	工银瑞信美丽城镇主题	普通股票型基金	150	32	5.585
22	工银瑞信	工银瑞信研究精选	普通股票型基金	150	34	0.897
22	工银瑞信	工银瑞信农业产业	普通股票型基金	150	42	11.044
22	工银瑞信	工银瑞信聚焦30	普通股票型基金	150	45	2.819
22	工银瑞信	工银瑞信国企改革主题	普通股票型基金	150	53	17.437
22	工银瑞信	工银瑞信高端制造行业	普通股票型基金	150	58	11.393
22	工银瑞信	工银瑞信新材料新能源行业	普通股票型基金	150	71	23.563

续表2-2

整体投资回报能力排名	基金公司（简称）	基金名称	投资类型（二级分类）	样本基金数量	同类基金中排名	期间内规模（亿）
22	工银瑞信	工银瑞信新蓝筹	普通股票型基金	150	72	3.799
22	工银瑞信	工银瑞信互联网加	普通股票型基金	150	90	50.625
22	工银瑞信	工银瑞信创新动力	普通股票型基金	150	149	8.143
22	工银瑞信	工银瑞信四季收益	混合债券型一级基金	132	52	17.227
22	工银瑞信	工银瑞信信用添利A	混合债券型一级基金	132	79	12.713
22	工银瑞信	工银瑞信信用添利B	混合债券型一级基金	132	84	7.411
22	工银瑞信	工银瑞信增强收益A	混合债券型一级基金	132	85	9.076
22	工银瑞信	工银瑞信增强收益B	混合债券型一级基金	132	98	3.432
22	工银瑞信	工银瑞信双债增强	混合债券型二级基金	236	42	0.901
22	工银瑞信	工银瑞信双利A	混合债券型二级基金	236	52	113.088
22	工银瑞信	工银瑞信双利B	混合债券型二级基金	236	62	22.517
22	工银瑞信	工银瑞信产业债A	混合债券型二级基金	236	71	58.856
22	工银瑞信	工银瑞信产业债B	混合债券型二级基金	236	85	1.968
22	工银瑞信	工银瑞信添颐A	混合债券型二级基金	236	129	3.994
22	工银瑞信	工银月月薪定期支付A	混合债券型二级基金	236	142	5.968
22	工银瑞信	工银瑞信添颐B	混合债券型二级基金	236	144	4.005
22	工银瑞信	工银瑞信添福B	混合债券型二级基金	236	224	0.364
22	工银瑞信	工银瑞信添福A	混合债券型二级基金	236	225	12.815
22	工银瑞信	工银瑞信新趋势A	灵活配置型基金	719	19	0.121
22	工银瑞信	工银瑞信新趋势C	灵活配置型基金	719	22	0.965
22	工银瑞信	工银瑞信总回报	灵活配置型基金	719	82	10.740
22	工银瑞信	工银瑞信灵活配置A	灵活配置型基金	719	86	3.305
22	工银瑞信	工银瑞信丰盈回报	灵活配置型基金	719	100	2.076

续表2-2

整体投资回报能力排名	基金公司（简称）	基金名称	投资类型（二级分类）	样本基金数量	同类基金中排名	期间内规模（亿）
22	工银瑞信	工银瑞信优质精选	灵活配置型基金	719	111	1.465
22	工银瑞信	工银瑞信新财富	灵活配置型基金	719	205	6.985
22	工银瑞信	工银瑞信丰收回报A	灵活配置型基金	719	344	2.593
22	工银瑞信	工银瑞信丰收回报C	灵活配置型基金	719	354	2.432
22	工银瑞信	工银瑞信成长收益A	灵活配置型基金	719	409	21.307
22	工银瑞信	工银瑞信成长收益B	灵活配置型基金	719	426	1.572
22	工银瑞信	工银瑞信灵活配置B	灵活配置型基金	719	718	0.000
22	工银瑞信	工银瑞信绝对收益A	股票多空	15	5	6.345
22	工银瑞信	工银瑞信绝对收益B	股票多空	15	7	1.643
22	工银瑞信	工银瑞信深证红利ETF	被动指数型基金	312	44	25.190
22	工银瑞信	工银瑞信深证红利ETF联接A	被动指数型基金	312	55	12.833
22	工银瑞信	工银瑞信沪深300A	被动指数型基金	312	151	22.521
22	工银瑞信	工银上证央企50ETF	被动指数型基金	312	257	1.675
22	工银瑞信	工银瑞信中证传媒A	被动指数型基金	312	305	0.722
22	工银瑞信	工银瑞信薪金B	货币市场型基金	387	5	58.405
22	工银瑞信	工银瑞信薪金A	货币市场型基金	387	58	82.081
22	工银瑞信	工银瑞信现金快线	货币市场型基金	387	80	205.295
22	工银瑞信	工银瑞信添益快线	货币市场型基金	387	88	818.769
22	工银瑞信	工银瑞信货币	货币市场型基金	387	117	1452.478
22	工银瑞信	工银瑞信财富快线A	货币市场型基金	387	272	7.199
23	圆信永丰	圆信永丰兴融A	中长期纯债型基金	307	34	20.736
23	圆信永丰	圆信永丰兴融C	中长期纯债型基金	307	52	0.014
23	圆信永丰	圆信永丰优加生活	普通股票型基金	150	49	14.254

续表2-2

整体投资回报能力排名	基金公司（简称）	基金名称	投资类型（二级分类）	样本基金数量	同类基金中排名	期间内规模（亿）
23	圆信永丰	圆信永丰双红利 A	灵活配置型基金	719	341	16.082
23	圆信永丰	圆信永丰双红利 C	灵活配置型基金	719	367	0.994
24	中融	中融稳健添利	混合债券型二级基金	236	173	0.321
24	中融	中融新经济 A	灵活配置型基金	719	58	1.804
24	中融	中融新经济 C	灵活配置型基金	719	61	0.909
24	中融	中融国企改革	灵活配置型基金	719	173	1.013
24	中融	中融新机遇	灵活配置型基金	719	508	1.010
24	中融	中融融安二号	灵活配置型基金	719	550	0.955
24	中融	中融鑫起点 A	灵活配置型基金	719	568	0.734
24	中融	中融鑫起点 C	灵活配置型基金	719	608	2.678
24	中融	中融融安	灵活配置型基金	719	702	1.215
24	中融	中融中证银行	被动指数型基金	312	204	0.555
24	中融	中融中证煤炭	被动指数型基金	312	303	2.103
24	中融	中融国证钢铁	被动指数型基金	312	310	1.664
24	中融	中融货币 C	货币市场型基金	387	71	107.812
24	中融	中融日日盈 A	货币市场型基金	387	219	0.315
24	中融	中融货币 A	货币市场型基金	387	227	1.631
25	泰康资产	泰康新回报 A	灵活配置型基金	719	220	1.624
25	泰康资产	泰康新回报 C	灵活配置型基金	719	226	0.034
25	泰康资产	泰康新机遇	灵活配置型基金	719	253	35.191
25	泰康资产	泰康薪意保 B	货币市场型基金	387	61	44.424
25	泰康资产	泰康薪意保 A	货币市场型基金	387	211	11.132
26	平安	平安添利 A	中长期纯债型基金	307	125	26.705

续表2-2

整体投资回报能力排名	基金公司（简称）	基金名称	投资类型（二级分类）	样本基金数量	同类基金中排名	期间内规模（亿）
26	平安	平安添利 C	中长期纯债型基金	307	184	2.839
26	平安	平安行业先锋	偏股混合型基金	477	219	2.760
26	平安	平安深证 300 指数增强	增强指数型基金	44	15	0.873
26	平安	平安智慧中国	灵活配置型基金	719	92	10.331
26	平安	平安策略先锋	灵活配置型基金	719	109	1.082
26	平安	平安灵活配置	灵活配置型基金	719	197	1.730
26	平安	平安新鑫先锋 A	灵活配置型基金	719	297	0.615
26	平安	平安新鑫先锋 C	灵活配置型基金	719	307	0.020
26	平安	平安鑫享 A	灵活配置型基金	719	612	0.258
26	平安	平安鑫享 C	灵活配置型基金	719	629	1.269
26	平安	平安鑫安 A	灵活配置型基金	719	696	1.649
26	平安	平安鑫安 C	灵活配置型基金	719	698	0.028
26	平安	平安财富宝	货币市场型基金	387	12	382.571
26	平安	平安日增利 A	货币市场型基金	387	178	1 076.487
27	建信	建信安心回报 6 个月 A	中长期纯债型基金	307	59	0.891
27	建信	建信纯债 A	中长期纯债型基金	307	75	9.652
27	建信	建信纯债 C	中长期纯债型基金	307	110	2.750
27	建信	建信安心回报 A	中长期纯债型基金	307	119	0.450
27	建信	建信安心回报 C	中长期纯债型基金	307	167	0.347
27	建信	建信安心回报 6 个月 C	中长期纯债型基金	307	189	0.614
27	建信	建信核心精选	偏股混合型基金	477	87	4.783
27	建信	建信健康民生	偏股混合型基金	477	90	1.093
27	建信	建信优势动力	偏股混合型基金	477	97	4.886

续表2-2

整体投资回报能力排名	基金公司（简称）	基金名称	投资类型（二级分类）	样本基金数量	同类基金中排名	期间内规模（亿）
27	建信	建信内生动力	偏股混合型基金	477	109	6.002
27	建信	建信恒久价值	偏股混合型基金	477	154	11.364
27	建信	建信创新中国	偏股混合型基金	477	167	1.439
27	建信	建信优选成长A	偏股混合型基金	477	211	20.147
27	建信	建信消费升级	偏股混合型基金	477	290	0.908
27	建信	建信优化配置	偏股混合型基金	477	331	22.292
27	建信	建信社会责任	偏股混合型基金	477	336	0.283
27	建信	建信深证100指数增强	增强指数型基金	44	19	1.028
27	建信	建信精工制造指数增强	增强指数型基金	44	20	1.267
27	建信	建信中证500指数增强A	增强指数型基金	44	43	34.424
27	建信	建信改革红利	普通股票型基金	150	37	2.744
27	建信	建信大安全	普通股票型基金	150	40	3.219
27	建信	建信信息产业	普通股票型基金	150	63	5.673
27	建信	建信中小盘	普通股票型基金	150	91	2.185
27	建信	建信互联网＋产业升级	普通股票型基金	150	97	10.495
27	建信	建信潜力新蓝筹	普通股票型基金	150	110	0.835
27	建信	建信环保产业	普通股票型基金	150	112	26.350
27	建信	建信稳定增利A	混合债券型一级基金	132	74	5.262
27	建信	建信稳定增利C	混合债券型一级基金	132	82	5.850
27	建信	建信信用增强A	混合债券型一级基金	132	117	0.333
27	建信	建信信用增强C	混合债券型一级基金	132	122	0.069
27	建信	建信双债增强A	混合债券型一级基金	132	127	0.380
27	建信	建信双债增强C	混合债券型一级基金	132	128	0.219

续表2-2

整体投资回报能力排名	基金公司（简称）	基金名称	投资类型（二级分类）	样本基金数量	同类基金中排名	期间内规模（亿）
27	建信	建信转债增强 A	混合债券型二级基金	236	87	0.558
27	建信	建信转债增强 C	混合债券型二级基金	236	95	0.667
27	建信	建信稳定得利 A	混合债券型二级基金	236	106	2.117
27	建信	建信稳定得利 C	混合债券型二级基金	236	118	0.457
27	建信	建信稳定丰利 A	混合债券型二级基金	236	147	0.743
27	建信	建信稳定丰利 C	混合债券型二级基金	236	159	0.274
27	建信	建信收益增强 A	混合债券型二级基金	236	197	2.017
27	建信	建信收益增强 C	混合债券型二级基金	236	210	1.012
27	建信	建信双息红利 A	混合债券型二级基金	236	213	9.033
27	建信	建信稳定添利 A	混合债券型二级基金	236	214	0.324
27	建信	建信双息红利 C	混合债券型二级基金	236	215	0.769
27	建信	建信稳定添利 C	混合债券型二级基金	236	219	0.324
27	建信	建信鑫利	灵活配置型基金	719	74	4.666
27	建信	建信恒稳价值	灵活配置型基金	719	198	0.559
27	建信	建信新经济	灵活配置型基金	719	229	4.042
27	建信	建信裕利	灵活配置型基金	719	231	17.951
27	建信	建信积极配置	灵活配置型基金	719	264	1.816
27	建信	建信睿盈 A	灵活配置型基金	719	353	1.061
27	建信	建信睿盈 C	灵活配置型基金	719	377	0.629
27	建信	建信鑫安回报	灵活配置型基金	719	646	6.704
27	建信	建信鑫丰回报 A	灵活配置型基金	719	669	0.209
27	建信	建信鑫丰回报 C	灵活配置型基金	719	672	12.200
27	建信	建信灵活配置	灵活配置型基金	719	689	13.464

续表2-2

整体投资回报能力排名	基金公司（简称）	基金名称	投资类型（二级分类）	样本基金数量	同类基金中排名	期间内规模（亿）
27	建信	建信深证基本面60ETF	被动指数型基金	312	65	4.081
27	建信	建信深证基本面60ETF联接A	被动指数型基金	312	75	4.467
27	建信	建信沪深300	被动指数型基金	312	88	5.086
27	建信	建信上证社会责任ETF	被动指数型基金	312	98	1.013
27	建信	建信央视财经50	被动指数型基金	312	99	7.114
27	建信	建信上证社会责任ETF联接	被动指数型基金	312	114	1.072
27	建信	建信双周安心理财B	货币市场型基金	387	10	38.294
27	建信	建信嘉薪宝A	货币市场型基金	387	26	114.634
27	建信	建信现金添利A	货币市场型基金	387	90	1 547.342
27	建信	建信货币A	货币市场型基金	387	113	23.178
27	建信	建信双周安心理财A	货币市场型基金	387	129	3.996
28	北信瑞丰	北信瑞丰稳定收益A	中长期纯债型基金	307	273	1.305
28	北信瑞丰	北信瑞丰稳定收益C	中长期纯债型基金	307	283	1.725
28	北信瑞丰	北信瑞丰健康生活主题	灵活配置型基金	719	364	4.297
28	北信瑞丰	北信瑞丰新成长	灵活配置型基金	719	410	2.081
28	北信瑞丰	北信瑞丰平安中国	灵活配置型基金	719	503	0.508
28	北信瑞丰	北信瑞丰宜投宝B	货币市场型基金	387	41	33.815
28	北信瑞丰	北信瑞丰现金添利B	货币市场型基金	387	114	5.471
28	北信瑞丰	北信瑞丰宜投宝A	货币市场型基金	387	185	0.390
28	北信瑞丰	北信瑞丰现金添利A	货币市场型基金	387	264	0.259
29	富国	富国强回报A	中长期纯债型基金	307	7	3.807
29	富国	富国汇利回报两年定开	中长期纯债型基金	307	10	5.783

续表2-2

整体投资回报能力排名	基金公司（简称）	基金名称	投资类型（二级分类）	样本基金数量	同类基金中排名	期间内规模（亿）
29	富国	富国强回报C	中长期纯债型基金	307	13	0.369
29	富国	富国产业债A	中长期纯债型基金	307	63	30.892
29	富国	富国新天锋	中长期纯债型基金	307	66	4.382
29	富国	富国信用债A	中长期纯债型基金	307	69	63.339
29	富国	富国纯债AB	中长期纯债型基金	307	94	3.365
29	富国	富国信用债C	中长期纯债型基金	307	104	3.913
29	富国	富国一年期纯债	中长期纯债型基金	307	117	11.335
29	富国	富国目标齐利一年	中长期纯债型基金	307	121	13.377
29	富国	富国纯债C	中长期纯债型基金	307	140	0.736
29	富国	富国国有企业债AB	中长期纯债型基金	307	225	3.111
29	富国	富国国有企业债C	中长期纯债型基金	307	258	0.090
29	富国	富国医疗保健行业	偏股混合型基金	477	4	14.572
29	富国	富国高新技术产业	偏股混合型基金	477	11	13.116
29	富国	富国消费主题	偏股混合型基金	477	17	15.778
29	富国	富国通胀通缩主题	偏股混合型基金	477	33	3.465
29	富国	富国天益价值	偏股混合型基金	477	37	65.081
29	富国	富国低碳新经济	偏股混合型基金	477	38	30.493
29	富国	富国国家安全主题	偏股混合型基金	477	79	12.945
29	富国	富国中小盘精选	偏股混合型基金	477	100	9.615
29	富国	富国天博创新主题	偏股混合型基金	477	126	32.060
29	富国	富国天瑞强势精选	偏股混合型基金	477	149	38.353
29	富国	富国天惠精选成长A	偏股混合型基金	477	186	147.790
29	富国	富国天合稳健优选	偏股混合型基金	477	224	32.039

续表2-2

整体投资回报能力排名	基金公司（简称）	基金名称	投资类型（二级分类）	样本基金数量	同类基金中排名	期间内规模（亿）
29	富国	富国改革动力	偏股混合型基金	477	430	36.120
29	富国	富国低碳环保	偏股混合型基金	477	474	50.168
29	富国	富国沪深300增强	增强指数型基金	44	29	48.549
29	富国	富国中证500指数增强	增强指数型基金	44	38	33.604
29	富国	富国中证红利指数增强A	增强指数型基金	44	44	28.615
29	富国	富国天源沪港深	平衡混合型基金	28	19	8.120
29	富国	富国文体健康	普通股票型基金	150	39	17.387
29	富国	富国高端制造行业	普通股票型基金	150	48	12.684
29	富国	富国城镇发展	普通股票型基金	150	130	13.612
29	富国	富国新兴产业	普通股票型基金	150	132	23.577
29	富国	富国天丰强化收益	混合债券型一级基金	132	25	3.944
29	富国	富国天利增长债券	混合债券型一级基金	132	38	69.092
29	富国	富国天盈C	混合债券型一级基金	132	40	7.857
29	富国	富国收益增强A	混合债券型二级基金	236	44	4.396
29	富国	富国收益增强C	混合债券型二级基金	236	48	0.669
29	富国	富国可转债A	混合债券型二级基金	236	65	16.706
29	富国	富国稳健增强AB	混合债券型二级基金	236	123	7.926
29	富国	富国稳健增强C	混合债券型二级基金	236	138	0.634
29	富国	富国优化增强A	混合债券型二级基金	236	145	13.331
29	富国	富国优化增强B	混合债券型二级基金	236	146	13.331
29	富国	富国优化增强C	混合债券型二级基金	236	160	2.102
29	富国	富国新动力A	灵活配置型基金	719	3	27.191
29	富国	富国新动力C	灵活配置型基金	719	4	7.020

续表2-2

整体投资回报能力排名	基金公司（简称）	基金名称	投资类型（二级分类）	样本基金数量	同类基金中排名	期间内规模（亿）
29	富国	富国天盛	灵活配置型基金	719	66	5.310
29	富国	富国天成红利	灵活配置型基金	719	184	15.612
29	富国	富国宏观策略	灵活配置型基金	719	219	5.277
29	富国	富国沪港深价值精选	灵活配置型基金	719	252	52.042
29	富国	富国新收益 A	灵活配置型基金	719	285	2.624
29	富国	富国新收益 C	灵活配置型基金	719	303	1.867
29	富国	富国新回报 AB	灵活配置型基金	719	305	3.827
29	富国	富国新回报 C	灵活配置型基金	719	315	0.022
29	富国	富国研究精选	灵活配置型基金	719	330	9.389
29	富国	富国绝对收益多策略 A	股票多空	15	1	22.702
29	富国	富国中证工业 4.0	被动指数型基金	312	16	19.173
29	富国	富国中证新能源汽车	被动指数型基金	312	18	46.563
29	富国	富国创业板指数分级	被动指数型基金	312	29	11.791
29	富国	富国中证移动互联网	被动指数型基金	312	85	7.246
29	富国	富国中证军工	被动指数型基金	312	111	78.058
29	富国	富国证券分级	被动指数型基金	312	171	14.477
29	富国	富国上证综指 ETF	被动指数型基金	312	178	2.890
29	富国	富国国企改革	被动指数型基金	312	188	63.777
29	富国	富国上证综指 ETF 联接	被动指数型基金	312	190	1.995
29	富国	富国中证体育产业	被动指数型基金	312	232	1.455
29	富国	富国中证煤炭	被动指数型基金	312	295	2.680
29	富国	富国收益宝 B	货币市场型基金	387	66	108.315
29	富国	富国安益	货币市场型基金	387	68	196.800

续表2-2

整体投资回报能力排名	基金公司（简称）	基金名称	投资类型（二级分类）	样本基金数量	同类基金中排名	期间内规模（亿）
29	富国	富国富钱包 A	货币市场型基金	387	83	485.720
29	富国	富国天时货币 B	货币市场型基金	387	122	187.014
29	富国	富国收益宝 A	货币市场型基金	387	213	0.565
29	富国	富国收益宝 H	货币市场型基金	387	222	26.445
29	富国	富国天时货币 C	货币市场型基金	387	270	7.923
29	富国	富国天时货币 A	货币市场型基金	387	271	3.751
29	富国	富国天时货币 D	货币市场型基金	387	311	0.066
30	中加	中加纯债	中长期纯债型基金	307	70	13.680
30	中加	中加纯债一年 A	中长期纯债型基金	307	77	8.681
30	中加	中加纯债一年 C	中长期纯债型基金	307	116	1.060
30	中加	中加改革红利	灵活配置型基金	719	462	1.359
30	中加	中加心享 A	灵活配置型基金	719	603	16.879
30	中加	中加货币 C	货币市场型基金	387	79	148.425
30	中加	中加货币 A	货币市场型基金	387	231	12.890
31	中银	中银国有企业债 A	中长期纯债型基金	307	29	22.847
31	中银	中银聚利定期开放	中长期纯债型基金	307	31	4.851
31	中银	中银安心回报半年	中长期纯债型基金	307	41	43.188
31	中银	中银惠利纯债	中长期纯债型基金	307	58	33.566
31	中银	中银中高等级 A	中长期纯债型基金	307	74	47.529
31	中银	中银互利定期开放	中长期纯债型基金	307	83	2.999
31	中银	中银纯债 A	中长期纯债型基金	307	107	49.609
31	中银	中银纯债 C	中长期纯债型基金	307	146	2.546
31	中银	中银收益 A	偏股混合型基金	477	96	15.746

续表2-2

整体投资回报能力排名	基金公司（简称）	基金名称	投资类型（二级分类）	样本基金数量	同类基金中排名	期间内规模（亿）
31	中银	中银中国精选	偏股混合型基金	477	130	15.872
31	中银	中银中小盘成长	偏股混合型基金	477	191	0.577
31	中银	中银美丽中国	偏股混合型基金	477	209	0.552
31	中银	中银动态策略	偏股混合型基金	477	278	7.832
31	中银	中银持续增长A	偏股混合型基金	477	299	21.760
31	中银	中银主题策略	偏股混合型基金	477	316	3.890
31	中银	中银健康生活	偏股混合型基金	477	337	0.810
31	中银	中银优秀企业	偏股混合型基金	477	347	0.673
31	中银	中银消费主题	偏股混合型基金	477	352	0.535
31	中银	中银中证100指数增强	增强指数型基金	44	7	4.719
31	中银	中银战略新兴产业A	普通股票型基金	150	57	3.395
31	中银	中银智能制造	普通股票型基金	150	61	19.381
31	中银	中银新动力	普通股票型基金	150	101	18.118
31	中银	中银互联网＋	普通股票型基金	150	147	0.889
31	中银	中银信用增利A	混合债券型一级基金	132	35	26.307
31	中银	中银稳健增利	混合债券型一级基金	132	43	17.316
31	中银	中银转债增强A	混合债券型二级基金	236	3	2.651
31	中银	中银转债增强B	混合债券型二级基金	236	5	1.492
31	中银	中银恒利半年	混合债券型二级基金	236	72	25.269
31	中银	中银稳健双利A	混合债券型二级基金	236	78	32.803
31	中银	中银稳健双利B	混合债券型二级基金	236	91	5.931
31	中银	中银稳健添利A	混合债券型二级基金	236	131	27.124
31	中银	中银研究精选	灵活配置型基金	719	14	3.482

续表2-2

整体投资回报能力排名	基金公司（简称）	基金名称	投资类型（二级分类）	样本基金数量	同类基金中排名	期间内规模（亿）
31	中银	中银行业优选	灵活配置型基金	719	93	4.886
31	中银	中银蓝筹精选	灵活配置型基金	719	133	4.116
31	中银	中银价值精选	灵活配置型基金	719	268	2.308
31	中银	中银宏观策略	灵活配置型基金	719	275	13.712
31	中银	中银稳健策略灵活	灵活配置型基金	719	347	21.708
31	中银	中银新趋势	灵活配置型基金	719	399	5.678
31	中银	中银新机遇A	灵活配置型基金	719	459	5.826
31	中银	中银新机遇C	灵活配置型基金	719	463	2.586
31	中银	中银新财富A	灵活配置型基金	719	469	1.027
31	中银	中银新回报A	灵活配置型基金	719	472	17.429
31	中银	中银新财富C	灵活配置型基金	719	480	3.464
31	中银	中银新经济	灵活配置型基金	719	483	5.892
31	中银	中银多策略A	灵活配置型基金	719	491	13.474
31	中银	中银沪深300等权重	被动指数型基金	312	112	0.540
31	中银	中银上证国企ETF	被动指数型基金	312	229	0.176
31	中银	中银机构现金管理	货币市场型基金	387	53	120.880
31	中银	中银薪钱包	货币市场型基金	387	101	87.506
31	中银	中银活期宝	货币市场型基金	387	110	594.672
31	中银	中银货币B	货币市场型基金	387	180	23.678
31	中银	中银货币A	货币市场型基金	387	313	3.387
32	金元顺安	金元顺安丰祥	中长期纯债型基金	307	183	1.667
32	金元顺安	金元顺安消费主题	偏股混合型基金	477	364	1.032
32	金元顺安	金元顺安价值增长	偏股混合型基金	477	408	0.289

续表2-2

整体投资回报能力排名	基金公司（简称）	基金名称	投资类型（二级分类）	样本基金数量	同类基金中排名	期间内规模（亿）
32	金元顺安	金元顺安宝石动力	偏股混合型基金	477	420	1.043
32	金元顺安	金元顺安丰利	混合债券型二级基金	236	188	29.588
32	金元顺安	金元顺安优质精选A	灵活配置型基金	719	372	0.107
32	金元顺安	金元顺安优质精选C	灵活配置型基金	719	373	1.734
32	金元顺安	金元顺安成长动力	灵活配置型基金	719	461	0.613
32	金元顺安	金元顺安金元宝B	货币市场型基金	387	34	82.625
32	金元顺安	金元顺安金元宝A	货币市场型基金	387	160	0.304
33	益民	益民红利成长	偏股混合型基金	477	171	4.988
33	益民	益民创新优势	偏股混合型基金	477	185	8.976
33	益民	益民品质升级	灵活配置型基金	719	112	2.251
33	益民	益民服务领先	灵活配置型基金	719	250	0.992
33	益民	益民核心增长	灵活配置型基金	719	567	0.327
34	创金合信	创金合信转债精选A	中长期纯债型基金	307	274	0.009
34	创金合信	创金合信转债精选C	中长期纯债型基金	307	286	0.031
34	创金合信	创金合信季安鑫A	中长期纯债型基金	307	306	2.550
34	创金合信	创金合信沪深300指数增强A	增强指数型基金	44	11	2.691
34	创金合信	创金合信沪深300指数增强C	增强指数型基金	44	12	3.745
34	创金合信	创金合信中证500指数增强A	增强指数型基金	44	36	3.640
34	创金合信	创金合信中证500指数增强C	增强指数型基金	44	37	2.796
34	创金合信	创金合信聚利A	混合债券型二级基金	236	181	0.250
34	创金合信	创金合信聚利C	混合债券型二级基金	236	190	0.052

整体投资回报能力排名	基金公司（简称）	基金名称	投资类型（二级分类）	样本基金数量	同类基金中排名	期间内规模（亿）
34	创金合信	创金合信沪港深研究精选	灵活配置型基金	719	286	4.446
34	创金合信	创金合信货币A	货币市场型基金	387	16	36.394
35	交银施罗德	交银纯债AB	中长期纯债型基金	307	62	25.081
35	交银施罗德	交银纯债C	中长期纯债型基金	307	93	1.067
35	交银施罗德	交银裕通纯债C	中长期纯债型基金	307	113	0.004
35	交银施罗德	交银裕通纯债A	中长期纯债型基金	307	134	8.979
35	交银施罗德	交银双轮动AB	中长期纯债型基金	307	154	23.984
35	交银施罗德	交银双轮动C	中长期纯债型基金	307	200	0.072
35	交银施罗德	交银丰润收益A	中长期纯债型基金	307	214	32.961
35	交银施罗德	交银丰润收益C	中长期纯债型基金	307	257	0.018
35	交银施罗德	交银丰享收益C	中长期纯债型基金	307	280	0.171
35	交银施罗德	交银丰盈收益A	中长期纯债型基金	307	293	3.999
35	交银施罗德	交银成长30	偏股混合型基金	477	31	13.765
35	交银施罗德	交银先进制造	偏股混合型基金	477	55	43.205
35	交银施罗德	交银先锋	偏股混合型基金	477	58	8.770
35	交银施罗德	交银阿尔法	偏股混合型基金	477	98	50.287
35	交银施罗德	交银新成长	偏股混合型基金	477	102	69.363
35	交银施罗德	交银精选	偏股混合型基金	477	106	59.786
35	交银施罗德	交银蓝筹	偏股混合型基金	477	182	25.211
35	交银施罗德	交银趋势优先	偏股混合型基金	477	212	13.580
35	交银施罗德	交银成长A	偏股混合型基金	477	262	32.615
35	交银施罗德	交银定期支付双息平衡	平衡混合型基金	28	1	41.174
35	交银施罗德	交银消费新驱动	普通股票型基金	150	15	7.783

续表2-2

整体投资回报能力排名	基金公司（简称）	基金名称	投资类型（二级分类）	样本基金数量	同类基金中排名	期间内规模（亿）
35	交银施罗德	交银增利债券 A	混合债券型一级基金	132	27	6.369
35	交银施罗德	交银增利债券 B	混合债券型一级基金	132	28	6.369
35	交银施罗德	交银增利债券 C	混合债券型一级基金	132	41	3.068
35	交银施罗德	交银信用添利	混合债券型一级基金	132	92	18.910
35	交银施罗德	交银定期支付月月丰 A	混合债券型二级基金	236	156	0.485
35	交银施罗德	交银强化回报 AB	混合债券型二级基金	236	164	0.262
35	交银施罗德	交银增强收益	混合债券型二级基金	236	168	0.327
35	交银施罗德	交银定期支付月月丰 C	混合债券型二级基金	236	169	0.039
35	交银施罗德	交银强化回报 C	混合债券型二级基金	236	182	0.040
35	交银施罗德	交银稳固收益	混合债券型二级基金	236	198	3.751
35	交银施罗德	交银安心收益	混合债券型二级基金	236	207	5.017
35	交银施罗德	交银双利 AB	混合债券型二级基金	236	218	2.097
35	交银施罗德	交银双利 C	混合债券型二级基金	236	223	0.151
35	交银施罗德	交银主题优选	灵活配置型基金	719	143	19.846
35	交银施罗德	交银优势行业	灵活配置型基金	719	151	36.865
35	交银施罗德	交银策略回报	灵活配置型基金	719	161	6.340
35	交银施罗德	交银国企改革	灵活配置型基金	719	273	5.791
35	交银施罗德	交银多策略回报 C	灵活配置型基金	719	501	1.655
35	交银施罗德	交银多策略回报 A	灵活配置型基金	719	509	7.316
35	交银施罗德	交银稳健配置 A	灵活配置型基金	719	538	36.396
35	交银施罗德	交银新回报 C	灵活配置型基金	719	541	0.326
35	交银施罗德	交银周期回报 A	灵活配置型基金	719	551	6.581
35	交银施罗德	交银新回报 A	灵活配置型基金	719	554	9.198

续表2-2

整体投资回报能力排名	基金公司（简称）	基金名称	投资类型（二级分类）	样本基金数量	同类基金中排名	期间内规模（亿）
35	交银施罗德	交银周期回报C	灵活配置型基金	719	557	2.194
35	交银施罗德	交银国证新能源	被动指数型基金	312	119	3.386
35	交银施罗德	交银深证300价值ETF	被动指数型基金	312	158	0.679
35	交银施罗德	交银深证300价值ETF联接	被动指数型基金	312	170	0.691
35	交银施罗德	交银180治理ETF	被动指数型基金	312	189	3.994
35	交银施罗德	交银180治理ETF联接	被动指数型基金	312	192	4.137
35	交银施罗德	交银中证环境治理	被动指数型基金	312	312	1.318
35	交银施罗德	交银现金宝A	货币市场型基金	387	253	106.543
35	交银施罗德	交银货币B	货币市场型基金	387	293	47.581
35	交银施罗德	交银货币A	货币市场型基金	387	357	3.714
36	海富通	海富通纯债A	中长期纯债型基金	307	262	5.718
36	海富通	海富通纯债C	中长期纯债型基金	307	277	0.193
36	海富通	海富通安颐收益C	偏债混合型基金	46	18	1.687
36	海富通	海富通安颐收益A	偏债混合型基金	46	20	6.279
36	海富通	海富通新内需A	偏债混合型基金	46	23	1.593
36	海富通	海富通新内需C	偏债混合型基金	46	26	3.290
36	海富通	海富通内需热点	偏股混合型基金	477	13	9.620
36	海富通	海富通精选2号	偏股混合型基金	477	205	5.556
36	海富通	海富通中小盘	偏股混合型基金	477	213	7.774
36	海富通	海富通领先成长	偏股混合型基金	477	249	1.546
36	海富通	海富通风格优势	偏股混合型基金	477	251	5.101
36	海富通	海富通股票	偏股混合型基金	477	258	33.072
36	海富通	海富通精选	偏股混合型基金	477	268	16.344

续表2-2

整体投资回报能力排名	基金公司（简称）	基金名称	投资类型（二级分类）	样本基金数量	同类基金中排名	期间内规模（亿）
36	海富通	海富通国策导向	偏股混合型基金	477	362	3.217
36	海富通	海富通中证500增强A	增强指数型基金	44	42	0.236
36	海富通	海富通一年定期开放C	混合债券型一级基金	132	48	0.008
36	海富通	海富通一年定期开放A	混合债券型一级基金	132	68	4.660
36	海富通	海富通稳健添利A	混合债券型一级基金	132	112	1.201
36	海富通	海富通稳健添利C	混合债券型一级基金	132	118	0.090
36	海富通	海富通稳固收益	混合债券型二级基金	236	75	3.815
36	海富通	海富通收益增长	灵活配置型基金	719	119	17.550
36	海富通	海富通强化回报	灵活配置型基金	719	639	3.782
36	海富通	海富通阿尔法对冲A	股票多空	15	6	74.467
36	海富通	海富通上证城投债ETF	被动指数型债券基金	12	4	23.755
36	海富通	海富通中证100A	被动指数型基金	312	34	1.089
36	海富通	海富通上证非周期ETF	被动指数型基金	312	81	0.261
36	海富通	海富通上证非周期ETF联接	被动指数型基金	312	109	0.180
36	海富通	海富通上证周期ETF	被动指数型基金	312	233	0.351
36	海富通	海富通上证周期ETF联接	被动指数型基金	312	245	0.219
36	海富通	海富通货币B	货币市场型基金	387	142	145.943
36	海富通	海富通货币A	货币市场型基金	387	284	4.510
37	嘉实	嘉实增强信用	中长期纯债型基金	307	38	4.294
37	嘉实	嘉实丰益纯债	中长期纯债型基金	307	96	20.549
37	嘉实	嘉实丰益策略	中长期纯债型基金	307	170	4.203
37	嘉实	嘉实纯债A	中长期纯债型基金	307	180	18.568

续表2-2

整体投资回报能力排名	基金公司（简称）	基金名称	投资类型（二级分类）	样本基金数量	同类基金中排名	期间内规模（亿）
37	嘉实	嘉实如意宝AB	中长期纯债型基金	307	192	9.932
37	嘉实	嘉实纯债C	中长期纯债型基金	307	216	1.311
37	嘉实	嘉实如意宝C	中长期纯债型基金	307	232	0.218
37	嘉实	嘉实增长	偏股混合型基金	477	54	29.007
37	嘉实	嘉实主题新动力	偏股混合型基金	477	84	8.807
37	嘉实	嘉实优质企业	偏股混合型基金	477	119	26.593
37	嘉实	嘉实优化红利	偏股混合型基金	477	125	25.572
37	嘉实	嘉实价值优势	偏股混合型基金	477	140	11.564
37	嘉实	嘉实主题精选	偏股混合型基金	477	315	38.835
37	嘉实	嘉实服务增值行业	偏股混合型基金	477	344	20.532
37	嘉实	嘉实量化阿尔法	偏股混合型基金	477	361	4.069
37	嘉实	嘉实策略增长	偏股混合型基金	477	363	45.376
37	嘉实	嘉实领先成长	偏股混合型基金	477	383	15.460
37	嘉实	嘉实稳健	偏股混合型基金	477	400	34.182
37	嘉实	嘉实周期优选	偏股混合型基金	477	419	18.189
37	嘉实	嘉实研究精选A	偏股混合型基金	477	451	35.987
37	嘉实	嘉实沪深300增强	增强指数型基金	44	27	14.235
37	嘉实	嘉实成长收益A	平衡混合型基金	28	22	42.207
37	嘉实	嘉实新兴产业	普通股票型基金	150	12	84.332
37	嘉实	嘉实环保低碳	普通股票型基金	150	33	47.149
37	嘉实	嘉实先进制造	普通股票型基金	150	51	17.811
37	嘉实	嘉实医疗保健	普通股票型基金	150	54	14.969
37	嘉实	嘉实新消费	普通股票型基金	150	70	17.286

续表2-2

整体投资回报能力排名	基金公司（简称）	基金名称	投资类型（二级分类）	样本基金数量	同类基金中排名	期间内规模（亿）
37	嘉实	嘉实低价策略	普通股票型基金	150	75	3.206
37	嘉实	嘉实企业变革	普通股票型基金	150	83	11.846
37	嘉实	嘉实研究阿尔法	普通股票型基金	150	85	5.208
37	嘉实	嘉实逆向策略	普通股票型基金	150	100	13.139
37	嘉实	嘉实事件驱动	普通股票型基金	150	118	49.426
37	嘉实	嘉实腾讯自选股大数据	普通股票型基金	150	127	3.213
37	嘉实	嘉实债券	混合债券型一级基金	132	70	17.217
37	嘉实	嘉实信用A	混合债券型一级基金	132	93	8.402
37	嘉实	嘉实信用C	混合债券型一级基金	132	103	1.461
37	嘉实	嘉实稳固收益C	混合债券型二级基金	236	64	22.429
37	嘉实	嘉实多元收益A	混合债券型二级基金	236	76	4.320
37	嘉实	嘉实多元收益B	混合债券型二级基金	236	84	4.247
37	嘉实	嘉实多利收益	混合债券型二级基金	236	183	0.499
37	嘉实	嘉实泰和	灵活配置型基金	719	56	45.053
37	嘉实	嘉实回报灵活配置	灵活配置型基金	719	78	6.340
37	嘉实	嘉实新收益	灵活配置型基金	719	246	12.297
37	嘉实	嘉实新起点A	灵活配置型基金	719	624	5.970
37	嘉实	嘉实新起点C	灵活配置型基金	719	642	0.002
37	嘉实	嘉实超短债	短期纯债型基金	11	5	45.079
37	嘉实	嘉实对冲套利	股票多空	15	10	3.106
37	嘉实	嘉实绝对收益策略	股票多空	15	12	1.481
37	嘉实	嘉实中证中期国债ETF	被动指数型债券基金	12	10	0.202
37	嘉实	嘉实中期国债ETF联接A	被动指数型债券基金	12	11	0.061

续表2-2

整体投资回报能力排名	基金公司（简称）	基金名称	投资类型（二级分类）	样本基金数量	同类基金中排名	期间内规模（亿）
37	嘉实	嘉实中期国债 ETF 联接 C	被动指数型债券基金	12	12	0.015
37	嘉实	嘉实中证主要消费 ETF	被动指数型基金	312	9	1.023
37	嘉实	嘉实中证医药卫生 ETF	被动指数型基金	312	113	0.192
37	嘉实	嘉实深证基本面 120ETF	被动指数型基金	312	128	5.522
37	嘉实	嘉实深证基本面 120ETF 联接 A	被动指数型基金	312	140	6.489
37	嘉实	嘉实沪深 300ETF	被动指数型基金	312	142	214.567
37	嘉实	嘉实沪深 300ETF 联接 (LOF)A	被动指数型基金	312	156	175.086
37	嘉实	嘉实中证金融地产 ETF	被动指数型基金	312	230	0.623
37	嘉实	嘉实中证金融地产 ETF 联接 A	被动指数型基金	312	239	0.598
37	嘉实	嘉实中创 400ETF	被动指数型基金	312	246	1.067
37	嘉实	嘉实中创 400ETF 联接 A	被动指数型基金	312	251	1.082
37	嘉实	嘉实基本面 50 指数 (LOF)A	被动指数型基金	312	262	15.969
37	嘉实	嘉实中证 500ETF	被动指数型基金	312	265	24.663
37	嘉实	嘉实中证 500ETF 联接 A	被动指数型基金	312	277	11.269
37	嘉实	嘉实快线 A	货币市场型基金	387	30	529.679
37	嘉实	嘉实货币 B	货币市场型基金	387	48	89.245
37	嘉实	嘉实活钱包 A	货币市场型基金	387	52	322.750
37	嘉实	嘉实薪金宝	货币市场型基金	387	112	168.007
37	嘉实	嘉实活期宝	货币市场型基金	387	123	117.651
37	嘉实	嘉实货币 A	货币市场型基金	387	197	142.789
37	嘉实	嘉实货币 E	货币市场型基金	387	198	3.356

续表2-2

整体投资回报能力排名	基金公司（简称）	基金名称	投资类型（二级分类）	样本基金数量	同类基金中排名	期间内规模（亿）
37	嘉实	嘉实快线 H	货币市场型基金	387	299	0.397
37	嘉实	嘉实保证金理财 B	货币市场型基金	387	315	0.225
37	嘉实	嘉实安心货币 B	货币市场型基金	387	316	18.798
37	嘉实	嘉实安心货币 A	货币市场型基金	387	361	0.559
37	嘉实	嘉实保证金理财 A	货币市场型基金	387	377	0.945
37	嘉实	嘉实快线 C	货币市场型基金	387	380	0.000
37	嘉实	嘉实快线 B	货币市场型基金	387	383	0.000
38	国寿安保	国寿安保尊益信用纯债	中长期纯债型基金	307	91	2.169
38	国寿安保	国寿安保尊享 C	中长期纯债型基金	307	186	0.438
38	国寿安保	国寿安保尊享 A	中长期纯债型基金	307	219	10.291
38	国寿安保	国寿安保智慧生活	普通股票型基金	150	117	4.660
38	国寿安保	国寿安保成长优选	普通股票型基金	150	134	6.050
38	国寿安保	国寿安保稳惠	灵活配置型基金	719	40	4.118
38	国寿安保	国寿安保沪深 300ETF 联接	被动指数型基金	312	160	33.094
38	国寿安保	国寿安保中证 500ETF 联接	被动指数型基金	312	274	5.457
38	国寿安保	国寿安保中证 500ETF	被动指数型基金	312	280	5.187
38	国寿安保	国寿安保聚宝盆 A	货币市场型基金	387	50	23.936
38	国寿安保	国寿安保鑫钱包	货币市场型基金	387	64	57.889
38	国寿安保	国寿安保薪金宝	货币市场型基金	387	81	232.478
38	国寿安保	国寿安保增金宝 A	货币市场型基金	387	85	68.285
38	国寿安保	国寿安保货币 B	货币市场型基金	387	157	101.149
38	国寿安保	国寿安保场内申赎 B	货币市场型基金	387	240	2.929

续表2-2

整体投资回报能力排名	基金公司（简称）	基金名称	投资类型（二级分类）	样本基金数量	同类基金中排名	期间内规模（亿）
38	国寿安保	国寿安保货币A	货币市场型基金	387	295	85.407
38	国寿安保	国寿安保场内申赎A	货币市场型基金	387	371	3.097
39	中金	中金纯债A	中长期纯债型基金	307	238	0.900
39	中金	中金纯债C	中长期纯债型基金	307	268	0.280
39	中金	中金消费升级	普通股票型基金	150	68	1.796
39	中金	中金绝对收益策略	股票多空	15	13	0.651
39	中金	中金现金管家B	货币市场型基金	387	132	51.157
39	中金	中金现金管家A	货币市场型基金	387	279	1.993
40	农银汇理	农银汇理消费主题A	偏股混合型基金	477	131	10.749
40	农银汇理	农银汇理策略价值	偏股混合型基金	477	136	4.803
40	农银汇理	农银汇理策略精选	偏股混合型基金	477	139	28.014
40	农银汇理	农银汇理行业领先	偏股混合型基金	477	156	17.967
40	农银汇理	农银汇理平衡双利	偏股混合型基金	477	196	4.432
40	农银汇理	农银汇理行业轮动	偏股混合型基金	477	236	2.913
40	农银汇理	农银汇理中小盘	偏股混合型基金	477	245	11.285
40	农银汇理	农银汇理低估值高增长	偏股混合型基金	477	280	3.913
40	农银汇理	农银汇理大盘蓝筹	偏股混合型基金	477	359	2.517
40	农银汇理	农银汇理行业成长A	偏股混合型基金	477	365	24.078
40	农银汇理	农银汇理医疗保健主题	普通股票型基金	150	5	24.988
40	农银汇理	农银汇理信息传媒	普通股票型基金	150	111	14.319
40	农银汇理	农银汇理恒久增利A	混合债券型一级基金	132	86	1.101
40	农银汇理	农银汇理恒久增利C	混合债券型一级基金	132	97	0.171
40	农银汇理	农银汇理增强收益A	混合债券型二级基金	236	115	0.400

续表2-2

整体投资回报能力排名	基金公司（简称）	基金名称	投资类型（二级分类）	样本基金数量	同类基金中排名	期间内规模（亿）
40	农银汇理	农银汇理增强收益C	混合债券型二级基金	236	124	0.227
40	农银汇理	农银汇理研究精选	灵活配置型基金	719	21	8.831
40	农银汇理	农银汇理工业4.0	灵活配置型基金	719	32	5.747
40	农银汇理	农银汇理区间收益	灵活配置型基金	719	179	6.825
40	农银汇理	农银汇理主题轮动	灵活配置型基金	719	266	6.878
40	农银汇理	农银汇理沪深300A	被动指数型基金	312	132	7.900
40	农银汇理	农银汇理中证500	被动指数型基金	312	288	0.848
40	农银汇理	农银汇理货币B	货币市场型基金	387	47	51.194
40	农银汇理	农银汇理红利B	货币市场型基金	387	67	166.270
40	农银汇理	农银汇理天天利B	货币市场型基金	387	125	3.540
40	农银汇理	农银汇理货币A	货币市场型基金	387	196	36.484
40	农银汇理	农银汇理红利A	货币市场型基金	387	215	401.207
40	农银汇理	农银汇理天天利A	货币市场型基金	387	273	2.300
41	英大	英大纯债A	中长期纯债型基金	307	130	20.795
41	英大	英大纯债C	中长期纯债型基金	307	178	0.111
41	英大	英大策略优选C	灵活配置型基金	719	62	0.093
41	英大	英大策略优选A	灵活配置型基金	719	130	0.852
41	英大	英大灵活配置A	灵活配置型基金	719	306	0.061
41	英大	英大灵活配置B	灵活配置型基金	719	323	0.888
41	英大	英大领先回报	灵活配置型基金	719	438	1.212
41	英大	英大现金宝A	货币市场型基金	387	143	54.161
42	景顺长城	景顺长城鑫月薪	中长期纯债型基金	307	213	6.468
42	景顺长城	景顺长城景兴信用纯债A	中长期纯债型基金	307	288	1.466

续表2-2

整体投资回报能力排名	基金公司（简称）	基金名称	投资类型（二级分类）	样本基金数量	同类基金中排名	期间内规模（亿）
42	景顺长城	景顺长城优信增利A	中长期纯债型基金	307	291	19.262
42	景顺长城	景顺长城优信增利C	中长期纯债型基金	307	296	0.025
42	景顺长城	景顺长城景兴信用纯债C	中长期纯债型基金	307	297	0.067
42	景顺长城	景顺长城景瑞收益债A	中长期纯债型基金	307	301	1.934
42	景顺长城	景顺长城鼎益	偏股混合型基金	477	7	65.072
42	景顺长城	景顺长城新兴成长	偏股混合型基金	477	10	176.057
42	景顺长城	景顺长城内需增长	偏股混合型基金	477	18	20.364
42	景顺长城	景顺长城内需增长贰号	偏股混合型基金	477	28	38.387
42	景顺长城	景顺长城优势企业	偏股混合型基金	477	44	3.525
42	景顺长城	景顺长城品质投资	偏股混合型基金	477	116	13.310
42	景顺长城	景顺长城优选	偏股混合型基金	477	194	37.242
42	景顺长城	景顺长城公司治理	偏股混合型基金	477	256	1.340
42	景顺长城	景顺长城资源垄断	偏股混合型基金	477	273	23.252
42	景顺长城	景顺长城核心竞争力A	偏股混合型基金	477	283	23.633
42	景顺长城	景顺长城精选蓝筹	偏股混合型基金	477	292	34.107
42	景顺长城	景顺长城支柱产业	偏股混合型基金	477	338	3.985
42	景顺长城	景顺长城中小盘	偏股混合型基金	477	389	1.664
42	景顺长城	景顺长城能源基建	偏股混合型基金	477	464	15.604
42	景顺长城	景顺长城沪深300增强	增强指数型基金	44	35	70.137
42	景顺长城	景顺长城成长之星	普通股票型基金	150	28	2.793
42	景顺长城	景顺长城中小板创业板	普通股票型基金	150	102	5.166
42	景顺长城	景顺长城优质成长	普通股票型基金	150	122	0.509
42	景顺长城	景顺长城研究精选	普通股票型基金	150	139	1.575

续表2-2

整体投资回报能力排名	基金公司（简称）	基金名称	投资类型（二级分类）	样本基金数量	同类基金中排名	期间内规模（亿）
42	景顺长城	景顺长城沪港深精选	普通股票型基金	150	143	35.877
42	景顺长城	景顺长城量化精选	普通股票型基金	150	150	17.631
42	景顺长城	景顺长城稳定收益A	混合债券型一级基金	132	106	6.034
42	景顺长城	景顺长城稳定收益C	混合债券型一级基金	132	111	2.026
42	景顺长城	景顺长城景颐双利A	混合债券型二级基金	236	130	13.599
42	景顺长城	景顺长城景颐双利C	混合债券型二级基金	236	143	0.102
42	景顺长城	景顺长城景颐宏利A	混合债券型二级基金	236	179	2.919
42	景顺长城	景顺长城景颐宏利C	混合债券型二级基金	236	193	0.001
42	景顺长城	景顺长城四季金利A	混合债券型二级基金	236	201	0.977
42	景顺长城	景顺长城四季金利C	混合债券型二级基金	236	212	0.030
42	景顺长城	景顺长城策略精选	灵活配置型基金	719	177	2.874
42	景顺长城	景顺长城动力平衡	灵活配置型基金	719	283	17.291
42	景顺长城	景顺长城中国回报	灵活配置型基金	719	388	7.482
42	景顺长城	景顺长城改革机遇A	灵活配置型基金	719	420	0.409
42	景顺长城	景顺长城安享回报A	灵活配置型基金	719	492	5.485
42	景顺长城	景顺长城安享回报C	灵活配置型基金	719	495	1.951
42	景顺长城	景顺长城领先回报A	灵活配置型基金	719	532	3.854
42	景顺长城	景顺长城领先回报C	灵活配置型基金	719	542	1.185
42	景顺长城	景顺长城稳健回报A	灵活配置型基金	719	570	6.885
42	景顺长城	景顺长城稳健回报C	灵活配置型基金	719	580	0.060
42	景顺长城	景顺长城泰和回报A	灵活配置型基金	719	654	1.817
42	景顺长城	景顺长城泰和回报C	灵活配置型基金	719	662	0.605
42	景顺长城	景顺长城中证科技传媒通信150ETF	被动指数型基金	312	201	4.313

续表2-2

整体投资回报能力排名	基金公司（简称）	基金名称	投资类型（二级分类）	样本基金数量	同类基金中排名	期间内规模（亿）
42	景顺长城	景顺长城中证科技传媒通信150ETF联接	被动指数型基金	312	210	4.533
42	景顺长城	景顺长城中证500ETF	被动指数型基金	312	238	1.938
42	景顺长城	景顺长城中证500ETF联接	被动指数型基金	312	244	1.998
42	景顺长城	景顺长城景丰B	货币市场型基金	387	115	143.621
42	景顺长城	景顺长城货币B	货币市场型基金	387	166	5.384
42	景顺长城	景顺长城景益货币B	货币市场型基金	387	238	1.247
42	景顺长城	景顺长城景益货币A	货币市场型基金	387	257	566.159
42	景顺长城	景顺长城景丰A	货币市场型基金	387	265	3.697
42	景顺长城	景顺长城货币A	货币市场型基金	387	305	64.104
43	中欧	中欧兴利	中长期纯债型基金	307	40	43.669
43	中欧	中欧天禧纯债	中长期纯债型基金	307	251	20.824
43	中欧	中欧纯债C	中长期纯债型基金	307	261	0.147
43	中欧	中欧信用增利C	中长期纯债型基金	307	287	0.787
43	中欧	中欧睿达定期开放A	偏债混合型基金	46	28	2.784
43	中欧	中欧睿尚定期开放A	偏债混合型基金	46	35	2.434
43	中欧	中欧行业成长E	偏股混合型基金	477	83	1.038
43	中欧	中欧行业成长A	偏股混合型基金	477	85	92.702
43	中欧	中欧盛世成长E	偏股混合型基金	477	111	0.217
43	中欧	中欧盛世成长A	偏股混合型基金	477	113	8.628
43	中欧	中欧新动力A	偏股混合型基金	477	121	15.500
43	中欧	中欧新动力E	偏股混合型基金	477	123	0.112
43	中欧	中欧永裕A	偏股混合型基金	477	133	15.768

续表2-2

整体投资回报能力排名	基金公司（简称）	基金名称	投资类型（二级分类）	样本基金数量	同类基金中排名	期间内规模（亿）
43	中欧	中欧永裕 C	偏股混合型基金	477	162	0.353
43	中欧	中欧新趋势 E	偏股混合型基金	477	177	11.277
43	中欧	中欧新趋势 A	偏股混合型基金	477	179	48.222
43	中欧	中欧明睿新起点	偏股混合型基金	477	202	30.719
43	中欧	中欧价值发现 E	偏股混合型基金	477	453	0.752
43	中欧	中欧价值发现 A	偏股混合型基金	477	455	42.038
43	中欧	中欧时代先锋 A	普通股票型基金	150	25	88.762
43	中欧	中欧增强回报 E	混合债券型一级基金	132	69	0.260
43	中欧	中欧增强回报 A	混合债券型一级基金	132	72	23.228
43	中欧	中欧鼎利 A	混合债券型二级基金	236	54	3.713
43	中欧	中欧价值智选回报 E	灵活配置型基金	719	73	0.370
43	中欧	中欧价值智选回报 A	灵活配置型基金	719	75	3.441
43	中欧	中欧精选 A	灵活配置型基金	719	128	25.595
43	中欧	中欧精选 E	灵活配置型基金	719	129	0.539
43	中欧	中欧新蓝筹 E	灵活配置型基金	719	181	0.905
43	中欧	中欧新蓝筹 A	灵活配置型基金	719	186	82.760
43	中欧	中欧成长优选回报 E	灵活配置型基金	719	484	0.096
43	中欧	中欧成长优选回报 A	灵活配置型基金	719	488	0.587
43	中欧	中欧瑾泉 A	灵活配置型基金	719	493	0.031
43	中欧	中欧瑾泉 C	灵活配置型基金	719	494	6.461
43	中欧	中欧瑾和 A	灵活配置型基金	719	505	2.412
43	中欧	中欧瑾源 A	灵活配置型基金	719	510	1.123
43	中欧	中欧瑾源 C	灵活配置型基金	719	511	4.271

续表2-2

整体投资回报能力排名	基金公司（简称）	基金名称	投资类型（二级分类）	样本基金数量	同类基金中排名	期间内规模（亿）
43	中欧	中欧瑾通 A	灵活配置型基金	719	512	7.921
43	中欧	中欧瑾和 C	灵活配置型基金	719	521	0.008
43	中欧	中欧瑾通 C	灵活配置型基金	719	528	1.196
43	中欧	中欧潜力价值 A	灵活配置型基金	719	574	24.582
43	中欧	中欧琪和 A	灵活配置型基金	719	620	7.858
43	中欧	中欧琪和 C	灵活配置型基金	719	660	2.293
43	中欧	中欧滚钱宝 A	货币市场型基金	387	169	475.609
43	中欧	中欧货币 B	货币市场型基金	387	220	67.896
43	中欧	中欧货币 A	货币市场型基金	387	332	0.828
44	泰达宏利	泰达宏利淘利 A	中长期纯债型基金	307	68	10.084
44	泰达宏利	泰达宏利淘利 C	中长期纯债型基金	307	84	0.074
44	泰达宏利	泰达宏利风险预算	偏债混合型基金	46	17	4.562
44	泰达宏利	泰达宏利宏达 A	偏债混合型基金	46	25	3.315
44	泰达宏利	泰达宏利宏达 B	偏债混合型基金	46	27	0.998
44	泰达宏利	泰达宏利稳定	偏股混合型基金	477	32	2.167
44	泰达宏利	泰达宏利行业精选	偏股混合型基金	477	46	7.104
44	泰达宏利	泰达宏利市值优选	偏股混合型基金	477	227	12.674
44	泰达宏利	泰达宏利周期	偏股混合型基金	477	235	2.602
44	泰达宏利	泰达宏利蓝筹价值	偏股混合型基金	477	246	1.186
44	泰达宏利	泰达宏利逆向策略	偏股混合型基金	477	297	5.704
44	泰达宏利	泰达宏利效率优选	偏股混合型基金	477	300	10.780
44	泰达宏利	泰达宏利成长	偏股混合型基金	477	319	6.931
44	泰达宏利	泰达宏利领先中小盘	偏股混合型基金	477	342	1.056

续表2-2

整体投资回报能力排名	基金公司（简称）	基金名称	投资类型（二级分类）	样本基金数量	同类基金中排名	期间内规模（亿）
44	泰达宏利	泰达宏利红利先锋	偏股混合型基金	477	421	1.358
44	泰达宏利	泰达宏利沪深300指数增强A	增强指数型基金	44	14	2.343
44	泰达宏利	泰达宏利转型机遇	普通股票型基金	150	14	1.322
44	泰达宏利	泰达宏利首选企业	普通股票型基金	150	59	5.795
44	泰达宏利	泰达宏利聚利	混合债券型一级基金	132	53	0.923
44	泰达宏利	泰达宏利集利A	混合债券型二级基金	236	195	9.542
44	泰达宏利	泰达宏利集利C	混合债券型二级基金	236	209	0.201
44	泰达宏利	泰达宏利复兴伟业	灵活配置型基金	719	225	13.958
44	泰达宏利	泰达宏利改革动力A	灵活配置型基金	719	267	4.130
44	泰达宏利	泰达宏利新思路A	灵活配置型基金	719	359	3.528
44	泰达宏利	泰达宏利创盈A	灵活配置型基金	719	386	3.748
44	泰达宏利	泰达宏利创盈B	灵活配置型基金	719	394	1.047
44	泰达宏利	泰达宏利创益A	灵活配置型基金	719	419	3.268
44	泰达宏利	泰达宏利新起点A	灵活配置型基金	719	587	2.584
44	泰达宏利	泰达宏利品质生活	灵活配置型基金	719	691	0.378
44	泰达宏利	泰达宏利货币B	货币市场型基金	387	13	34.333
44	泰达宏利	泰达宏利活期友B	货币市场型基金	387	45	4.209
44	泰达宏利	泰达宏利货币A	货币市场型基金	387	109	3.107
44	泰达宏利	泰达宏利活期友A	货币市场型基金	387	179	3.533
45	博时	博时月月薪	中长期纯债型基金	307	9	4.161
45	博时	博时双月薪	中长期纯债型基金	307	12	9.679
45	博时	博时裕盈三个月	中长期纯债型基金	307	22	21.284
45	博时	博时安丰18个月A	中长期纯债型基金	307	23	66.851

续表2-2

整体投资回报能力排名	基金公司（简称）	基金名称	投资类型（二级分类）	样本基金数量	同类基金中排名	期间内规模（亿）
45	博时	博时裕瑞纯债	中长期纯债型基金	307	35	3.333
45	博时	博时岁岁增利	中长期纯债型基金	307	44	2.478
45	博时	博时裕泰纯债	中长期纯债型基金	307	48	10.654
45	博时	博时裕康纯债	中长期纯债型基金	307	88	10.205
45	博时	博时裕坤纯债3个月	中长期纯债型基金	307	92	45.601
45	博时	博时裕达纯债	中长期纯债型基金	307	99	15.288
45	博时	博时信用债纯债A	中长期纯债型基金	307	111	25.762
45	博时	博时裕嘉三个月	中长期纯债型基金	307	123	21.282
45	博时	博时裕恒纯债	中长期纯债型基金	307	129	25.870
45	博时	博时安誉18个月	中长期纯债型基金	307	138	2.111
45	博时	博时裕丰3个月	中长期纯债型基金	307	142	28.386
45	博时	博时信用债纯债C	中长期纯债型基金	307	163	5.665
45	博时	博时安心收益A	中长期纯债型基金	307	188	7.530
45	博时	博时裕荣纯债	中长期纯债型基金	307	226	20.585
45	博时	博时安心收益C	中长期纯债型基金	307	229	0.874
45	博时	博时医疗保健行业A	偏股混合型基金	477	6	44.684
45	博时	博时特许价值A	偏股混合型基金	477	68	4.372
45	博时	博时新兴成长	偏股混合型基金	477	153	40.551
45	博时	博时卓越品牌	偏股混合型基金	477	298	4.504
45	博时	博时创业成长A	偏股混合型基金	477	353	3.458
45	博时	博时主题行业	偏股混合型基金	477	396	106.058
45	博时	博时行业轮动	偏股混合型基金	477	397	2.901
45	博时	博时精选A	偏股混合型基金	477	431	36.094

续表2-2

整体投资回报能力排名	基金公司（简称）	基金名称	投资类型（二级分类）	样本基金数量	同类基金中排名	期间内规模（亿）
45	博时	博时第三产业成长	偏股混合型基金	477	432	18.638
45	博时	博时价值增长	平衡混合型基金	28	12	40.242
45	博时	博时价值增长 2 号	平衡混合型基金	28	13	16.398
45	博时	博时平衡配置	平衡混合型基金	28	21	5.682
45	博时	博时丝路主题 A	普通股票型基金	150	38	10.999
45	博时	博时国企改革主题	普通股票型基金	150	145	11.166
45	博时	博时稳健回报 A	混合债券型一级基金	132	11	0.104
45	博时	博时稳健回报 C	混合债券型一级基金	132	14	0.671
45	博时	博时稳定价值 A	混合债券型一级基金	132	45	3.744
45	博时	博时稳定价值 B	混合债券型一级基金	132	54	4.372
45	博时	博时信用债券 B	混合债券型二级基金	236	8	16.067
45	博时	博时信用债券 A	混合债券型二级基金	236	9	16.067
45	博时	博时信用债券 C	混合债券型二级基金	236	12	6.157
45	博时	博时转债增强 A	混合债券型二级基金	236	16	6.071
45	博时	博时转债增强 C	混合债券型二级基金	236	18	2.982
45	博时	博时宏观回报 AB	混合债券型二级基金	236	25	37.051
45	博时	博时宏观回报 C	混合债券型二级基金	236	29	4.955
45	博时	博时天颐 A	混合债券型二级基金	236	32	19.903
45	博时	博时天颐 C	混合债券型二级基金	236	38	2.052
45	博时	博时回报灵活配置	灵活配置型基金	719	65	9.096
45	博时	博时裕隆	灵活配置型基金	719	84	12.948
45	博时	博时产业新动力 A	灵活配置型基金	719	180	5.749
45	博时	博时新起点 C	灵活配置型基金	719	193	2.992

2 三年期公募基金管理公司整体投资回报能力评价

续表2-2

整体投资回报能力排名	基金公司（简称）	基金名称	投资类型（二级分类）	样本基金数量	同类基金中排名	期间内规模（亿）
45	博时	博时新起点A	灵活配置型基金	719	208	2.878
45	博时	博时沪港深优质企业A	灵活配置型基金	719	239	6.223
45	博时	博时裕益灵活配置	灵活配置型基金	719	254	5.027
45	博时	博时互联网主题	灵活配置型基金	719	263	14.681
45	博时	博时策略灵活配置	灵活配置型基金	719	276	4.410
45	博时	博时内需增长灵活配置	灵活配置型基金	719	292	3.068
45	博时	博时新策略C	灵活配置型基金	719	407	0.821
45	博时	博时新策略A	灵活配置型基金	719	423	6.509
45	博时	博时安盈A	短期纯债型基金	11	1	28.357
45	博时	博时安盈C	短期纯债型基金	11	4	15.237
45	博时	博时创业板ETF	被动指数型基金	312	28	2.065
45	博时	博时创业板ETF联接A	被动指数型基金	312	38	1.530
45	博时	博时上证50ETF	被动指数型基金	312	92	4.631
45	博时	博时上证50ETF联接A	被动指数型基金	312	116	3.238
45	博时	博时裕富沪深300A	被动指数型基金	312	134	58.443
45	博时	博时超大盘ETF	被动指数型基金	312	152	1.983
45	博时	博时超大盘ETF联接	被动指数型基金	312	173	1.781
45	博时	博时淘金大数据100I	被动指数型基金	312	221	1.926
45	博时	博时淘金大数据100A	被动指数型基金	312	222	8.899
45	博时	博时自然资源ETF联接	被动指数型基金	312	298	0.723
45	博时	博时自然资源ETF	被动指数型基金	312	299	2.319
45	博时	博时现金宝B	货币市场型基金	387	14	124.038
45	博时	博时现金宝A	货币市场型基金	387	82	132.998

续表2-2

整体投资回报能力排名	基金公司（简称）	基金名称	投资类型（二级分类）	样本基金数量	同类基金中排名	期间内规模（亿）
45	博时	博时现金收益B	货币市场型基金	387	93	116.229
45	博时	博时外服货币	货币市场型基金	387	108	172.309
45	博时	博时现金收益A	货币市场型基金	387	244	816.464
45	博时	博时天天增利B	货币市场型基金	387	247	10.808
45	博时	博时天天增利A	货币市场型基金	387	342	26.901
45	博时	博时保证金	货币市场型基金	387	351	5.507
46	长城	长城增强收益A	中长期纯债型基金	307	221	11.353
46	长城	长城增强收益C	中长期纯债型基金	307	252	0.449
46	长城	长城医疗保健	偏股混合型基金	477	19	5.883
46	长城	长城中小盘成长	偏股混合型基金	477	67	6.458
46	长城	长城品牌优选	偏股混合型基金	477	166	37.801
46	长城	长城优化升级	偏股混合型基金	477	197	0.999
46	长城	长城消费增值	偏股混合型基金	477	263	14.886
46	长城	长城久富	偏股混合型基金	477	265	10.902
46	长城	长城双动力	偏股混合型基金	477	471	2.594
46	长城	长城久泰沪深300A	增强指数型基金	44	24	7.681
46	长城	长城积极增利A	混合债券型一级基金	132	58	3.526
46	长城	长城积极增利C	混合债券型一级基金	132	71	2.829
46	长城	长城稳固收益A	混合债券型二级基金	236	86	5.872
46	长城	长城稳固收益C	混合债券型二级基金	236	94	0.183
46	长城	长城稳健增利A	混合债券型二级基金	236	226	6.134
46	长城	长城环保主题	灵活配置型基金	719	30	18.522
46	长城	长城久鑫	灵活配置型基金	719	96	6.359

续表2-2

整体投资回报能力排名	基金公司（简称）	基金名称	投资类型（二级分类）	样本基金数量	同类基金中排名	期间内规模（亿）
46	长城	长城稳健成长灵活配置	灵活配置型基金	719	153	5.453
46	长城	长城新兴产业	灵活配置型基金	719	183	1.815
46	长城	长城安心回报	灵活配置型基金	719	228	20.144
46	长城	长城久祥	灵活配置型基金	719	265	6.125
46	长城	长城核心优选	灵活配置型基金	719	293	15.228
46	长城	长城久惠	灵活配置型基金	719	314	6.457
46	长城	长城久恒	灵活配置型基金	719	317	1.007
46	长城	长城改革红利	灵活配置型基金	719	442	5.268
46	长城	长城景气行业龙头	灵活配置型基金	719	708	0.519
46	长城	长城货币B	货币市场型基金	387	62	101.645
46	长城	长城货币E	货币市场型基金	387	119	11.379
46	长城	长城货币A	货币市场型基金	387	209	313.504
46	长城	长城工资宝A	货币市场型基金	387	216	2.227
47	银河	银河领先债券	中长期纯债型基金	307	118	8.922
47	银河	银河久益回报6个月定开A	中长期纯债型基金	307	244	6.577
47	银河	银河丰利	中长期纯债型基金	307	263	4.432
47	银河	银河久益回报6个月定开C	中长期纯债型基金	307	272	0.211
47	银河	银河泰利A	中长期纯债型基金	307	294	6.926
47	银河	银河泰利I	中长期纯债型基金	307	305	3.468
47	银河	银河收益	偏债混合型基金	46	11	5.201
47	银河	银河创新成长	偏股混合型基金	477	69	96.012
47	银河	银河蓝筹精选	偏股混合型基金	477	72	8.144

续表2-2

整体投资回报能力排名	基金公司（简称）	基金名称	投资类型（二级分类）	样本基金数量	同类基金中排名	期间内规模（亿）
47	银河	银河稳健	偏股混合型基金	477	148	9.997
47	银河	银河主题策略	偏股混合型基金	477	158	9.689
47	银河	银河竞争优势成长	偏股混合型基金	477	170	3.303
47	银河	银河行业优选	偏股混合型基金	477	174	18.306
47	银河	银河消费驱动	偏股混合型基金	477	183	1.262
47	银河	银河美丽优萃A	偏股混合型基金	477	257	5.921
47	银河	银河美丽优萃C	偏股混合型基金	477	274	1.558
47	银河	银河康乐	普通股票型基金	150	18	6.911
47	银河	银河银信添利A	混合债券型一级基金	132	31	0.715
47	银河	银河通利	混合债券型一级基金	132	32	5.625
47	银河	银河通利C	混合债券型一级基金	132	42	0.113
47	银河	银河银信添利B	混合债券型一级基金	132	47	0.675
47	银河	银河强化收益	混合债券型二级基金	236	128	20.892
47	银河	银河增利A	混合债券型二级基金	236	139	1.448
47	银河	银河增利C	混合债券型二级基金	236	152	0.054
47	银河	银河智联主题	灵活配置型基金	719	23	2.512
47	银河	银河现代服务主题	灵活配置型基金	719	72	14.735
47	银河	银河银泰理财分红	灵活配置型基金	719	262	15.076
47	银河	银河灵活配置A	灵活配置型基金	719	371	0.743
47	银河	银河灵活配置C	灵活配置型基金	719	392	0.695
47	银河	银河鑫利A	灵活配置型基金	719	421	0.742
47	银河	银河鑫利C	灵活配置型基金	719	437	0.693
47	银河	银河转型增长	灵活配置型基金	719	445	10.685

续表2-2

整体投资回报能力排名	基金公司（简称）	基金名称	投资类型（二级分类）	样本基金数量	同类基金中排名	期间内规模（亿）
47	银河	银河鑫利 I	灵活配置型基金	719	490	2.487
47	银河	银河鸿利 A	灵活配置型基金	719	653	0.256
47	银河	银河鸿利 C	灵活配置型基金	719	664	0.027
47	银河	银河鸿利 I	灵活配置型基金	719	687	3.783
47	银河	银河定投宝	被动指数型基金	312	162	4.190
47	银河	银河沪深300价值	被动指数型基金	312	220	12.177
47	银河	银河银富货币 B	货币市场型基金	387	165	92.889
47	银河	银河银富货币 A	货币市场型基金	387	304	92.290
48	华夏	华夏纯债 A	中长期纯债型基金	307	105	23.848
48	华夏	华夏纯债 C	中长期纯债型基金	307	158	3.088
48	华夏	华夏永福 C	偏债混合型基金	46	2	1.394
48	华夏	华夏永福 A	偏债混合型基金	46	3	6.813
48	华夏	华夏复兴	偏股混合型基金	477	115	35.803
48	华夏	华夏医疗健康 A	偏股混合型基金	477	229	21.200
48	华夏	华夏经典配置	偏股混合型基金	477	231	9.218
48	华夏	华夏医疗健康 C	偏股混合型基金	477	243	4.710
48	华夏	华夏优势增长	偏股混合型基金	477	261	74.553
48	华夏	华夏大盘精选	偏股混合型基金	477	277	41.360
48	华夏	华夏行业精选	偏股混合型基金	477	328	28.545
48	华夏	华夏红利	偏股混合型基金	477	345	96.026
48	华夏	华夏蓝筹核心	偏股混合型基金	477	382	43.378
48	华夏	华夏收入	偏股混合型基金	477	411	29.584
48	华夏	华夏成长	偏股混合型基金	477	440	49.417

续表2-2

整体投资回报能力排名	基金公司（简称）	基金名称	投资类型（二级分类）	样本基金数量	同类基金中排名	期间内规模（亿）
48	华夏	华夏盛世精选	偏股混合型基金	477	447	13.076
48	华夏	华夏沪深300指数增强A	增强指数型基金	44	28	5.727
48	华夏	华夏沪深300指数增强C	增强指数型基金	44	30	2.673
48	华夏	华夏回报A	平衡混合型基金	28	8	134.647
48	华夏	华夏回报H	平衡混合型基金	28	9	134.647
48	华夏	华夏回报2号	平衡混合型基金	28	11	62.148
48	华夏	华夏领先	普通股票型基金	150	144	22.355
48	华夏	华夏聚利	混合债券型一级基金	132	3	8.274
48	华夏	华夏双债增强A	混合债券型一级基金	132	4	2.300
48	华夏	华夏双债增强C	混合债券型一级基金	132	5	1.034
48	华夏	华夏债券AB	混合债券型一级基金	132	10	6.759
48	华夏	华夏债券C	混合债券型一级基金	132	13	4.887
48	华夏	华夏稳定双利债券C	混合债券型一级基金	132	113	6.025
48	华夏	华夏安康信用优选A	混合债券型二级基金	236	77	1.813
48	华夏	华夏安康信用优选C	混合债券型二级基金	236	89	1.063
48	华夏	华夏希望债券A	混合债券型二级基金	236	185	10.418
48	华夏	华夏希望债券C	混合债券型二级基金	236	194	5.021
48	华夏	华夏兴和	灵活配置型基金	719	207	5.862
48	华夏	华夏国企改革	灵活配置型基金	719	210	8.249
48	华夏	华夏策略精选	灵活配置型基金	719	241	9.251
48	华夏	华夏兴华A	灵活配置型基金	719	289	9.634
48	华夏	华夏平稳增长	灵活配置型基金	719	351	15.006
48	华夏	华夏新趋势C	灵活配置型基金	719	601	0.641

续表2-2

整体投资回报能力排名	基金公司（简称）	基金名称	投资类型（二级分类）	样本基金数量	同类基金中排名	期间内规模（亿）
48	华夏	华夏新趋势 A	灵活配置型基金	719	607	3.334
48	华夏	华夏亚债中国 A	被动指数型债券基金	12	2	74.906
48	华夏	华夏亚债中国 C	被动指数型债券基金	12	5	0.279
48	华夏	华夏上证主要消费 ETF	被动指数型基金	312	6	3.039
48	华夏	华夏上证医药卫生 ETF	被动指数型基金	312	22	1.043
48	华夏	华夏 MSCI 中国 A 股国际通 ETF	被动指数型基金	312	66	6.239
48	华夏	华夏 MSCI 中国 A 股国际通 ETF 联接 A	被动指数型基金	312	94	2.395
48	华夏	华夏沪深 300ETF	被动指数型基金	312	136	246.431
48	华夏	华夏沪深 300ETF 联接 A	被动指数型基金	312	147	128.964
48	华夏	华夏上证 50ETF	被动指数型基金	312	149	473.301
48	华夏	华夏上证 50ETF 联接 A	被动指数型基金	312	164	12.006
48	华夏	华夏中小板 ETF	被动指数型基金	312	172	27.338
48	华夏	华夏上证金融地产 ETF	被动指数型基金	312	226	0.602
48	华夏	华夏中证 500ETF	被动指数型基金	312	269	31.351
48	华夏	华夏中证 500ETF 联接 A	被动指数型基金	312	273	16.963
48	华夏	华夏沪港通恒生 ETF	被动指数型基金	312	291	12.898
48	华夏	华夏沪港通恒生 ETF 联接 A	被动指数型基金	312	294	10.474
48	华夏	华夏现金增利 B	货币市场型基金	387	19	289.022
48	华夏	华夏现金宝 B	货币市场型基金	387	24	22.882
48	华夏	华夏货币 B	货币市场型基金	387	42	79.773
48	华夏	华夏收益宝 B	货币市场型基金	387	63	56.919

续表2-2

整体投资回报能力排名	基金公司（简称）	基金名称	投资类型（二级分类）	样本基金数量	同类基金中排名	期间内规模（亿）
48	华夏	华夏财富宝A	货币市场型基金	387	92	585.995
48	华夏	华夏薪金宝	货币市场型基金	387	120	107.970
48	华夏	华夏现金增利E	货币市场型基金	387	139	299.136
48	华夏	华夏现金增利A	货币市场型基金	387	140	299.136
48	华夏	华夏保证金B	货币市场型基金	387	144	0.762
48	华夏	华夏现金宝A	货币市场型基金	387	152	72.898
48	华夏	华夏货币A	货币市场型基金	387	186	15.631
48	华夏	华夏收益宝A	货币市场型基金	387	217	1.226
48	华夏	华夏保证金A	货币市场型基金	387	365	1.571
49	南方	南方金利A	中长期纯债型基金	307	4	2.392
49	南方	南方金利C	中长期纯债型基金	307	8	0.868
49	南方	南方丰元信用增强A	中长期纯债型基金	307	15	12.812
49	南方	南方双元A	中长期纯债型基金	307	17	0.995
49	南方	南方弘利C	中长期纯债型基金	307	20	0.000
49	南方	南方弘利A	中长期纯债型基金	307	21	15.584
49	南方	南方丰元信用增强C	中长期纯债型基金	307	28	2.990
49	南方	南方双元C	中长期纯债型基金	307	42	0.097
49	南方	南方通利A	中长期纯债型基金	307	71	28.997
49	南方	南方通利C	中长期纯债型基金	307	103	2.457
49	南方	南方聚利1年A	中长期纯债型基金	307	128	4.793
49	南方	南方启元A	中长期纯债型基金	307	139	16.085
49	南方	南方润元纯债AB	中长期纯债型基金	307	145	1.849
49	南方	南方聚利1年C	中长期纯债型基金	307	168	0.167

续表2-2

整体投资回报能力排名	基金公司（简称）	基金名称	投资类型（二级分类）	样本基金数量	同类基金中排名	期间内规模（亿）
49	南方	南方稳利1年A	中长期纯债型基金	307	169	18.737
49	南方	南方启元C	中长期纯债型基金	307	191	0.788
49	南方	南方润元纯债C	中长期纯债型基金	307	193	0.656
49	南方	南方稳利1年C	中长期纯债型基金	307	212	0.298
49	南方	南方潜力新蓝筹	偏股混合型基金	477	142	10.246
49	南方	南方隆元产业主题	偏股混合型基金	477	188	23.609
49	南方	南方优选价值A	偏股混合型基金	477	193	18.930
49	南方	南方盛元红利	偏股混合型基金	477	203	9.838
49	南方	南方稳健成长	偏股混合型基金	477	259	23.705
49	南方	南方稳健成长2号	偏股混合型基金	477	260	21.043
49	南方	南方绩优成长A	偏股混合型基金	477	286	66.543
49	南方	南方成分精选A	偏股混合型基金	477	360	52.079
49	南方	南方高增长	偏股混合型基金	477	384	19.332
49	南方	南方积极配置	偏股混合型基金	477	449	8.334
49	南方	南方策略优化	偏股混合型基金	477	459	7.242
49	南方	南方核心竞争	平衡混合型基金	28	3	17.400
49	南方	南方平衡配置	平衡混合型基金	28	7	3.643
49	南方	南方国策动力	普通股票型基金	150	36	2.388
49	南方	南方天元新产业	普通股票型基金	150	47	19.313
49	南方	南方新兴消费A	普通股票型基金	150	62	9.025
49	南方	南方中小盘成长	普通股票型基金	150	77	10.007
49	南方	南方产业活力	普通股票型基金	150	107	12.045
49	南方	南方量化成长	普通股票型基金	150	133	5.546

续表2-2

整体投资回报能力排名	基金公司（简称）	基金名称	投资类型（二级分类）	样本基金数量	同类基金中排名	期间内规模（亿）
49	南方	南方多利增强 A	混合债券型一级基金	132	57	7.982
49	南方	南方多利增强 C	混合债券型一级基金	132	67	2.755
49	南方	南方宝元债券 A	混合债券型二级基金	236	49	57.990
49	南方	南方广利回报 AB	混合债券型二级基金	236	58	10.191
49	南方	南方广利回报 C	混合债券型二级基金	236	74	2.125
49	南方	南方医药保健	灵活配置型基金	719	42	18.919
49	南方	南方创新经济	灵活配置型基金	719	45	19.999
49	南方	南方新优享 A	灵活配置型基金	719	94	32.733
49	南方	南方高端装备 A	灵活配置型基金	719	120	4.218
49	南方	南方优选成长 A	灵活配置型基金	719	163	19.966
49	南方	南方改革机遇	灵活配置型基金	719	191	9.599
49	南方	南方瑞利	灵活配置型基金	719	259	4.431
49	南方	南方顺康	灵活配置型基金	719	280	1.956
49	南方	南方利众 C	灵活配置型基金	719	439	1.492
49	南方	南方利达 A	灵活配置型基金	719	465	3.963
49	南方	南方利达 C	灵活配置型基金	719	468	0.467
49	南方	南方利众 A	灵活配置型基金	719	473	4.576
49	南方	南方利淘 A	灵活配置型基金	719	479	5.930
49	南方	南方利淘 C	灵活配置型基金	719	481	0.359
49	南方	南方荣光 A	灵活配置型基金	719	496	5.980
49	南方	南方荣光 C	灵活配置型基金	719	497	1.017
49	南方	南方利鑫 A	灵活配置型基金	719	498	6.703
49	南方	南方利鑫 C	灵活配置型基金	719	499	0.133

2 三年期公募基金管理公司整体投资回报能力评价

续表2-2

整体投资回报能力排名	基金公司（简称）	基金名称	投资类型（二级分类）	样本基金数量	同类基金中排名	期间内规模（亿）
49	南方	南方中国梦	灵活配置型基金	719	514	5.092
49	南方	南方利安A	灵活配置型基金	719	564	6.864
49	南方	南方利安C	灵活配置型基金	719	573	0.450
49	南方	南方沪港深价值主题	灵活配置型基金	719	710	1.853
49	南方	南方绝对收益策略	股票多空	15	2	8.274
49	南方	南方中债10年期国债A	被动指数型债券基金	12	6	0.261
49	南方	南方中债10年期国债C	被动指数型债券基金	12	8	0.469
49	南方	南方中证100A	被动指数型基金	312	76	3.443
49	南方	南方沪深300ETF	被动指数型基金	312	96	13.666
49	南方	南方沪深300ETF联接A	被动指数型基金	312	105	10.918
49	南方	南方大数据300A	被动指数型基金	312	125	5.173
49	南方	南方国企改革A	被动指数型基金	312	129	1.633
49	南方	南方深成ETF	被动指数型基金	312	131	4.174
49	南方	南方深成ETF联接A	被动指数型基金	312	133	2.905
49	南方	南方大数据300C	被动指数型基金	312	137	0.742
49	南方	南方中证500信息技术ETF	被动指数型基金	312	182	5.757
49	南方	南方中证互联网	被动指数型基金	312	186	1.770
49	南方	南方大数据100A	被动指数型基金	312	216	40.395
49	南方	南方上证380ETF	被动指数型基金	312	218	1.904
49	南方	南方上证380ETF联接A	被动指数型基金	312	227	1.723
49	南方	南方小康产业ETF联接A	被动指数型基金	312	249	6.355
49	南方	南方小康产业ETF	被动指数型基金	312	252	6.218
49	南方	南方中证500工业ETF	被动指数型基金	312	256	0.534

续表2-2

整体投资回报能力排名	基金公司（简称）	基金名称	投资类型（二级分类）	样本基金数量	同类基金中排名	期间内规模（亿）
49	南方	南方中证500ETF联接A	被动指数型基金	312	267	62.892
49	南方	南方中证500ETF	被动指数型基金	312	271	283.772
49	南方	南方中证500原材料ETF	被动指数型基金	312	286	0.426
49	南方	南方恒生ETF	被动指数型基金	312	297	1.636
49	南方	南方中证高铁产业	被动指数型基金	312	309	2.220
49	南方	南方收益宝B	货币市场型基金	387	8	120.053
49	南方	南方现金通C	货币市场型基金	387	21	86.053
49	南方	南方现金通B	货币市场型基金	387	39	0.171
49	南方	南方现金通A	货币市场型基金	387	65	0.044
49	南方	南方现金增利B	货币市场型基金	387	69	305.886
49	南方	南方收益宝A	货币市场型基金	387	89	2.720
49	南方	南方薪金宝	货币市场型基金	387	98	91.186
49	南方	南方现金通E	货币市场型基金	387	99	742.049
49	南方	南方理财金A	货币市场型基金	387	221	138.369
49	南方	南方现金增利A	货币市场型基金	387	223	121.242
49	南方	南方理财金H	货币市场型基金	387	224	56.496
50	摩根士丹利华鑫	大摩纯债稳定添利A	中长期纯债型基金	307	16	11.010
50	摩根士丹利华鑫	大摩双利增强A	中长期纯债型基金	307	18	17.374
50	摩根士丹利华鑫	大摩纯债稳定添利C	中长期纯债型基金	307	37	3.435
50	摩根士丹利华鑫	大摩双利增强C	中长期纯债型基金	307	43	5.653

续表2-2

整体投资回报能力排名	基金公司（简称）	基金名称	投资类型（二级分类）	样本基金数量	同类基金中排名	期间内规模（亿）
50	摩根士丹利华鑫	大摩纯债稳定增利	中长期纯债型基金	307	46	33.526
50	摩根士丹利华鑫	大摩优质信价纯债A	中长期纯债型基金	307	174	5.216
50	摩根士丹利华鑫	大摩优质信价纯债C	中长期纯债型基金	307	206	2.278
50	摩根士丹利华鑫	大摩卓越成长	偏股混合型基金	477	165	6.623
50	摩根士丹利华鑫	大摩主题优选	偏股混合型基金	477	168	3.427
50	摩根士丹利华鑫	大摩基础行业	偏股混合型基金	477	215	1.820
50	摩根士丹利华鑫	大摩资源优选	偏股混合型基金	477	333	8.149
50	摩根士丹利华鑫	大摩领先优势	偏股混合型基金	477	391	4.727
50	摩根士丹利华鑫	大摩华鑫量化配置A	偏股混合型基金	477	415	8.313
50	摩根士丹利华鑫	大摩多因子策略	偏股混合型基金	477	425	19.415
50	摩根士丹利华鑫	大摩深证300指数增强	增强指数型基金	44	26	0.527
50	摩根士丹利华鑫	大摩品质生活精选	普通股票型基金	150	82	4.720
50	摩根士丹利华鑫	大摩进取优选	普通股票型基金	150	84	0.601
50	摩根士丹利华鑫	大摩量化多策略	普通股票型基金	150	124	5.093

续表2-2

整体投资回报能力排名	基金公司（简称）	基金名称	投资类型（二级分类）	样本基金数量	同类基金中排名	期间内规模（亿）
50	摩根士丹利华鑫	大摩强收益债券	混合债券型一级基金	132	21	12.547
50	摩根士丹利华鑫	大摩多元收益A	混合债券型二级基金	236	82	17.561
50	摩根士丹利华鑫	大摩多元收益C	混合债券型二级基金	236	93	5.224
50	摩根士丹利华鑫	大摩消费领航	灵活配置型基金	719	586	1.517
50	摩根士丹利华鑫	大摩新机遇	灵活配置型基金	719	706	0.477
51	广发	广发集利一年A	中长期纯债型基金	307	133	18.320
51	广发	广发双债添利A	中长期纯债型基金	307	166	52.482
51	广发	广发纯债A	中长期纯债型基金	307	171	11.000
51	广发	广发集利一年C	中长期纯债型基金	307	187	2.667
51	广发	广发双债添利C	中长期纯债型基金	307	203	4.280
51	广发	广发纯债C	中长期纯债型基金	307	209	2.426
51	广发	广发聚源A	中长期纯债型基金	307	237	13.526
51	广发	广发聚源C	中长期纯债型基金	307	266	0.021
51	广发	广发聚安A	偏债混合型基金	46	15	2.957
51	广发	广发聚安C	偏债混合型基金	46	19	3.823
51	广发	广发聚宝A	偏债混合型基金	46	21	4.042
51	广发	广发聚泰A	偏债混合型基金	46	36	0.521
51	广发	广发聚泰C	偏债混合型基金	46	38	1.914
51	广发	广发小盘成长A	偏股混合型基金	477	23	98.921
51	广发	广发聚瑞A	偏股混合型基金	477	62	15.475

续表2-2

整体投资回报能力排名	基金公司（简称）	基金名称	投资类型（二级分类）	样本基金数量	同类基金中排名	期间内规模（亿）
51	广发	广发大盘成长	偏股混合型基金	477	63	38.610
51	广发	广发新经济A	偏股混合型基金	477	81	21.180
51	广发	广发轮动配置	偏股混合型基金	477	104	9.734
51	广发	广发制造业精选A	偏股混合型基金	477	105	9.199
51	广发	广发消费品精选A	偏股混合型基金	477	216	7.140
51	广发	广发聚丰A	偏股混合型基金	477	303	73.498
51	广发	广发策略优选	偏股混合型基金	477	356	41.114
51	广发	广发核心精选	偏股混合型基金	477	374	12.799
51	广发	广发新动力	偏股混合型基金	477	409	7.741
51	广发	广发行业领先A	偏股混合型基金	477	445	29.806
51	广发	广发行业领先H	偏股混合型基金	477	456	0.030
51	广发	广发稳健增长A	平衡混合型基金	28	16	157.862
51	广发	广发聚富	平衡混合型基金	28	25	17.748
51	广发	广发聚利A	混合债券型一级基金	132	61	14.377
51	广发	广发聚财信用A	混合债券型一级基金	132	88	6.722
51	广发	广发增强债券	混合债券型一级基金	132	94	7.199
51	广发	广发聚财信用B	混合债券型一级基金	132	99	1.901
51	广发	广发聚鑫A	混合债券型二级基金	236	13	57.963
51	广发	广发聚鑫C	混合债券型二级基金	236	17	11.353
51	广发	广发聚优A	灵活配置型基金	719	47	7.143
51	广发	广发竞争优势	灵活配置型基金	719	60	13.025
51	广发	广发内需增长	灵活配置型基金	719	174	9.212
51	广发	广发逆向策略	灵活配置型基金	719	201	1.067

续表2-2

整体投资回报能力排名	基金公司（简称）	基金名称	投资类型（二级分类）	样本基金数量	同类基金中排名	期间内规模（亿）
51	广发	广发改革先锋	灵活配置型基金	719	274	5.045
51	广发	广发百发大数据策略成长 E	灵活配置型基金	719	334	0.220
51	广发	广发百发大数据策略成长 A	灵活配置型基金	719	336	1.291
51	广发	广发多策略	灵活配置型基金	719	357	13.071
51	广发	广发聚祥灵活配置	灵活配置型基金	719	361	3.254
51	广发	广发主题领先	灵活配置型基金	719	365	14.815
51	广发	广发成长优选	灵活配置型基金	719	546	0.848
51	广发	广发聚盛 C	灵活配置型基金	719	561	1.650
51	广发	广发百发大数据 A	灵活配置型基金	719	565	0.660
51	广发	广发百发大数据 E	灵活配置型基金	719	569	0.740
51	广发	广发聚盛 A	灵活配置型基金	719	572	4.079
51	广发	广发趋势优选 A	灵活配置型基金	719	623	52.622
51	广发	广发安宏回报 A	灵活配置型基金	719	643	6.123
51	广发	广发安宏回报 C	灵活配置型基金	719	652	0.005
51	广发	广发理财年年红	短期纯债型基金	11	8	15.261
51	广发	广发对冲套利	股票多空	15	3	15.407
51	广发	广发中证百发 100E	被动指数型基金	312	47	4.743
51	广发	广发中证百发 100A	被动指数型基金	312	48	2.651
51	广发	广发中证全指医药卫生 ETF	被动指数型基金	312	58	14.120
51	广发	广发中证全指医药卫生 ETF 联接 A	被动指数型基金	312	70	9.258
51	广发	广发沪深 300ETF	被动指数型基金	312	117	20.538

续表2-2

整体投资回报能力排名	基金公司（简称）	基金名称	投资类型（二级分类）	样本基金数量	同类基金中排名	期间内规模（亿）
51	广发	广发沪深300ETF联接A	被动指数型基金	312	143	15.591
51	广发	广发中证全指信息技术ETF	被动指数型基金	312	179	9.367
51	广发	广发中证全指信息技术ETF联接A	被动指数型基金	312	185	2.684
51	广发	广发中证全指可选消费ETF	被动指数型基金	312	193	3.656
51	广发	广发中小板300ETF	被动指数型基金	312	197	1.903
51	广发	广发中证全指可选消费ETF联接A	被动指数型基金	312	202	3.163
51	广发	广发中小板300ETF联接A	被动指数型基金	312	211	1.828
51	广发	广发中证环保产业联接A	被动指数型基金	312	213	13.556
51	广发	广发中证养老产业A	被动指数型基金	312	214	7.605
51	广发	广发中证全指金融地产ETF	被动指数型基金	312	219	10.315
51	广发	广发中证全指金融地产ETF联接A	被动指数型基金	312	242	4.658
51	广发	广发中证500ETF	被动指数型基金	312	270	24.174
51	广发	广发中证500ETF联接A	被动指数型基金	312	276	13.933
51	广发	广发中证全指原材料ETF	被动指数型基金	312	281	0.470
51	广发	广发中证全指能源ETF	被动指数型基金	312	306	0.826
51	广发	广发天天红B	货币市场型基金	387	35	103.953
51	广发	广发天天利B	货币市场型基金	387	72	12.399
51	广发	广发货币B	货币市场型基金	387	76	117.852

续表2-2

整体投资回报能力排名	基金公司（简称）	基金名称	投资类型（二级分类）	样本基金数量	同类基金中排名	期间内规模（亿）
51	广发	广发活期宝 A	货币市场型基金	387	86	12.631
51	广发	广发现金宝 B	货币市场型基金	387	130	1.347
51	广发	广发钱袋子 A	货币市场型基金	387	151	193.978
51	广发	广发天天红 A	货币市场型基金	387	163	33.560
51	广发	广发天天利 E	货币市场型基金	387	225	470.118
51	广发	广发天天利 A	货币市场型基金	387	228	5.507
51	广发	广发货币 A	货币市场型基金	387	230	39.965
51	广发	广发现金宝 A	货币市场型基金	387	367	2.785
52	华安	华安年年盈 A	中长期纯债型基金	307	2	1.179
52	华安	华安年年盈 C	中长期纯债型基金	307	3	0.255
52	华安	华安年年红 A	中长期纯债型基金	307	5	15.853
52	华安	华安年年红 C	中长期纯债型基金	307	11	1.427
52	华安	华安双债添利 A	中长期纯债型基金	307	81	1.023
52	华安	华安纯债 A	中长期纯债型基金	307	112	25.691
52	华安	华安双债添利 C	中长期纯债型基金	307	124	0.487
52	华安	华安纯债 C	中长期纯债型基金	307	172	2.525
52	华安	华安信用四季红 A	中长期纯债型基金	307	205	4.994
52	华安	华安添颐	偏债混合型基金	46	30	11.015
52	华安	华安生态优先	偏股混合型基金	477	8	19.499
52	华安	华安安信消费服务	偏股混合型基金	477	15	14.578
52	华安	华安行业轮动	偏股混合型基金	477	29	5.359
52	华安	华安逆向策略	偏股混合型基金	477	40	30.804
52	华安	华安升级主题	偏股混合型基金	477	60	3.451

续表2-2

整体投资回报能力排名	基金公司（简称）	基金名称	投资类型（二级分类）	样本基金数量	同类基金中排名	期间内规模（亿）
52	华安	华安核心优选	偏股混合型基金	477	65	4.003
52	华安	华安宏利	偏股混合型基金	477	214	27.539
52	华安	华安中小盘成长	偏股混合型基金	477	221	22.287
52	华安	华安策略优选	偏股混合型基金	477	304	76.230
52	华安	华安科技动力	偏股混合型基金	477	306	22.451
52	华安	华安量化多因子	偏股混合型基金	477	452	3.013
52	华安	华安沪深300量化增强A	增强指数型基金	44	6	7.431
52	华安	华安沪深300量化增强C	增强指数型基金	44	10	4.274
52	华安	华安MSCI中国A股指数增强	增强指数型基金	44	34	23.017
52	华安	华安宝利配置	平衡混合型基金	28	4	26.866
52	华安	华安创新	平衡混合型基金	28	20	23.000
52	华安	华安新丝路主题	普通股票型基金	150	6	19.492
52	华安	华安智能装备主题	普通股票型基金	150	56	8.680
52	华安	华安大国新经济	普通股票型基金	150	81	1.862
52	华安	华安物联网主题	普通股票型基金	150	103	10.362
52	华安	华安稳定收益A	混合债券型一级基金	132	17	5.333
52	华安	华安稳定收益B	混合债券型一级基金	132	20	1.026
52	华安	华安稳固收益C	混合债券型一级基金	132	76	2.034
52	华安	华安可转债A	混合债券型二级基金	236	24	1.757
52	华安	华安可转债B	混合债券型二级基金	236	28	1.713
52	华安	华安安心收益A	混合债券型二级基金	236	67	0.999
52	华安	华安强化收益A	混合债券型二级基金	236	88	2.614
52	华安	华安安心收益B	混合债券型二级基金	236	92	0.269

续表2-2

整体投资回报能力排名	基金公司（简称）	基金名称	投资类型（二级分类）	样本基金数量	同类基金中排名	期间内规模（亿）
52	华安	华安强化收益 B	混合债券型二级基金	236	100	0.577
52	华安	华安国企改革	灵活配置型基金	719	20	4.981
52	华安	华安媒体互联网	灵活配置型基金	719	26	42.985
52	华安	华安安顺	灵活配置型基金	719	97	9.319
52	华安	华安动态灵活配置	灵活配置型基金	719	170	2.936
52	华安	华安新机遇	灵活配置型基金	719	454	7.002
52	华安	华安新乐享	灵活配置型基金	719	549	7.194
52	华安	华安新活力	灵活配置型基金	719	560	4.726
52	华安	华安新回报	灵活配置型基金	719	583	7.495
52	华安	华安稳健回报	灵活配置型基金	719	648	17.600
52	华安	华安安享	灵活配置型基金	719	650	11.979
52	华安	华安新动力	灵活配置型基金	719	656	12.717
52	华安	华安安益	灵活配置型基金	719	676	13.932
52	华安	华安新优选 C	灵活配置型基金	719	695	0.029
52	华安	华安新优选 A	灵活配置型基金	719	703	3.102
52	华安	华安添鑫中短债 A	短期纯债型基金	11	11	1.522
52	华安	华安创业板 50	被动指数型基金	312	20	4.637
52	华安	华安中证细分医药 ETF	被动指数型基金	312	77	1.209
52	华安	华安中证细分医药 ETF 联接 A	被动指数型基金	312	84	0.329
52	华安	华安中证细分医药 ETF 联接 C	被动指数型基金	312	93	0.459
52	华安	华安中证全指证券	被动指数型基金	312	139	3.021
52	华安	华安上证 180ETF	被动指数型基金	312	167	219.875

续表2-2

整体投资回报能力排名	基金公司（简称）	基金名称	投资类型（二级分类）	样本基金数量	同类基金中排名	期间内规模（亿）
52	华安	华安上证180ETF联接	被动指数型基金	312	176	2.893
52	华安	华安中证银行	被动指数型基金	312	223	1.616
52	华安	华安上证龙头ETF	被动指数型基金	312	254	0.960
52	华安	华安上证龙头ETF联接	被动指数型基金	312	258	0.840
52	华安	华安日日鑫B	货币市场型基金	387	46	76.091
52	华安	华安汇财通	货币市场型基金	387	148	115.372
52	华安	华安日日鑫A	货币市场型基金	387	194	819.541
52	华安	华安现金富利B	货币市场型基金	387	252	137.553
52	华安	华安现金富利A	货币市场型基金	387	344	6.350
53	江信	江信聚福	中长期纯债型基金	307	108	2.622
53	江信	江信同福A	灵活配置型基金	719	628	0.209
53	江信	江信同福C	灵活配置型基金	719	634	0.029
54	兴业	兴业年年利	中长期纯债型基金	307	33	11.493
54	兴业	兴业添利	中长期纯债型基金	307	50	92.143
54	兴业	兴业定期开放A	中长期纯债型基金	307	79	10.631
54	兴业	兴业稳固收益两年	中长期纯债型基金	307	264	26.778
54	兴业	兴业丰利	中长期纯债型基金	307	275	46.805
54	兴业	兴业稳固收益一年	中长期纯债型基金	307	304	0.000
54	兴业	兴业收益增强A	混合债券型二级基金	236	110	3.779
54	兴业	兴业收益增强C	混合债券型二级基金	236	126	0.972
54	兴业	兴业国企改革	灵活配置型基金	719	107	3.271
54	兴业	兴业多策略	灵活配置型基金	719	290	4.296
54	兴业	兴业聚利	灵活配置型基金	719	422	2.253

续表2-2

整体投资回报能力排名	基金公司（简称）	基金名称	投资类型（二级分类）	样本基金数量	同类基金中排名	期间内规模（亿）
54	兴业	兴业聚惠 A	灵活配置型基金	719	458	7.776
54	兴业	兴业添天盈 B	货币市场型基金	387	51	40.409
54	兴业	兴业鑫天盈 B	货币市场型基金	387	164	211.103
54	兴业	兴业添天盈 A	货币市场型基金	387	201	6.577
54	兴业	兴业货币 B	货币市场型基金	387	235	65.879
54	兴业	兴业鑫天盈 A	货币市场型基金	387	303	5.778
54	兴业	兴业货币 A	货币市场型基金	387	336	9.500
55	长安	长安宏观策略	偏股混合型基金	477	470	0.463
55	长安	长安鑫利优选 A	灵活配置型基金	719	287	1.045
55	长安	长安鑫利优选 C	灵活配置型基金	719	302	0.183
55	长安	长安产业精选 A	灵活配置型基金	719	534	0.103
55	长安	长安产业精选 C	灵活配置型基金	719	575	0.698
55	长安	长安300非周期	被动指数型基金	312	73	0.695
55	长安	长安货币 B	货币市场型基金	387	158	22.385
55	长安	长安货币 A	货币市场型基金	387	296	1.968
56	兴银	兴银长乐半年定期	中长期纯债型基金	307	60	50.211
56	兴银	兴银朝阳	中长期纯债型基金	307	102	6.470
56	兴银	兴银瑞益纯债	中长期纯债型基金	307	215	43.736
56	兴银	兴银稳健	中长期纯债型基金	307	246	17.749
56	兴银	兴银丰盈	灵活配置型基金	719	245	1.071
56	兴银	兴银鼎新	灵活配置型基金	719	338	1.216
56	兴银	兴银大健康	灵活配置型基金	719	668	1.101
56	兴银	兴银现金增利	货币市场型基金	387	127	73.492

续表2-2

整体投资回报能力排名	基金公司（简称）	基金名称	投资类型（二级分类）	样本基金数量	同类基金中排名	期间内规模（亿）
56	兴银	兴银货币B	货币市场型基金	387	233	33.379
56	兴银	兴银货币A	货币市场型基金	387	328	0.154
57	新华	新华安享惠金A	中长期纯债型基金	307	198	11.796
57	新华	新华安享惠金C	中长期纯债型基金	307	234	0.200
57	新华	新华纯债添利A	中长期纯债型基金	307	241	22.605
57	新华	新华纯债添利C	中长期纯债型基金	307	267	6.287
57	新华	新华优选消费	偏股混合型基金	477	34	1.960
57	新华	新华优选成长	偏股混合型基金	477	43	4.682
57	新华	新华行业周期轮换	偏股混合型基金	477	94	1.343
57	新华	新华中小市值优选	偏股混合型基金	477	110	1.125
57	新华	新华钻石品质企业	偏股混合型基金	477	127	2.366
57	新华	新华优选分红	偏股混合型基金	477	152	13.886
57	新华	新华趋势领航	偏股混合型基金	477	187	10.456
57	新华	新华灵活主题	偏股混合型基金	477	330	0.337
57	新华	新华策略精选	普通股票型基金	150	44	8.712
57	新华	新华增盈回报	混合债券型二级基金	236	57	39.573
57	新华	新华增怡A	混合债券型二级基金	236	227	10.315
57	新华	新华增怡C	混合债券型二级基金	236	228	1.257
57	新华	新华鑫益	灵活配置型基金	719	29	4.239
57	新华	新华泛资源优势	灵活配置型基金	719	87	5.792
57	新华	新华稳健回报	灵活配置型基金	719	118	3.217
57	新华	新华积极价值	灵活配置型基金	719	238	1.158
57	新华	新华战略新兴产业	灵活配置型基金	719	308	2.443

续表2-2

整体投资回报能力排名	基金公司（简称）	基金名称	投资类型（二级分类）	样本基金数量	同类基金中排名	期间内规模（亿）
57	新华	新华行业轮换配置A	灵活配置型基金	719	309	15.373
57	新华	新华行业轮换配置C	灵活配置型基金	719	313	0.170
57	新华	新华万银多元策略	灵活配置型基金	719	408	1.861
57	新华	新华鑫回报	灵活配置型基金	719	515	0.365
57	新华	新华鑫利	灵活配置型基金	719	685	0.252
57	新华	新华中证环保产业	被动指数型基金	312	255	1.007
57	新华	新华活期添利A	货币市场型基金	387	131	25.688
57	新华	新华壹诺宝A	货币市场型基金	387	292	5.700
58	中海	中海纯债A	中长期纯债型基金	307	159	0.300
58	中海	中海纯债C	中长期纯债型基金	307	208	0.045
58	中海	中海惠裕纯债	中长期纯债型基金	307	290	2.657
58	中海	中海量化策略	偏股混合型基金	477	141	4.073
58	中海	中海消费主题精选	偏股混合型基金	477	230	5.421
58	中海	中海优质成长	偏股混合型基金	477	232	16.507
58	中海	中海信息产业精选	偏股混合型基金	477	240	0.889
58	中海	中海分红增利	偏股混合型基金	477	247	5.485
58	中海	中海能源策略	偏股混合型基金	477	462	15.200
58	中海	中海上证50指数增强	增强指数型基金	44	23	2.272
58	中海	中海医疗保健	普通股票型基金	150	27	7.763
58	中海	中海稳健收益	混合债券型一级基金	132	62	0.335
58	中海	中海可转换债券A	混合债券型二级基金	236	104	0.656
58	中海	中海可转换债券C	混合债券型二级基金	236	113	0.577
58	中海	中海增强收益A	混合债券型二级基金	236	153	0.617

2 三年期公募基金管理公司整体投资回报能力评价

续表2-2

整体投资回报能力排名	基金公司（简称）	基金名称	投资类型（二级分类）	样本基金数量	同类基金中排名	期间内规模（亿）
58	中海	中海增强收益C	混合债券型二级基金	236	167	0.124
58	中海	中海医药健康产业A	灵活配置型基金	719	48	6.730
58	中海	中海医药健康产业C	灵活配置型基金	719	59	2.128
58	中海	中海环保新能源	灵活配置型基金	719	79	2.060
58	中海	中海顺鑫	灵活配置型基金	719	83	4.878
58	中海	中海积极增利	灵活配置型基金	719	166	2.025
58	中海	中海进取收益	灵活配置型基金	719	242	0.695
58	中海	中海混改红利主题	灵活配置型基金	719	247	0.359
58	中海	中海蓝筹配置	灵活配置型基金	719	319	0.947
58	中海	中海积极收益	灵活配置型基金	719	477	0.995
58	中海	中海优势精选	灵活配置型基金	719	609	0.448
58	中海	中海货币B	货币市场型基金	387	121	26.770
58	中海	中海货币A	货币市场型基金	387	269	4.770
59	浙商	浙商聚盈纯债A	中长期纯债型基金	307	106	19.090
59	浙商	浙商聚盈纯债C	中长期纯债型基金	307	122	0.012
59	浙商	浙商惠盈纯债A	中长期纯债型基金	307	176	0.748
59	浙商	浙商聚潮新思维	偏股混合型基金	477	132	5.381
59	浙商	浙商聚潮产业成长	偏股混合型基金	477	339	6.412
59	浙商	浙商日添利B	货币市场型基金	387	333	0.838
59	浙商	浙商日添利A	货币市场型基金	387	370	0.270
60	中信保诚	信诚优质纯债A	中长期纯债型基金	307	32	1.413
60	中信保诚	信诚优质纯债B	中长期纯债型基金	307	76	1.210
60	中信保诚	信诚周期轮动	偏股混合型基金	477	27	5.020

续表2-2

整体投资回报能力排名	基金公司（简称）	基金名称	投资类型（二级分类）	样本基金数量	同类基金中排名	期间内规模（亿）
60	中信保诚	信诚中小盘	偏股混合型基金	477	51	1.310
60	中信保诚	信诚新兴产业	偏股混合型基金	477	129	0.220
60	中信保诚	中信保诚精萃成长	偏股混合型基金	477	264	20.297
60	中信保诚	信诚新机遇	偏股混合型基金	477	324	3.515
60	中信保诚	信诚幸福消费	偏股混合型基金	477	349	2.093
60	中信保诚	信诚优胜精选	偏股混合型基金	477	377	26.122
60	中信保诚	中信保诚盛世蓝筹	偏股混合型基金	477	395	12.269
60	中信保诚	信诚深度价值	偏股混合型基金	477	439	0.591
60	中信保诚	信诚四季红	偏股混合型基金	477	450	10.987
60	中信保诚	信诚双盈	混合债券型一级基金	132	81	27.481
60	中信保诚	信诚增强收益	混合债券型二级基金	236	27	0.377
60	中信保诚	信诚三得益债券A	混合债券型二级基金	236	66	4.776
60	中信保诚	信诚三得益债券B	混合债券型二级基金	236	81	16.840
60	中信保诚	信诚至远A	灵活配置型基金	719	36	1.843
60	中信保诚	信诚至远C	灵活配置型基金	719	37	0.997
60	中信保诚	信诚新旺回报A	灵活配置型基金	719	520	2.153
60	中信保诚	信诚新旺回报C	灵活配置型基金	719	527	0.546
60	中信保诚	信诚新锐回报A	灵活配置型基金	719	610	3.226
60	中信保诚	信诚新锐回报B	灵活配置型基金	719	619	0.964
60	中信保诚	信诚新选回报A	灵活配置型基金	719	686	2.563
60	中信保诚	信诚新选回报B	灵活配置型基金	719	688	0.189
60	中信保诚	信诚中证800医药	被动指数型基金	312	42	1.932
60	中信保诚	信诚沪深300分级	被动指数型基金	312	110	1.276

续表2-2

整体投资回报能力排名	基金公司（简称）	基金名称	投资类型（二级分类）	样本基金数量	同类基金中排名	期间内规模（亿）
60	中信保诚	信诚中证TMT产业	被动指数型基金	312	194	1.300
60	中信保诚	信诚中证500分级	被动指数型基金	312	196	2.011
60	中信保诚	信诚中证800金融	被动指数型基金	312	203	0.663
60	中信保诚	信诚中证800有色	被动指数型基金	312	236	4.401
60	中信保诚	信诚中证信息安全	被动指数型基金	312	240	2.422
60	中信保诚	信诚中证智能家居	被动指数型基金	312	253	0.459
60	中信保诚	信诚中证基建工程	被动指数型基金	312	311	6.113
60	中信保诚	信诚薪金宝	货币市场型基金	387	60	173.624
60	中信保诚	信诚货币B	货币市场型基金	387	189	56.294
60	中信保诚	信诚货币A	货币市场型基金	387	319	1.784
61	长信	长信纯债一年A	中长期纯债型基金	307	39	7.155
61	长信	长信纯债一年C	中长期纯债型基金	307	73	1.514
61	长信	长信富海纯债一年C	中长期纯债型基金	307	114	1.372
61	长信	长信富安纯债半年A	中长期纯债型基金	307	175	2.789
61	长信	长信富安纯债半年C	中长期纯债型基金	307	218	0.179
61	长信	长信纯债壹号A	中长期纯债型基金	307	220	3.805
61	长信	长信富民纯债一年C	中长期纯债型基金	307	292	0.615
61	长信	长信内需成长A	偏股混合型基金	477	47	35.101
61	长信	长信恒利优势	偏股混合型基金	477	95	3.248
61	长信	长信金利趋势	偏股混合型基金	477	248	17.989
61	长信	长信双利优选A	偏股混合型基金	477	255	6.112
61	长信	长信银利精选	偏股混合型基金	477	271	11.266
61	长信	长信增利策略	偏股混合型基金	477	392	9.920

续表2-2

整体投资回报能力排名	基金公司（简称）	基金名称	投资类型（二级分类）	样本基金数量	同类基金中排名	期间内规模（亿）
61	长信	长信量化先锋 A	偏股混合型基金	477	441	30.766
61	长信	长信量化多策略 A	普通股票型基金	150	119	1.848
61	长信	长信量化中小盘	普通股票型基金	150	137	9.359
61	长信	长信利鑫 C	混合债券型一级基金	132	66	0.217
61	长信	长信利众 C	混合债券型一级基金	132	78	3.375
61	长信	长信可转债 A	混合债券型二级基金	236	19	20.906
61	长信	长信利富	混合债券型二级基金	236	20	7.941
61	长信	长信可转债 C	混合债券型二级基金	236	21	18.789
61	长信	长信利丰 C	混合债券型二级基金	236	125	22.300
61	长信	长信利保 A	混合债券型二级基金	236	221	0.329
61	长信	长信多利	灵活配置型基金	719	25	3.796
61	长信	长信医疗保健行业	灵活配置型基金	719	70	1.723
61	长信	长信利广 A	灵活配置型基金	719	326	3.602
61	长信	长信利广 C	灵活配置型基金	719	352	1.096
61	长信	长信改革红利	灵活配置型基金	719	381	4.139
61	长信	长信新利	灵活配置型基金	719	428	4.795
61	长信	长信利盈 A	灵活配置型基金	719	457	9.163
61	长信	长信利盈 C	灵活配置型基金	719	467	0.001
61	长信	长信睿进 A	灵活配置型基金	719	659	0.040
61	长信	长信睿进 C	灵活配置型基金	719	673	5.927
61	长信	长信利息收益 B	货币市场型基金	387	154	76.479
61	长信	长信利息收益 A	货币市场型基金	387	285	90.316
62	东方	东方添益	中长期纯债型基金	307	30	10.285

续表2-2

整体投资回报能力排名	基金公司（简称）	基金名称	投资类型（二级分类）	样本基金数量	同类基金中排名	期间内规模（亿）
62	东方	东方新能源汽车主题	偏股混合型基金	477	120	4.984
62	东方	东方策略成长	偏股混合型基金	477	198	4.460
62	东方	东方主题精选	偏股混合型基金	477	206	1.709
62	东方	东方核心动力	偏股混合型基金	477	388	1.818
62	东方	东方精选	偏股混合型基金	477	417	19.808
62	东方	东方成长回报	平衡混合型基金	28	23	7.925
62	东方	东方新价值A	平衡混合型基金	28	26	3.553
62	东方	东方新价值C	平衡混合型基金	28	27	1.518
62	东方	东方稳健回报A	混合债券型一级基金	132	120	0.980
62	东方	东方强化收益	混合债券型二级基金	236	80	8.114
62	东方	东方双债添利A	混合债券型二级基金	236	111	7.360
62	东方	东方双债添利C	混合债券型二级基金	236	121	0.221
62	东方	东方新兴成长	灵活配置型基金	719	27	3.155
62	东方	东方创新科技	灵活配置型基金	719	39	4.350
62	东方	东方新思路A	灵活配置型基金	719	115	2.822
62	东方	东方新思路C	灵活配置型基金	719	126	2.208
62	东方	东方龙	灵活配置型基金	719	281	4.852
62	东方	东方睿鑫热点挖掘A	灵活配置型基金	719	424	0.259
62	东方	东方睿鑫热点挖掘C	灵活配置型基金	719	471	1.448
62	东方	东方鼎新A	灵活配置型基金	719	535	2.858
62	东方	东方新策略C	灵活配置型基金	719	577	2.380
62	东方	东方新策略A	灵活配置型基金	719	604	1.463
62	东方	东方惠新A	灵活配置型基金	719	666	2.078

续表2-2

整体投资回报能力排名	基金公司（简称）	基金名称	投资类型（二级分类）	样本基金数量	同类基金中排名	期间内规模（亿）
62	东方	东方惠新C	灵活配置型基金	719	667	1.094
62	东方	东方成长收益A	灵活配置型基金	719	684	1.452
62	东方	东方多策略A	灵活配置型基金	719	699	0.205
62	东方	东方多策略C	灵活配置型基金	719	701	0.433
62	东方	东方金账簿货币B	货币市场型基金	387	103	75.680
62	东方	东方金元宝	货币市场型基金	387	118	5.064
62	东方	东方金账簿货币A	货币市场型基金	387	254	3.031
63	大成	大成景旭纯债A	中长期纯债型基金	307	204	0.110
63	大成	大成景旭纯债C	中长期纯债型基金	307	242	0.781
63	大成	大成财富管理2020	偏债混合基金	46	33	20.071
63	大成	大成中小盘	偏股混合型基金	477	61	9.809
63	大成	大成新锐产业	偏股混合型基金	477	82	7.338
63	大成	大成消费主题	偏股混合型基金	477	92	0.829
63	大成	大成内需增长A	偏股混合型基金	477	184	4.178
63	大成	大成行业轮动	偏股混合型基金	477	208	2.006
63	大成	大成积极成长	偏股混合型基金	477	223	12.456
63	大成	大成优选	偏股混合型基金	477	242	27.055
63	大成	大成互联网思维	偏股混合型基金	477	244	10.350
63	大成	大成健康产业	偏股混合型基金	477	250	0.782
63	大成	大成景恒A	偏股混合型基金	477	291	0.356
63	大成	大成精选增值	偏股混合型基金	477	294	16.874
63	大成	大成创新成长	偏股混合型基金	477	343	22.115
63	大成	大成核心双动力	偏股混合型基金	477	372	1.573

续表2-2

整体投资回报能力排名	基金公司（简称）	基金名称	投资类型（二级分类）	样本基金数量	同类基金中排名	期间内规模（亿）
63	大成	大成蓝筹稳健	偏股混合型基金	477	386	36.034
63	大成	大成景阳领先	偏股混合型基金	477	427	15.694
63	大成	大成策略回报	偏股混合型基金	477	457	20.150
63	大成	大成竞争优势	偏股混合型基金	477	475	6.664
63	大成	大成价值增长	平衡混合型基金	28	17	22.077
63	大成	大成产业升级	普通股票型基金	150	66	2.721
63	大成	大成高新技术产业	普通股票型基金	150	67	10.147
63	大成	大成债券AB	混合债券型一级基金	132	39	7.178
63	大成	大成债券C	混合债券型一级基金	132	49	3.126
63	大成	大成景兴信用债A	混合债券型一级基金	132	51	1.643
63	大成	大成景兴信用债C	混合债券型一级基金	132	64	0.298
63	大成	大成可转债增强	混合债券型二级基金	236	178	0.354
63	大成	大成正向回报	灵活配置型基金	719	178	1.487
63	大成	大成睿景A	灵活配置型基金	719	211	13.829
63	大成	大成睿景C	灵活配置型基金	719	230	8.004
63	大成	大成灵活配置	灵活配置型基金	719	296	2.499
63	大成	大成景安短融B	短期纯债型基金	11	3	13.297
63	大成	大成景安短融A	短期纯债型基金	11	7	5.761
63	大成	大成绝对收益A	股票多空	15	14	0.467
63	大成	大成绝对收益C	股票多空	15	15	0.030
63	大成	大成深证成长40ETF	被动指数型基金	312	67	1.853
63	大成	大成深证成长40ETF联接	被动指数型基金	312	86	1.844
63	大成	大成中证100ETF	被动指数型基金	312	118	0.255

续表2-2

整体投资回报能力排名	基金公司（简称）	基金名称	投资类型（二级分类）	样本基金数量	同类基金中排名	期间内规模（亿）
63	大成	大成深证成分ETF	被动指数型基金	312	122	2.553
63	大成	大成沪深300A	被动指数型基金	312	155	20.198
63	大成	大成中证红利A	被动指数型基金	312	243	12.989
63	大成	大成中证500沪市ETF	被动指数型基金	312	275	0.399
63	大成	大成中证500深市ETF	被动指数型基金	312	290	0.363
63	大成	大成货币B	货币市场型基金	387	84	10.669
63	大成	大成添利宝B	货币市场型基金	387	95	239.623
63	大成	大成丰财宝B	货币市场型基金	387	106	170.001
63	大成	大成现金宝B	货币市场型基金	387	128	1.196
63	大成	大成现金增利B	货币市场型基金	387	134	1.253
63	大成	大成添利宝E	货币市场型基金	387	182	41.563
63	大成	大成货币A	货币市场型基金	387	234	3.957
63	大成	大成恒丰宝B	货币市场型基金	387	239	50.377
63	大成	大成添利宝A	货币市场型基金	387	245	0.374
63	大成	大成丰财宝A	货币市场型基金	387	259	0.161
63	大成	大成现金增利A	货币市场型基金	387	282	164.914
63	大成	大成恒丰宝E	货币市场型基金	387	339	1.145
63	大成	大成恒丰宝A	货币市场型基金	387	340	0.163
63	大成	大成现金宝A	货币市场型基金	387	364	3.667
64	鑫元	鑫元鸿利	中长期纯债型基金	307	64	7.402
64	鑫元	鑫元合丰纯债A	中长期纯债型基金	307	228	5.305
64	鑫元	鑫元合丰纯债C	中长期纯债型基金	307	235	0.002
64	鑫元	鑫元稳利	中长期纯债型基金	307	271	10.663

续表2-2

整体投资回报能力排名	基金公司（简称）	基金名称	投资类型（二级分类）	样本基金数量	同类基金中排名	期间内规模（亿）
64	鑫元	鑫元聚鑫收益增强A	混合债券型二级基金	236	186	0.613
64	鑫元	鑫元聚鑫收益增强C	混合债券型二级基金	236	199	0.057
64	鑫元	鑫元恒鑫收益增强A	混合债券型二级基金	236	229	0.547
64	鑫元	鑫元恒鑫收益增强C	混合债券型二级基金	236	232	0.072
64	鑫元	鑫元鑫新收益A	灵活配置型基金	719	406	2.411
64	鑫元	鑫元鑫新收益C	灵活配置型基金	719	429	0.002
64	鑫元	鑫元安鑫宝货币A	货币市场型基金	387	91	17.519
64	鑫元	鑫元货币B	货币市场型基金	387	192	71.496
64	鑫元	鑫元安鑫宝货币B	货币市场型基金	387	242	5.169
64	鑫元	鑫元货币A	货币市场型基金	387	322	4.126
65	银华	银华信用四季红A	中长期纯债型基金	307	137	9.075
65	银华	银华纯债信用主题	中长期纯债型基金	307	141	26.137
65	银华	银华信用季季红A	中长期纯债型基金	307	152	24.180
65	银华	银华永兴A	中长期纯债型基金	307	190	6.068
65	银华	银华永兴C	中长期纯债型基金	307	230	2.147
65	银华	银华富裕主题	偏股混合型基金	477	35	124.046
65	银华	银华内需精选	偏股混合型基金	477	122	36.772
65	银华	银华中小盘精选	偏股混合型基金	477	147	65.218
65	银华	银华领先策略	偏股混合型基金	477	281	12.107
65	银华	银华优质增长	偏股混合型基金	477	295	29.959
65	银华	银华核心价值优选	偏股混合型基金	477	379	51.625
65	银华	银华道琼斯88精选A	增强指数型基金	44	5	23.967
65	银华	银华优势企业	平衡混合型基金	28	15	9.751

续表2-2

整体投资回报能力排名	基金公司（简称）	基金名称	投资类型（二级分类）	样本基金数量	同类基金中排名	期间内规模（亿）
65	银华	银华中国梦30	普通股票型基金	150	41	11.657
65	银华	银华信用双利A	混合债券型二级基金	236	114	11.463
65	银华	银华信用双利C	混合债券型二级基金	236	127	5.137
65	银华	银华增强收益	混合债券型二级基金	236	151	2.698
65	银华	银华互联网主题	灵活配置型基金	719	69	1.202
65	银华	银华和谐主题	灵活配置型基金	719	95	4.328
65	银华	银华聚利A	灵活配置型基金	719	102	4.913
65	银华	银华战略新兴	灵活配置型基金	719	189	3.244
65	银华	银华回报	灵活配置型基金	719	204	3.214
65	银华	银华成长先锋	灵活配置型基金	719	223	3.234
65	银华	银华永祥	灵活配置型基金	719	240	1.423
65	银华	银华高端制造业	灵活配置型基金	719	248	3.425
65	银华	银华恒利A	灵活配置型基金	719	304	3.360
65	银华	银华泰利A	灵活配置型基金	719	391	6.590
65	银华	银华汇利A	灵活配置型基金	719	606	17.789
65	银华	银华稳利A	灵活配置型基金	719	679	4.044
65	银华	银华深证100	被动指数型基金	312	60	4.979
65	银华	银华沪深300	被动指数型基金	312	69	1.059
65	银华	银华中证等权重90	被动指数型基金	312	100	1.722
65	银华	银华活钱宝F	货币市场型基金	387	9	450.816
65	银华	银华惠增利	货币市场型基金	387	28	149.318
65	银华	银华多利宝B	货币市场型基金	387	36	198.274
65	银华	银华货币B	货币市场型基金	387	161	4.802

续表2-2

整体投资回报能力排名	基金公司（简称）	基金名称	投资类型（二级分类）	样本基金数量	同类基金中排名	期间内规模（亿）
65	银华	银华多利宝A	货币市场型基金	387	167	4.143
65	银华	银华交易货币A	货币市场型基金	387	232	57 589.168
65	银华	银华货币A	货币市场型基金	387	297	224.311
65	银华	银华活钱宝E	货币市场型基金	387	381	0.000
65	银华	银华活钱宝C	货币市场型基金	387	382	0.000
65	银华	银华活钱宝B	货币市场型基金	387	384	0.000
65	银华	银华活钱宝D	货币市场型基金	387	386	0.000
65	银华	银华活钱宝A	货币市场型基金	387	387	0.000
66	东证资管	东方红6个月定开	中长期纯债型基金	307	72	16.295
66	东证资管	东方红睿逸	偏债混合型基金	46	7	10.502
66	东证资管	东方红稳健精选A	偏债混合型基金	46	9	8.686
66	东证资管	东方红稳健精选C	偏债混合型基金	46	10	1.535
66	东证资管	东方红信用债A	混合债券型一级基金	132	23	7.452
66	东证资管	东方红信用债C	混合债券型一级基金	132	26	1.125
66	东证资管	东方红收益增强A	混合债券型二级基金	236	102	16.376
66	东证资管	东方红收益增强C	混合债券型二级基金	236	116	2.735
66	东证资管	东方红睿元三年定期	灵活配置型基金	719	154	16.130
66	东证资管	东方红睿丰	灵活配置型基金	719	279	94.960
66	东证资管	东方红中国优势	灵活配置型基金	719	284	58.319
66	东证资管	东方红优势精选	灵活配置型基金	719	288	14.253
66	东证资管	东方红睿阳三年定开	灵活配置型基金	719	295	16.998
66	东证资管	东方红产业升级	灵活配置型基金	719	300	55.738
66	东证资管	东方红领先精选	灵活配置型基金	719	452	7.180

续表2-2

整体投资回报能力排名	基金公司（简称）	基金名称	投资类型（二级分类）	样本基金数量	同类基金中排名	期间内规模（亿）
66	东证资管	东方红京东大数据	灵活配置型基金	719	453	20.472
66	东证资管	东方红新动力	灵活配置型基金	719	523	30.906
66	东证资管	东方红策略精选 A	灵活配置型基金	719	537	9.143
66	东证资管	东方红策略精选 C	灵活配置型基金	719	571	1.296
67	德邦	德邦新添利 A	混合债券型二级基金	236	101	2.904
67	德邦	德邦大健康	灵活配置型基金	719	234	3.010
67	德邦	德邦优化	灵活配置型基金	719	272	1.263
67	德邦	德邦福鑫 A	灵活配置型基金	719	441	0.435
67	德邦	德邦福鑫 C	灵活配置型基金	719	449	1.156
67	德邦	德邦鑫星价值 A	灵活配置型基金	719	504	3.998
67	德邦	德邦鑫星价值 C	灵活配置型基金	719	519	4.066
67	德邦	德邦德利货币 B	货币市场型基金	387	203	49.432
67	德邦	德邦德利货币 A	货币市场型基金	387	327	1.138
68	诺安	诺安纯债 A	中长期纯债型基金	307	61	2.549
68	诺安	诺安泰鑫一年 A	中长期纯债型基金	307	80	0.995
68	诺安	诺安纯债 C	中长期纯债型基金	307	95	0.475
68	诺安	诺安聚利 A	中长期纯债型基金	307	150	1.842
68	诺安	诺安泰鑫一年 C	中长期纯债型基金	307	160	0.048
68	诺安	诺安稳固收益	中长期纯债型基金	307	179	2.425
68	诺安	诺安聚利 C	中长期纯债型基金	307	199	0.086
68	诺安	诺安主题精选	偏股混合型基金	477	74	4.374
68	诺安	诺安成长	偏股混合型基金	477	201	154.163
68	诺安	诺安行业轮动	偏股混合型基金	477	284	3.401

续表2-2

整体投资回报能力排名	基金公司（简称）	基金名称	投资类型（二级分类）	样本基金数量	同类基金中排名	期间内规模（亿）
68	诺安	诺安价值增长	偏股混合型基金	477	323	17.166
68	诺安	诺安鸿鑫	偏股混合型基金	477	329	6.486
68	诺安	诺安先锋	偏股混合型基金	477	369	36.722
68	诺安	诺安多策略	偏股混合型基金	477	404	0.701
68	诺安	诺安中小盘精选	偏股混合型基金	477	406	7.063
68	诺安	诺安平衡	偏股混合型基金	477	435	15.165
68	诺安	诺安沪深300指数增强A	增强指数型基金	44	25	2.205
68	诺安	诺安中证500指数增强A	增强指数型基金	44	41	1.164
68	诺安	诺安研究精选	普通股票型基金	150	23	10.914
68	诺安	诺安新经济	普通股票型基金	150	55	10.452
68	诺安	诺安策略精选	普通股票型基金	150	96	7.387
68	诺安	诺安低碳经济A	普通股票型基金	150	115	11.072
68	诺安	诺安先进制造	普通股票型基金	150	116	2.853
68	诺安	诺安优化收益	混合债券型一级基金	132	2	13.449
68	诺安	诺安双利	混合债券型二级基金	236	1	6.961
68	诺安	诺安增利A	混合债券型二级基金	236	34	0.734
68	诺安	诺安增利B	混合债券型二级基金	236	41	0.158
68	诺安	诺安新动力	灵活配置型基金	719	217	0.842
68	诺安	诺安景鑫	灵活配置型基金	719	321	1.849
68	诺安	诺安利鑫	灵活配置型基金	719	356	2.141
68	诺安	诺安灵活配置	灵活配置型基金	719	430	18.233
68	诺安	诺安稳健回报A	灵活配置型基金	719	663	0.127
68	诺安	诺安稳健回报C	灵活配置型基金	719	665	4.756

续表2-2

整体投资回报能力排名	基金公司（简称）	基金名称	投资类型（二级分类）	样本基金数量	同类基金中排名	期间内规模（亿）
68	诺安	诺安创新驱动 A	灵活配置型基金	719	677	0.692
68	诺安	诺安创新驱动 C	灵活配置型基金	719	678	3.791
68	诺安	诺安优势行业 C	灵活配置型基金	719	680	0.000
68	诺安	诺安优势行业 A	灵活配置型基金	719	681	2.154
68	诺安	诺安中证100A	被动指数型基金	312	31	2.919
68	诺安	诺安理财宝 A	货币市场型基金	387	73	0.502
68	诺安	诺安理财宝 C	货币市场型基金	387	74	0.013
68	诺安	诺安理财宝 B	货币市场型基金	387	75	73.118
68	诺安	诺安聚鑫宝 C	货币市场型基金	387	78	0.751
68	诺安	诺安天天宝 E	货币市场型基金	387	124	11.307
68	诺安	诺安天天宝 B	货币市场型基金	387	146	3.791
68	诺安	诺安天天宝 C	货币市场型基金	387	202	0.005
68	诺安	诺安天天宝 A	货币市场型基金	387	237	262.243
68	诺安	诺安货币 B	货币市场型基金	387	268	20.075
68	诺安	诺安聚鑫宝 D	货币市场型基金	387	321	17.510
68	诺安	诺安聚鑫宝 B	货币市场型基金	387	325	31.733
68	诺安	诺安聚鑫宝 A	货币市场型基金	387	326	116.062
68	诺安	诺安货币 A	货币市场型基金	387	350	2.895
69	华宝	华宝创新优选	偏股混合型基金	477	16	14.517
69	华宝	华宝医药生物	偏股混合型基金	477	48	6.457
69	华宝	华宝大盘精选	偏股混合型基金	477	50	2.617
69	华宝	华宝服务优选	偏股混合型基金	477	103	12.017
69	华宝	华宝先进成长	偏股混合型基金	477	124	14.366

续表2-2

整体投资回报能力排名	基金公司（简称）	基金名称	投资类型（二级分类）	样本基金数量	同类基金中排名	期间内规模（亿）
69	华宝	华宝宝康消费品	偏股混合型基金	477	138	13.918
69	华宝	华宝新兴产业	偏股混合型基金	477	253	6.278
69	华宝	华宝资源优选	偏股混合型基金	477	267	5.316
69	华宝	华宝生态中国	偏股混合型基金	477	285	6.730
69	华宝	华宝动力组合	偏股混合型基金	477	326	11.293
69	华宝	华宝收益增长	偏股混合型基金	477	358	10.573
69	华宝	华宝事件驱动	偏股混合型基金	477	402	22.183
69	华宝	华宝国策导向	偏股混合型基金	477	405	9.059
69	华宝	华宝多策略	偏股混合型基金	477	424	14.393
69	华宝	华宝行业精选	偏股混合型基金	477	458	22.405
69	华宝	华宝品质生活	普通股票型基金	150	64	2.247
69	华宝	华宝高端制造	普通股票型基金	150	88	4.441
69	华宝	华宝可转债A	混合债券型一级基金	132	1	1.603
69	华宝	华宝宝康债券A	混合债券型一级基金	132	73	3.779
69	华宝	华宝增强收益A	混合债券型二级基金	236	161	0.736
69	华宝	华宝增强收益B	混合债券型二级基金	236	177	0.232
69	华宝	华宝万物互联	灵活配置型基金	719	175	2.812
69	华宝	华宝宝康灵活	灵活配置型基金	719	202	4.112
69	华宝	华宝稳健回报	灵活配置型基金	719	244	4.125
69	华宝	华宝新价值	灵活配置型基金	719	455	5.020
69	华宝	华宝新机遇A	灵活配置型基金	719	489	1.518
69	华宝	华宝转型升级	灵活配置型基金	719	618	0.844
69	华宝	华宝量化对冲A	股票多空	15	8	12.731

续表2-2

整体投资回报能力排名	基金公司（简称）	基金名称	投资类型（二级分类）	样本基金数量	同类基金中排名	期间内规模（亿）
69	华宝	华宝量化对冲C	股票多空	15	9	5.494
69	华宝	华宝中证医疗	被动指数型基金	312	7	5.776
69	华宝	华宝中证100A	被动指数型基金	312	46	8.728
69	华宝	华宝上证180价值ETF	被动指数型基金	312	191	1.747
69	华宝	华宝上证180价值ETF联接	被动指数型基金	312	205	1.542
69	华宝	华宝中证银行ETF联接A	被动指数型基金	312	279	1.403
69	华宝	华宝中证1000	被动指数型基金	312	296	0.519
69	华宝	华宝现金宝E	货币市场型基金	387	55	36.867
69	华宝	华宝现金宝B	货币市场型基金	387	56	4.261
69	华宝	华宝现金添益B	货币市场型基金	387	138	153.801
69	华宝	华宝现金宝A	货币市场型基金	387	205	84.281
69	华宝	华宝现金添益A	货币市场型基金	387	274	1 001.377
70	汇丰晋信	汇丰晋信新动力	偏股混合型基金	477	234	2.749
70	汇丰晋信	汇丰晋信龙腾	偏股混合型基金	477	354	11.174
70	汇丰晋信	汇丰晋信2026	平衡混合型基金	28	2	1.173
70	汇丰晋信	汇丰晋信智造先锋A	普通股票型基金	150	2	7.759
70	汇丰晋信	汇丰晋信智造先锋C	普通股票型基金	150	3	6.798
70	汇丰晋信	汇丰晋信低碳先锋	普通股票型基金	150	43	24.530
70	汇丰晋信	汇丰晋信中小盘	普通股票型基金	150	73	0.918
70	汇丰晋信	汇丰晋信消费红利	普通股票型基金	150	76	2.450
70	汇丰晋信	汇丰晋信科技先锋	普通股票型基金	150	95	10.641
70	汇丰晋信	汇丰晋信大盘A	普通股票型基金	150	105	50.885

2 三年期公募基金管理公司整体投资回报能力评价

续表2-2

整体投资回报能力排名	基金公司（简称）	基金名称	投资类型（二级分类）	样本基金数量	同类基金中排名	期间内规模（亿）
70	汇丰晋信	汇丰晋信大盘H	普通股票型基金	150	108	2.706
70	汇丰晋信	汇丰晋信2016	混合债券型二级基金	236	137	1.661
70	汇丰晋信	汇丰晋信动态策略A	灵活配置型基金	719	169	9.791
70	汇丰晋信	汇丰晋信双核策略A	灵活配置型基金	719	349	42.741
70	汇丰晋信	汇丰晋信双核策略C	灵活配置型基金	719	363	2.748
70	汇丰晋信	汇丰晋信恒生A股A	被动指数型基金	312	59	3.459
70	汇丰晋信	汇丰晋信恒生A股C	被动指数型基金	312	68	0.151
70	汇丰晋信	汇丰晋信货币B	货币市场型基金	387	281	86.924
70	汇丰晋信	汇丰晋信货币A	货币市场型基金	387	355	0.379
71	国海富兰克林	国富恒利A	中长期纯债型基金	307	127	3.091
71	国海富兰克林	国富恒利C	中长期纯债型基金	307	144	0.066
71	国海富兰克林	国富恒久信用A	中长期纯债型基金	307	156	0.386
71	国海富兰克林	国富恒久信用C	中长期纯债型基金	307	196	0.012
71	国海富兰克林	国富深化价值	偏股混合型基金	477	71	2.539
71	国海富兰克林	国富研究精选	偏股混合型基金	477	99	3.249
71	国海富兰克林	国富潜力组合A人民币	偏股混合型基金	477	112	17.612
71	国海富兰克林	国富弹性市值	偏股混合型基金	477	287	40.960
71	国海富兰克林	国富成长动力	偏股混合型基金	477	334	0.908
71	国海富兰克林	国富沪深300指数增强	增强指数型基金	44	13	3.616
71	国海富兰克林	国富中国收益	平衡混合型基金	28	6	5.053
71	国海富兰克林	国富中小盘	普通股票型基金	150	74	25.932
71	国海富兰克林	国富健康优质生活	普通股票型基金	150	104	3.715
71	国海富兰克林	国富岁岁恒丰A	混合债券型一级基金	132	90	1.760

续表2-2

整体投资回报能力排名	基金公司（简称）	基金名称	投资类型（二级分类）	样本基金数量	同类基金中排名	期间内规模（亿）
71	国海富兰克林	国富岁岁恒丰C	混合债券型一级基金	132	101	0.335
71	国海富兰克林	国富强化收益A	混合债券型二级基金	236	108	8.346
71	国海富兰克林	国富强化收益C	混合债券型二级基金	236	117	0.412
71	国海富兰克林	国富策略回报	灵活配置型基金	719	282	2.087
71	国海富兰克林	国富新机遇A	灵活配置型基金	719	400	5.139
71	国海富兰克林	国富新机遇C	灵活配置型基金	719	411	0.876
71	国海富兰克林	国富焦点驱动灵活配置	灵活配置型基金	719	548	15.030
71	国海富兰克林	国富金融地产C	灵活配置型基金	719	562	0.110
71	国海富兰克林	国富金融地产A	灵活配置型基金	719	636	0.208
71	国海富兰克林	国富日日收益B	货币市场型基金	387	191	10.967
71	国海富兰克林	国富日日收益A	货币市场型基金	387	320	9.781
72	华泰柏瑞	华泰柏瑞季季红	中长期纯债型基金	307	54	14.990
72	华泰柏瑞	华泰柏瑞丰盛纯债A	中长期纯债型基金	307	57	7.524
72	华泰柏瑞	华泰柏瑞丰盛纯债C	中长期纯债型基金	307	89	0.110
72	华泰柏瑞	华泰柏瑞稳健收益A	中长期纯债型基金	307	197	1.397
72	华泰柏瑞	华泰柏瑞稳健收益C	中长期纯债型基金	307	240	0.298
72	华泰柏瑞	华泰柏瑞价值增长A	偏股混合型基金	477	26	20.428
72	华泰柏瑞	华泰柏瑞行业领先	偏股混合型基金	477	93	3.938
72	华泰柏瑞	华泰柏瑞盛世中国	偏股混合型基金	477	189	17.987
72	华泰柏瑞	华泰柏瑞量化增强A	偏股混合型基金	477	438	36.518
72	华泰柏瑞	华泰柏瑞量化先行A	偏股混合型基金	477	448	20.550
72	华泰柏瑞	华泰柏瑞积极成长A	偏股混合型基金	477	460	9.350
72	华泰柏瑞	华泰柏瑞积极优选	普通股票型基金	150	136	3.482

续表2-2

整体投资回报能力排名	基金公司（简称）	基金名称	投资类型（二级分类）	样本基金数量	同类基金中排名	期间内规模（亿）
72	华泰柏瑞	华泰柏瑞丰汇A	混合债券型一级基金	132	91	1.066
72	华泰柏瑞	华泰柏瑞丰汇C	混合债券型一级基金	132	102	0.005
72	华泰柏瑞	华泰柏瑞信用增利	混合债券型一级基金	132	104	0.564
72	华泰柏瑞	华泰柏瑞增利A	混合债券型二级基金	236	187	0.421
72	华泰柏瑞	华泰柏瑞增利B	混合债券型二级基金	236	196	0.109
72	华泰柏瑞	华泰柏瑞激励动力A	灵活配置型基金	719	16	1.458
72	华泰柏瑞	华泰柏瑞激励动力C	灵活配置型基金	719	17	0.479
72	华泰柏瑞	华泰柏瑞消费成长	灵活配置型基金	719	24	5.867
72	华泰柏瑞	华泰柏瑞创新动力	灵活配置型基金	719	85	3.491
72	华泰柏瑞	华泰柏瑞创新升级A	灵活配置型基金	719	155	18.632
72	华泰柏瑞	华泰柏瑞健康生活	灵活配置型基金	719	157	5.493
72	华泰柏瑞	华泰柏瑞量化驱动A	灵活配置型基金	719	436	9.708
72	华泰柏瑞	华泰柏瑞量化优选	灵活配置型基金	719	446	8.444
72	华泰柏瑞	华泰柏瑞新利A	灵活配置型基金	719	558	3.565
72	华泰柏瑞	华泰柏瑞新利C	灵活配置型基金	719	566	1.894
72	华泰柏瑞	华泰柏瑞量化智慧A	灵活配置型基金	719	596	7.130
72	华泰柏瑞	华泰柏瑞量化收益	股票多空	15	11	8.264
72	华泰柏瑞	华泰柏瑞沪深300ETF	被动指数型基金	312	141	330.347
72	华泰柏瑞	华泰柏瑞沪深300ETF联接A	被动指数型基金	312	144	2.816
72	华泰柏瑞	华泰柏瑞上证中小盘ETF	被动指数型基金	312	174	0.473
72	华泰柏瑞	华泰柏瑞上证中小盘ETF联接	被动指数型基金	312	183	0.383

续表2-2

整体投资回报能力排名	基金公司（简称）	基金名称	投资类型（二级分类）	样本基金数量	同类基金中排名	期间内规模（亿）
72	华泰柏瑞	华泰柏瑞中证500ETF	被动指数型基金	312	217	4.072
72	华泰柏瑞	华泰柏瑞中证500ETF联接A	被动指数型基金	312	225	1.454
72	华泰柏瑞	华泰柏瑞红利ETF	被动指数型基金	312	292	52.765
72	华泰柏瑞	华泰柏瑞货币B	货币市场型基金	387	155	54.007
72	华泰柏瑞	华泰柏瑞交易货币A	货币市场型基金	387	286	14.424
72	华泰柏瑞	华泰柏瑞货币A	货币市场型基金	387	291	41.950
73	东吴	东吴价值成长	偏股混合型基金	477	239	4.654
73	东吴	东吴行业轮动	偏股混合型基金	477	327	4.662
73	东吴	东吴新经济	偏股混合型基金	477	357	0.283
73	东吴	东吴嘉禾优势	偏股混合型基金	477	418	6.179
73	东吴	东吴进取策略	灵活配置型基金	719	182	2.704
73	东吴	东吴多策略	灵活配置型基金	719	185	1.247
73	东吴	东吴移动互联C	灵活配置型基金	719	339	0.000
73	东吴	东吴移动互联A	灵活配置型基金	719	343	1.719
73	东吴	东吴阿尔法	灵活配置型基金	719	383	0.932
73	东吴	东吴新趋势价值线	灵活配置型基金	719	384	4.415
73	东吴	东吴配置优化	灵活配置型基金	719	413	1.141
73	东吴	东吴安享量化	灵活配置型基金	719	613	1.157
73	东吴	东吴国企改革	灵活配置型基金	719	692	0.223
73	东吴	东吴中证新兴产业	被动指数型基金	312	115	1.045
73	东吴	东吴沪深300A	被动指数型基金	312	224	0.088
73	东吴	东吴货币B	货币市场型基金	387	229	61.857
73	东吴	东吴货币A	货币市场型基金	387	334	1.113

续表2-2

整体投资回报能力排名	基金公司（简称）	基金名称	投资类型（二级分类）	样本基金数量	同类基金中排名	期间内规模（亿）
74	申万菱信	申万菱信消费增长	偏股混合型基金	477	59	3.024
74	申万菱信	申万菱信盛利精选	偏股混合型基金	477	159	11.831
74	申万菱信	申万菱信新动力	偏股混合型基金	477	237	13.984
74	申万菱信	申万菱信竞争优势	偏股混合型基金	477	321	0.553
74	申万菱信	申万菱信新经济	偏股混合型基金	477	436	16.944
74	申万菱信	申万菱信沪深300指数增强A	增强指数型基金	44	16	5.883
74	申万菱信	申万菱信量化小盘	普通股票型基金	150	141	13.390
74	申万菱信	申万菱信可转债	混合债券型二级基金	236	31	1.323
74	申万菱信	申万菱信稳益宝	混合债券型二级基金	236	133	5.655
74	申万菱信	申万菱信新能源汽车	灵活配置型基金	719	38	16.466
74	申万菱信	申万菱信多策略A	灵活配置型基金	719	395	3.489
74	申万菱信	申万菱信多策略C	灵活配置型基金	719	427	3.732
74	申万菱信	申万菱信安鑫回报A	灵活配置型基金	719	543	0.348
74	申万菱信	申万菱信安鑫回报C	灵活配置型基金	719	552	4.045
74	申万菱信	申万菱信医药生物	被动指数型基金	312	21	5.331
74	申万菱信	申万菱信中证军工	被动指数型基金	312	62	15.020
74	申万菱信	申万菱信电子行业A	被动指数型基金	312	101	2.456
74	申万菱信	申万菱信中小板A	被动指数型基金	312	154	1.493
74	申万菱信	申万菱信深证成指分级	被动指数型基金	312	166	1.080
74	申万菱信	申万菱信中证环保产业A	被动指数型基金	312	177	3.867
74	申万菱信	申万菱信中证申万证券	被动指数型基金	312	212	22.214
74	申万菱信	申万菱信沪深300价值A	被动指数型基金	312	231	6.026
74	申万菱信	申万菱信货币B	货币市场型基金	387	278	86.252

续表2-2

整体投资回报能力排名	基金公司（简称）	基金名称	投资类型（二级分类）	样本基金数量	同类基金中排名	期间内规模（亿）
74	申万菱信	申万菱信货币A	货币市场型基金	387	354	6.807
75	华富	华富恒稳纯债A	中长期纯债型基金	307	223	6.945
75	华富	华富恒稳纯债C	中长期纯债型基金	307	253	0.037
75	华富	华富成长趋势	偏股混合型基金	477	160	8.213
75	华富	华富竞争力优选	偏股混合型基金	477	390	4.683
75	华富	华富量子生命力	偏股混合型基金	477	454	0.490
75	华富	华富中小板指数增强	增强指数型基金	44	40	0.098
75	华富	华富强化回报	混合债券型一级基金	132	15	4.564
75	华富	华富恒富18个月A	混合债券型一级基金	132	16	2.649
75	华富	华富恒富18个月C	混合债券型一级基金	132	19	0.145
75	华富	华富收益增强A	混合债券型一级基金	132	77	18.581
75	华富	华富收益增强B	混合债券型一级基金	132	83	0.837
75	华富	华富安鑫	混合债券型二级基金	236	155	2.838
75	华富	华富恒利A	混合债券型二级基金	236	200	4.348
75	华富	华富恒利C	混合债券型二级基金	236	222	0.001
75	华富	华富价值增长	灵活配置型基金	719	121	1.673
75	华富	华富健康文娱	灵活配置型基金	719	271	0.384
75	华富	华富智慧城市	灵活配置型基金	719	327	0.951
75	华富	华富策略精选	灵活配置型基金	719	444	0.149
75	华富	华富国泰民安	灵活配置型基金	719	448	1.204
75	华富	华富灵活配置	灵活配置型基金	719	647	1.807
75	华富	华富永鑫A	灵活配置型基金	719	713	0.013
75	华富	华富永鑫C	灵活配置型基金	719	714	0.046

续表2-2

整体投资回报能力排名	基金公司（简称）	基金名称	投资类型（二级分类）	样本基金数量	同类基金中排名	期间内规模（亿）
75	华富	华富中证100	被动指数型基金	312	30	1.786
75	华富	华富货币A	货币市场型基金	387	337	1.959
76	华融	华融新锐	灵活配置型基金	719	621	1.046
76	华融	华融新利	灵活配置型基金	719	715	0.193
76	华融	华融现金增利B	货币市场型基金	387	172	10.064
76	华融	华融现金增利A	货币市场型基金	387	298	0.072
76	华融	华融现金增利C	货币市场型基金	387	308	12.532
77	上投摩根	上投摩根纯债添利A	中长期纯债型基金	307	227	2.868
77	上投摩根	上投摩根纯债A	中长期纯债型基金	307	270	2.642
77	上投摩根	上投摩根纯债丰利A	中长期纯债型基金	307	278	6.337
77	上投摩根	上投摩根纯债丰利C	中长期纯债型基金	307	281	0.026
77	上投摩根	上投摩根纯债B	中长期纯债型基金	307	282	0.422
77	上投摩根	上投摩根纯债添利C	中长期纯债型基金	307	295	0.029
77	上投摩根	上投摩根稳进回报	偏债混合型基金	46	40	0.361
77	上投摩根	上投摩根红利回报A	偏债混合型基金	46	44	0.808
77	上投摩根	上投摩根智选30	偏股混合型基金	477	76	10.096
77	上投摩根	上投摩根双核平衡	偏股混合型基金	477	144	4.573
77	上投摩根	上投摩根成长先锋	偏股混合型基金	477	157	14.730
77	上投摩根	上投摩根新兴动力A	偏股混合型基金	477	161	45.601
77	上投摩根	上投摩根核心优选	偏股混合型基金	477	163	10.393
77	上投摩根	上投摩根中小盘	偏股混合型基金	477	172	6.975
77	上投摩根	上投摩根健康品质生活	偏股混合型基金	477	176	1.195
77	上投摩根	上投摩根行业轮动A	偏股混合型基金	477	217	10.423

续表2-2

整体投资回报能力排名	基金公司（简称）	基金名称	投资类型（二级分类）	样本基金数量	同类基金中排名	期间内规模（亿）
77	上投摩根	上投摩根内需动力	偏股混合型基金	477	272	41.781
77	上投摩根	上投摩根中国优势	偏股混合型基金	477	276	16.192
77	上投摩根	上投摩根阿尔法	偏股混合型基金	477	429	20.010
77	上投摩根	上投摩根双息平衡A	平衡混合型基金	28	28	16.917
77	上投摩根	上投摩根医疗健康	普通股票型基金	150	1	7.946
77	上投摩根	上投摩根卓越制造	普通股票型基金	150	8	21.917
77	上投摩根	上投摩根安全战略	普通股票型基金	150	35	8.646
77	上投摩根	上投摩根新兴服务	普通股票型基金	150	60	0.864
77	上投摩根	上投摩根民生需求	普通股票型基金	150	69	2.842
77	上投摩根	上投摩根智慧互联	普通股票型基金	150	79	15.667
77	上投摩根	上投摩根大盘蓝筹	普通股票型基金	150	86	4.558
77	上投摩根	上投摩根核心成长	普通股票型基金	150	148	52.026
77	上投摩根	上投摩根分红添利A	混合债券型一级基金	132	121	0.325
77	上投摩根	上投摩根分红添利B	混合债券型一级基金	132	125	0.043
77	上投摩根	上投摩根强化回报A	混合债券型二级基金	236	170	1.063
77	上投摩根	上投摩根双债增利A	混合债券型二级基金	236	176	0.286
77	上投摩根	上投摩根强化回报B	混合债券型二级基金	236	184	0.220
77	上投摩根	上投摩根双债增利C	混合债券型二级基金	236	189	0.247
77	上投摩根	上投摩根科技前沿	灵活配置型基金	719	10	30.637
77	上投摩根	上投摩根成长动力	灵活配置型基金	719	141	3.853
77	上投摩根	上投摩根转型动力	灵活配置型基金	719	195	8.285
77	上投摩根	上投摩根动态多因子	灵活配置型基金	719	433	5.161
77	上投摩根	上投摩根整合驱动	灵活配置型基金	719	576	11.388

续表2-2

整体投资回报能力排名	基金公司（简称）	基金名称	投资类型（二级分类）	样本基金数量	同类基金中排名	期间内规模（亿）
77	上投摩根	上投摩根文体休闲	灵活配置型基金	719	649	0.780
77	上投摩根	上投摩根中证消费	被动指数型基金	312	50	0.321
77	上投摩根	上投摩根天添宝B	货币市场型基金	387	241	7.430
77	上投摩根	上投摩根天添盈E	货币市场型基金	387	262	1.915
77	上投摩根	上投摩根货币B	货币市场型基金	387	276	827.262
77	上投摩根	上投摩根天添盈A	货币市场型基金	387	323	42.094
77	上投摩根	上投摩根天添宝A	货币市场型基金	387	341	0.236
77	上投摩根	上投摩根货币A	货币市场型基金	387	352	0.845
77	上投摩根	上投摩根天添盈B	货币市场型基金	387	379	1.001
78	中邮	中邮定期开放A	中长期纯债型基金	307	143	8.322
78	中邮	中邮稳定收益A	中长期纯债型基金	307	164	48.885
78	中邮	中邮定期开放C	中长期纯债型基金	307	182	0.422
78	中邮	中邮稳定收益C	中长期纯债型基金	307	207	1.559
78	中邮	中邮战略新兴产业	偏股混合型基金	477	175	22.799
78	中邮	中邮核心主题	偏股混合型基金	477	313	11.905
78	中邮	中邮核心优选	偏股混合型基金	477	340	29.624
78	中邮	中邮核心成长	偏股混合型基金	477	376	65.793
78	中邮	中邮新思路	灵活配置型基金	719	6	10.565
78	中邮	中邮信息产业	灵活配置型基金	719	148	23.141
78	中邮	中邮核心科技创新	灵活配置型基金	719	257	2.016
78	中邮	中邮中小盘灵活配置	灵活配置型基金	719	277	8.362
78	中邮	中邮多策略	灵活配置型基金	719	358	1.707
78	中邮	中邮创新优势	灵活配置型基金	719	385	5.480

续表2-2

整体投资回报能力排名	基金公司（简称）	基金名称	投资类型（二级分类）	样本基金数量	同类基金中排名	期间内规模（亿）
78	中邮	中邮核心竞争力	灵活配置型基金	719	403	6.418
78	中邮	中邮核心优势	灵活配置型基金	719	450	4.876
78	中邮	中邮稳健添利	灵活配置型基金	719	487	3.537
78	中邮	中邮趋势精选	灵活配置型基金	719	547	21.951
78	中邮	中邮乐享收益	灵活配置型基金	719	556	7.175
78	中邮	中邮绝对收益策略	股票多空	15	4	5.052
78	中邮	中邮货币 B	货币市场型基金	387	236	22.948
78	中邮	中邮现金驿站 C	货币市场型基金	387	243	33.759
78	中邮	中邮现金驿站 B	货币市场型基金	387	275	0.322
78	中邮	中邮现金驿站 A	货币市场型基金	387	302	0.100
78	中邮	中邮货币 A	货币市场型基金	387	335	3.983
79	天弘	天弘同利 C	中长期纯债型基金	307	78	1.275
79	天弘	天弘稳利 A	中长期纯债型基金	307	115	9.336
79	天弘	天弘稳利 B	中长期纯债型基金	307	165	0.319
79	天弘	天弘安康颐养 A	偏债混合型基金	46	16	9.023
79	天弘	天弘医疗健康 A	偏股混合型基金	477	25	4.041
79	天弘	天弘医疗健康 C	偏股混合型基金	477	30	6.425
79	天弘	天弘永定成长	偏股混合型基金	477	266	10.938
79	天弘	天弘周期策略	偏股混合型基金	477	346	1.825
79	天弘	天弘中证 500 指数增强 A	增强指数型基金	44	17	3.481
79	天弘	天弘中证 500 指数增强 C	增强指数型基金	44	18	1.685
79	天弘	天弘文化新兴产业	普通股票型基金	150	30	4.521
79	天弘	天弘添利 C	混合债券型一级基金	132	33	7.041

续表2-2

整体投资回报能力排名	基金公司（简称）	基金名称	投资类型（二级分类）	样本基金数量	同类基金中排名	期间内规模（亿）
79	天弘	天弘丰利	混合债券型一级基金	132	65	2.616
79	天弘	天弘永利债券B	混合债券型二级基金	236	56	15.136
79	天弘	天弘永利债券A	混合债券型二级基金	236	69	3.354
79	天弘	天弘债券型发起式A	混合债券型二级基金	236	148	0.452
79	天弘	天弘债券型发起式B	混合债券型二级基金	236	165	0.924
79	天弘	天弘弘利	混合债券型二级基金	236	220	18.878
79	天弘	天弘云端生活优选	灵活配置型基金	719	194	3.280
79	天弘	天弘互联网	灵活配置型基金	719	255	13.909
79	天弘	天弘精选	灵活配置型基金	719	324	12.146
79	天弘	天弘惠利	灵活配置型基金	719	401	5.500
79	天弘	天弘新活力	灵活配置型基金	719	431	4.890
79	天弘	天弘新价值	灵活配置型基金	719	435	3.034
79	天弘	天弘通利	灵活配置型基金	719	517	7.949
79	天弘	天弘中证食品饮料A	被动指数型基金	312	4	8.984
79	天弘	天弘中证食品饮料C	被动指数型基金	312	5	15.565
79	天弘	天弘创业板ETF联接A	被动指数型基金	312	23	8.222
79	天弘	天弘创业板ETF联接C	被动指数型基金	312	25	19.671
79	天弘	天弘中证电子ETF联接A	被动指数型基金	312	80	3.434
79	天弘	天弘中证电子ETF联接C	被动指数型基金	312	83	10.275
79	天弘	天弘中证800A	被动指数型基金	312	87	0.794
79	天弘	天弘中证医药100A	被动指数型基金	312	89	3.103
79	天弘	天弘中证800C	被动指数型基金	312	91	0.229
79	天弘	天弘中证医药100C	被动指数型基金	312	97	3.165

续表2-2

整体投资回报能力排名	基金公司（简称）	基金名称	投资类型（二级分类）	样本基金数量	同类基金中排名	期间内规模（亿）
79	天弘	天弘上证 50A	被动指数型基金	312	104	6.514
79	天弘	天弘上证 50C	被动指数型基金	312	107	5.044
79	天弘	天弘沪深 300ETF 联接 A	被动指数型基金	312	123	19.439
79	天弘	天弘中证计算机主题 ETF 联接 A	被动指数型基金	312	146	2.600
79	天弘	天弘中证证券保险 A	被动指数型基金	312	148	3.809
79	天弘	天弘中证计算机主题 ETF 联接 C	被动指数型基金	312	150	7.151
79	天弘	天弘中证证券保险 C	被动指数型基金	312	153	8.646
79	天弘	天弘中证银行 ETF 联接 A	被动指数型基金	312	247	13.058
79	天弘	天弘中证银行 ETF 联接 C	被动指数型基金	312	248	34.311
79	天弘	天弘中证 500ETF 联接 A	被动指数型基金	312	250	10.582
79	天弘	天弘弘运宝 A	货币市场型基金	387	29	3.960
79	天弘	天弘现金 B	货币市场型基金	387	102	44.116
79	天弘	天弘弘运宝 B	货币市场型基金	387	133	109.461
79	天弘	天弘云商宝	货币市场型基金	387	212	1 172.075
79	天弘	天弘现金 C	货币市场型基金	387	226	4.369
79	天弘	天弘现金 A	货币市场型基金	387	250	2.220
79	天弘	天弘现金 D	货币市场型基金	387	251	1.568
79	天弘	天弘余额宝	货币市场型基金	387	289	13 837.697
80	光大保德信	光大岁末红利纯债 A	中长期纯债型基金	307	233	6.385
80	光大保德信	光大岁末红利纯债 C	中长期纯债型基金	307	260	0.223
80	光大保德信	光大行业轮动	偏股混合型基金	477	24	15.355

续表2-2

整体投资回报能力排名	基金公司（简称）	基金名称	投资类型（二级分类）	样本基金数量	同类基金中排名	期间内规模（亿）
80	光大保德信	光大新增长	偏股混合型基金	477	75	10.078
80	光大保德信	光大银发商机主题	偏股混合型基金	477	155	2.333
80	光大保德信	光大中小盘	偏股混合型基金	477	233	6.015
80	光大保德信	光大红利	偏股混合型基金	477	348	5.996
80	光大保德信	光大一带一路	偏股混合型基金	477	366	6.886
80	光大保德信	光大精选	偏股混合型基金	477	413	1.177
80	光大保德信	光大优势	偏股混合型基金	477	473	30.464
80	光大保德信	光大国企改革主题	普通股票型基金	150	94	13.726
80	光大保德信	光大核心	普通股票型基金	150	135	29.966
80	光大保德信	光大增利A	混合债券型一级基金	132	37	2.654
80	光大保德信	光大增利C	混合债券型一级基金	132	50	0.139
80	光大保德信	光大添益A	混合债券型二级基金	236	4	9.237
80	光大保德信	光大添益C	混合债券型二级基金	236	6	1.855
80	光大保德信	光大动态优选	灵活配置型基金	719	218	2.766
80	光大保德信	光大中国制造2025	灵活配置型基金	719	256	13.473
80	光大保德信	光大鼎鑫A	灵活配置型基金	719	516	6.307
80	光大保德信	光大欣鑫A	灵活配置型基金	719	530	2.654
80	光大保德信	光大鼎鑫C	灵活配置型基金	719	531	1.432
80	光大保德信	光大欣鑫C	灵活配置型基金	719	533	1.607
80	光大保德信	光大睿鑫A	灵活配置型基金	719	578	4.974
80	光大保德信	光大睿鑫C	灵活配置型基金	719	579	0.964
80	光大保德信	光大现金宝B	货币市场型基金	387	174	94.319
80	光大保德信	光大耀钱包A	货币市场型基金	387	181	25.237

续表2-2

整体投资回报能力排名	基金公司（简称）	基金名称	投资类型（二级分类）	样本基金数量	同类基金中排名	期间内规模（亿）
80	光大保德信	光大现金宝A	货币市场型基金	387	310	0.910
80	光大保德信	光大货币A	货币市场型基金	387	329	46.790
81	中信建投	中信建投稳利A	偏债混合型基金	46	34	5.077
81	中信建投	中信建投聚利A	偏债混合型基金	46	39	0.687
81	中信建投	中信建投睿信A	灵活配置型基金	719	670	2.738
81	中信建投	中信建投景和中短债A	短期纯债型基金	11	9	4.366
81	中信建投	中信建投景和中短债C	短期纯债型基金	11	10	0.222
81	中信建投	中信建投凤凰A	货币市场型基金	387	263	4.336
81	中信建投	中信建投添鑫宝	货币市场型基金	387	280	83.124
82	西部利得	西部利得策略优选	偏股混合型基金	477	375	2.697
82	西部利得	西部利得稳健双利A	混合债券型二级基金	236	10	1.532
82	西部利得	西部利得稳健双利C	混合债券型二级基金	236	14	0.387
82	西部利得	西部利得成长精选	灵活配置型基金	719	345	2.353
82	西部利得	西部利得多策略优选	灵活配置型基金	719	402	2.697
82	西部利得	西部利得新动向	灵活配置型基金	719	507	2.697
83	九泰	九泰锐智事件驱动	灵活配置型基金	719	164	3.226
83	九泰	九泰天富改革新动力A	灵活配置型基金	719	456	7.954
83	九泰	九泰久盛量化先锋A	灵活配置型基金	719	486	4.265
83	九泰	九泰天宝C	灵活配置型基金	719	614	0.938
83	九泰	九泰天宝A	灵活配置型基金	719	626	0.066
83	九泰	九泰日添金B	货币市场型基金	387	206	12.738
83	九泰	九泰日添金A	货币市场型基金	387	330	3.914
84	国泰	国泰安康定期支付A	偏债混合型基金	46	13	3.116

续表2-2

整体投资回报能力排名	基金公司（简称）	基金名称	投资类型（二级分类）	样本基金数量	同类基金中排名	期间内规模（亿）
84	国泰	国泰安康定期支付C	偏债混合型基金	46	14	1.563
84	国泰	国泰事件驱动	偏股混合型基金	477	78	2.279
84	国泰	国泰金鹿	偏股混合型基金	477	80	8.477
84	国泰	国泰金马稳健回报	偏股混合型基金	477	135	15.944
84	国泰	国泰金牛创新成长	偏股混合型基金	477	181	18.980
84	国泰	国泰区位优势	偏股混合型基金	477	200	3.499
84	国泰	国泰金鼎价值精选	偏股混合型基金	477	296	12.229
84	国泰	国泰金鹏蓝筹价值	偏股混合型基金	477	320	6.361
84	国泰	国泰金龙行业精选	偏股混合型基金	477	380	27.345
84	国泰	国泰中小盘成长	偏股混合型基金	477	394	24.057
84	国泰	国泰估值优势	偏股混合型基金	477	398	29.404
84	国泰	国泰量化策略收益	偏股混合型基金	477	426	0.696
84	国泰	国泰成长优选	偏股混合型基金	477	437	38.066
84	国泰	国泰沪深300指数增强A	增强指数型基金	44	32	2.895
84	国泰	国泰沪深300指数增强C	增强指数型基金	44	33	0.570
84	国泰	国泰央企改革	普通股票型基金	150	78	2.480
84	国泰	国泰互联网＋	普通股票型基金	150	98	31.043
84	国泰	国泰金鑫	普通股票型基金	150	140	18.935
84	国泰	国泰金龙债券A	混合债券型一级基金	132	129	5.316
84	国泰	国泰金龙债券C	混合债券型一级基金	132	131	0.160
84	国泰	国泰双利债券A	混合债券型二级基金	236	163	0.387
84	国泰	国泰双利债券C	混合债券型二级基金	236	180	0.367
84	国泰	国泰民安增利A	混合债券型二级基金	236	192	0.053

续表2-2

整体投资回报能力排名	基金公司（简称）	基金名称	投资类型（二级分类）	样本基金数量	同类基金中排名	期间内规模（亿）
84	国泰	国泰民安增利 C	混合债券型二级基金	236	206	2.649
84	国泰	国泰金泰 C	灵活配置型基金	719	114	0.899
84	国泰	国泰金泰 A	灵活配置型基金	719	124	2.977
84	国泰	国泰聚信价值优势 A	灵活配置型基金	719	137	28.175
84	国泰	国泰聚信价值优势 C	灵活配置型基金	719	156	19.137
84	国泰	国泰新经济	灵活配置型基金	719	301	26.615
84	国泰	国泰策略价值	灵活配置型基金	719	355	2.941
84	国泰	国泰鑫策略价值灵活	灵活配置型基金	719	417	7.775
84	国泰	国泰多策略收益灵活	灵活配置型基金	719	425	8.546
84	国泰	国泰价值经典	灵活配置型基金	719	443	21.708
84	国泰	国泰金鹰增长	灵活配置型基金	719	502	33.959
84	国泰	国泰兴益 A	灵活配置型基金	719	588	2.790
84	国泰	国泰兴益 C	灵活配置型基金	719	590	1.801
84	国泰	国泰民益 A	灵活配置型基金	719	600	2.804
84	国泰	国泰民益 C	灵活配置型基金	719	605	2.864
84	国泰	国泰浓益 A	灵活配置型基金	719	690	2.683
84	国泰	国泰浓益 C	灵活配置型基金	719	693	1.820
84	国泰	国泰国策驱动 C	灵活配置型基金	719	697	2.860
84	国泰	国泰国策驱动 A	灵活配置型基金	719	700	3.306
84	国泰	国泰睿吉 A	灵活配置型基金	719	709	2.626
84	国泰	国泰睿吉 C	灵活配置型基金	719	711	2.678
84	国泰	国泰上证 5 年期国债 ETF	被动指数型债券基金	12	9	6.445
84	国泰	国泰国证食品饮料	被动指数型基金	312	3	43.648

续表2-2

整体投资回报能力排名	基金公司（简称）	基金名称	投资类型（二级分类）	样本基金数量	同类基金中排名	期间内规模（亿）
84	国泰	国泰国证医药卫生	被动指数型基金	312	19	10.758
84	国泰	国泰国证新能源汽车	被动指数型基金	312	40	10.998
84	国泰	国泰沪深300A	被动指数型基金	312	108	17.803
84	国泰	国泰中证计算机主题ETF联接A	被动指数型基金	312	181	3.517
84	国泰	国泰上证180金融ETF	被动指数型基金	312	237	44.161
84	国泰	国泰上证180金融ETF联接	被动指数型基金	312	241	7.709
84	国泰	国泰国证有色金属行业	被动指数型基金	312	282	11.020
84	国泰	国泰国证房地产	被动指数型基金	312	302	6.925
84	国泰	国泰货币A	货币市场型基金	387	314	58.387
84	国泰	国泰现金管理A	货币市场型基金	387	374	43.609
84	国泰	国泰现金管理B	货币市场型基金	387	376	0.720
85	国联安	国联安安心成长	偏债混合型基金	46	37	3.609
85	国联安	国联安优选行业	偏股混合型基金	477	101	17.036
85	国联安	国联安主题驱动	偏股混合型基金	477	134	1.645
85	国联安	国联安优势	偏股混合型基金	477	270	4.063
85	国联安	国联安精选	偏股混合型基金	477	368	27.319
85	国联安	国联安小盘精选	偏股混合型基金	477	416	10.698
85	国联安	国联安红利	偏股混合型基金	477	476	1.466
85	国联安	国联安稳健	平衡混合型基金	28	14	1.920
85	国联安	国联安信心增益	混合债券型一级基金	132	108	0.293
85	国联安	国联安双佳信用	混合债券型一级基金	132	114	7.885
85	国联安	国联安增利债券A	混合债券型一级基金	132	119	0.283

续表2-2

整体投资回报能力排名	基金公司（简称）	基金名称	投资类型（二级分类）	样本基金数量	同类基金中排名	期间内规模（亿）
85	国联安	国联安增利债券B	混合债券型一级基金	132	124	0.237
85	国联安	国联安信心增长A	混合债券型二级基金	236	140	0.528
85	国联安	国联安信心增长B	混合债券型二级基金	236	150	0.022
85	国联安	国联安鑫安	灵活配置型基金	719	80	2.274
85	国联安	国联安添鑫A	灵活配置型基金	719	188	0.290
85	国联安	国联安添鑫C	灵活配置型基金	719	203	2.506
85	国联安	国联安睿祺	灵活配置型基金	719	405	3.572
85	国联安	国联安新精选	灵活配置型基金	719	412	1.805
85	国联安	国联安安泰灵活配置	灵活配置型基金	719	416	3.728
85	国联安	国联安鑫享A	灵活配置型基金	719	671	0.369
85	国联安	国联安通盈A	灵活配置型基金	719	682	0.344
85	国联安	国联安鑫享C	灵活配置型基金	719	683	3.738
85	国联安	国联安中证100	被动指数型基金	312	53	1.850
85	国联安	国联安中证医药100A	被动指数型基金	312	138	20.748
85	国联安	国联安上证商品ETF	被动指数型基金	312	199	1.441
85	国联安	国联安上证商品ETF联接	被动指数型基金	312	208	1.198
85	国联安	国联安双力中小板	被动指数型基金	312	278	0.117
85	国联安	国联安货币B	货币市场型基金	387	184	37.440
85	国联安	国联安货币A	货币市场型基金	387	317	1.682
86	长盛	长盛年年收益A	中长期纯债型基金	307	299	0.491
86	长盛	长盛年年收益C	中长期纯债型基金	307	302	0.044
86	长盛	长盛量化红利策略	偏股混合型基金	477	302	1.868
86	长盛	长盛动态精选	偏股混合型基金	477	308	8.196

续表2-2

整体投资回报能力排名	基金公司（简称）	基金名称	投资类型（二级分类）	样本基金数量	同类基金中排名	期间内规模（亿）
86	长盛	长盛电子信息产业A	偏股混合型基金	477	332	16.863
86	长盛	长盛同智	偏股混合型基金	477	371	6.675
86	长盛	长盛成长价值	偏股混合型基金	477	393	3.342
86	长盛	长盛同鑫行业配置A	偏股混合型基金	477	401	0.741
86	长盛	长盛同德	偏股混合型基金	477	414	13.819
86	长盛	长盛中小盘精选	偏股混合型基金	477	434	0.680
86	长盛	长盛城镇化主题	偏股混合型基金	477	446	0.758
86	长盛	长盛积极配置	混合债券型二级基金	236	175	4.015
86	长盛	长盛高端装备制造	灵活配置型基金	719	176	3.471
86	长盛	长盛同盛成长优选	灵活配置型基金	719	222	2.380
86	长盛	长盛同益成长回报	灵活配置型基金	719	236	2.386
86	长盛	长盛养老健康产业	灵活配置型基金	719	251	0.922
86	长盛	长盛转型升级主题	灵活配置型基金	719	270	19.893
86	长盛	长盛航天海工装备	灵活配置型基金	719	320	2.258
86	长盛	长盛生态环境主题	灵活配置型基金	719	333	2.329
86	长盛	长盛新兴成长	灵活配置型基金	719	382	3.065
86	长盛	长盛创新先锋	灵活配置型基金	719	390	1.183
86	长盛	长盛国企改革主题	灵活配置型基金	719	447	9.021
86	长盛	长盛战略新兴产业A	灵活配置型基金	719	524	1.928
86	长盛	长盛战略新兴产业C	灵活配置型基金	719	545	1.238
86	长盛	长盛盛世A	灵活配置型基金	719	615	2.325
86	长盛	长盛盛世C	灵活配置型基金	719	625	2.178
86	长盛	长盛互联网＋	灵活配置型基金	719	635	1.688

续表2-2

整体投资回报能力排名	基金公司（简称）	基金名称	投资类型（二级分类）	样本基金数量	同类基金中排名	期间内规模（亿）
86	长盛	长盛电子信息主题	灵活配置型基金	719	658	10.026
86	长盛	长盛上证50	被动指数型基金	312	39	0.961
86	长盛	长盛沪深300	被动指数型基金	312	56	2.021
86	长盛	长盛中证100	被动指数型基金	312	57	4.529
86	长盛	长盛同庆中证800	被动指数型基金	312	61	2.901
86	长盛	长盛中证金融地产	被动指数型基金	312	157	1.790
86	长盛	长盛中证全指证券	被动指数型基金	312	168	2.082
86	长盛	长盛中证申万一带一路	被动指数型基金	312	263	8.074
86	长盛	长盛添利宝B	货币市场型基金	387	187	50.640
86	长盛	长盛货币A	货币市场型基金	387	246	21.332
86	长盛	长盛添利宝A	货币市场型基金	387	318	35.865
87	天治	天治财富增长	偏债混合型基金	46	12	0.923
87	天治	天治核心成长	偏股混合型基金	477	403	6.075
87	天治	天治可转债增强A	混合债券型二级基金	236	23	0.514
87	天治	天治可转债增强C	混合债券型二级基金	236	26	0.923
87	天治	天治稳健双盈	混合债券型二级基金	236	205	2.712
87	天治	天治研究驱动A	灵活配置型基金	719	116	0.688
87	天治	天治研究驱动C	灵活配置型基金	719	127	0.443
87	天治	天治中国制造2025	灵活配置型基金	719	165	0.610
87	天治	天治趋势精选	灵活配置型基金	719	212	1.243
87	天治	天治新消费	灵活配置型基金	719	434	0.229
87	天治	天治低碳经济	灵活配置型基金	719	712	1.114
87	天治	天治天得利货币A	货币市场型基金	387	307	3.869

续表2-2

整体投资回报能力排名	基金公司（简称）	基金名称	投资类型（二级分类）	样本基金数量	同类基金中排名	期间内规模（亿）
88	华商	华商双翼	偏债混合型基金	46	43	2.394
88	华商	华商盛世成长	偏股混合型基金	477	301	27.345
88	华商	华商主题精选	偏股混合型基金	477	311	8.925
88	华商	华商价值精选	偏股混合型基金	477	341	11.762
88	华商	华商产业升级	偏股混合型基金	477	355	2.214
88	华商	华商新动力	偏股混合型基金	477	466	0.649
88	华商	华商领先企业	偏股混合型基金	477	467	20.130
88	华商	华商未来主题	偏股混合型基金	477	468	11.840
88	华商	华商收益增强A	混合债券型一级基金	132	130	1.519
88	华商	华商收益增强B	混合债券型一级基金	132	132	0.441
88	华商	华商稳定增利A	混合债券型二级基金	236	33	11.799
88	华商	华商稳定增利C	混合债券型二级基金	236	39	6.636
88	华商	华商稳健双利A	混合债券型二级基金	236	158	0.688
88	华商	华商稳健双利B	混合债券型二级基金	236	174	0.842
88	华商	华商信用增强A	混合债券型二级基金	236	233	0.154
88	华商	华商信用增强C	混合债券型二级基金	236	234	0.147
88	华商	华商双债丰利A	混合债券型二级基金	236	235	11.515
88	华商	华商双债丰利C	混合债券型二级基金	236	236	4.179
88	华商	华商新趋势优选	灵活配置型基金	719	18	4.086
88	华商	华商智能生活	灵活配置型基金	719	53	2.988
88	华商	华商新量化	灵活配置型基金	719	55	7.045
88	华商	华商创新成长	灵活配置型基金	719	68	8.914
88	华商	华商优势行业	灵活配置型基金	719	77	13.622

续表2-2

整体投资回报能力排名	基金公司（简称）	基金名称	投资类型（二级分类）	样本基金数量	同类基金中排名	期间内规模（亿）
88	华商	华商乐享互联网	灵活配置型基金	719	134	3.227
88	华商	华商量化进取	灵活配置型基金	719	162	18.897
88	华商	华商价值共享灵活配置	灵活配置型基金	719	192	4.702
88	华商	华商红利优选	灵活配置型基金	719	227	2.772
88	华商	华商新常态	灵活配置型基金	719	237	3.469
88	华商	华商策略精选	灵活配置型基金	719	269	8.454
88	华商	华商新锐产业	灵活配置型基金	719	312	24.252
88	华商	华商健康生活	灵活配置型基金	719	337	10.009
88	华商	华商双驱优选	灵活配置型基金	719	368	12.439
88	华商	华商动态阿尔法	灵活配置型基金	719	370	10.499
88	华商	华商大盘量化精选	灵活配置型基金	719	375	7.306
88	华商	华商现金增利B	货币市场型基金	387	362	17.351
88	华商	华商现金增利A	货币市场型基金	387	375	1.367
89	安信	安信永利信用A	中长期纯债型基金	307	51	2.160
89	安信	安信永利信用C	中长期纯债型基金	307	82	0.089
89	安信	安信目标收益A	中长期纯债型基金	307	85	0.815
89	安信	安信目标收益C	中长期纯债型基金	307	132	1.417
89	安信	安信价值精选	普通股票型基金	150	99	43.065
89	安信	安信新常态沪港深精选	普通股票型基金	150	131	9.136
89	安信	安信消费医药主题	普通股票型基金	150	142	16.444
89	安信	安信宝利	混合债券型一级基金	132	56	8.660
89	安信	安信灵活配置	灵活配置型基金	719	81	1.867
89	安信	安信优势增长A	灵活配置型基金	719	117	1.518

续表2-2

整体投资回报能力排名	基金公司（简称）	基金名称	投资类型（二级分类）	样本基金数量	同类基金中排名	期间内规模（亿）
89	安信	安信优势增长C	灵活配置型基金	719	125	0.526
89	安信	安信新动力A	灵活配置型基金	719	464	3.780
89	安信	安信新动力C	灵活配置型基金	719	482	1.217
89	安信	安信鑫发优选	灵活配置型基金	719	506	0.320
89	安信	安信鑫安得利A	灵活配置型基金	719	526	1.574
89	安信	安信鑫安得利C	灵活配置型基金	719	536	4.753
89	安信	安信稳健增值A	灵活配置型基金	719	602	11.648
89	安信	安信稳健增值C	灵活配置型基金	719	627	4.662
89	安信	安信动态策略A	灵活配置型基金	719	637	3.237
89	安信	安信平稳增长A	灵活配置型基金	719	638	0.764
89	安信	安信平稳增长C	灵活配置型基金	719	640	2.259
89	安信	安信动态策略C	灵活配置型基金	719	644	1.139
89	安信	安信中证一带一路	被动指数型基金	312	268	0.608
89	安信	安信现金管理货币B	货币市场型基金	387	162	40.835
89	安信	安信现金管理货币A	货币市场型基金	387	300	3.441
89	安信	安信现金增利A	货币市场型基金	387	368	1.315
90	泰信	泰信鑫益A	中长期纯债型基金	307	162	0.673
90	泰信	泰信鑫益C	中长期纯债型基金	307	211	0.166
90	泰信	泰信中小盘精选	偏股混合型基金	477	39	3.618
90	泰信	泰信发展主题	偏股混合型基金	477	220	0.787
90	泰信	泰信优质生活	偏股混合型基金	477	317	4.846
90	泰信	泰信现代服务业	偏股混合型基金	477	385	0.627
90	泰信	泰信先行策略	偏股混合型基金	477	399	11.858

续表2-2

整体投资回报能力排名	基金公司（简称）	基金名称	投资类型（二级分类）	样本基金数量	同类基金中排名	期间内规模（亿）
90	泰信	泰信蓝筹精选	偏股混合型基金	477	461	1.938
90	泰信	泰信周期回报	混合债券型一级基金	132	107	0.490
90	泰信	泰信增强收益A	混合债券型一级基金	132	109	0.084
90	泰信	泰信增强收益C	混合债券型一级基金	132	115	0.030
90	泰信	泰信双息双利	混合债券型二级基金	236	107	0.793
90	泰信	泰信国策驱动	灵活配置型基金	719	91	1.453
90	泰信	泰信优势增长	灵活配置型基金	719	294	0.801
90	泰信	泰信行业精选A	灵活配置型基金	719	350	0.896
90	泰信	泰信中证200	被动指数型基金	312	187	0.541
90	泰信	泰信基本面400	被动指数型基金	312	284	0.490
90	泰信	泰信天天收益A	货币市场型基金	387	346	1.138
91	富安达	富安达优势成长	偏股混合型基金	477	423	15.089
91	富安达	富安达增强收益A	混合债券型二级基金	236	37	0.357
91	富安达	富安达增强收益C	混合债券型二级基金	236	46	0.382
91	富安达	富安达健康人生	灵活配置型基金	719	147	0.901
91	富安达	富安达策略精选	灵活配置型基金	719	340	1.840
91	富安达	富安达新兴成长	灵活配置型基金	719	342	2.149
91	富安达	富安达现金通货币B	货币市场型基金	387	210	15.285
91	富安达	富安达现金通货币A	货币市场型基金	387	331	2.311
92	华润元大	华润元大稳健收益A	中长期纯债型基金	307	300	2.825
92	华润元大	华润元大稳健收益C	中长期纯债型基金	307	303	0.050
92	华润元大	华润元大信息传媒科技	偏股混合型基金	477	305	3.452
92	华润元大	华润元大量化优选A	偏股混合型基金	477	465	1.554

续表2-2

整体投资回报能力排名	基金公司（简称）	基金名称	投资类型（二级分类）	样本基金数量	同类基金中排名	期间内规模（亿）
92	华润元大	华润元大安鑫 A	灵活配置型基金	719	633	0.260
92	华润元大	华润元大富时中国 A50A	被动指数型基金	312	27	3.087
92	华润元大	华润元大现金收益 B	货币市场型基金	387	248	6.238
92	华润元大	华润元大现金收益 A	货币市场型基金	387	343	0.646
93	红塔红土	红塔红土盛金新动力 A	灵活配置型基金	719	398	1.150
93	红塔红土	红塔红土盛金新动力 C	灵活配置型基金	719	404	1.182
93	红塔红土	红塔红土盛世普益	灵活配置型基金	719	466	1.290
94	山西证券	山西证券日日添利 B	货币市场型基金	387	57	5.446
94	山西证券	山西证券日日添利 A	货币市场型基金	387	214	0.264
94	山西证券	山西证券日日添利 C	货币市场型基金	387	378	22.930

3 五年期公募基金管理公司整体投资回报能力评价

3.1 数据来源与样本说明

五年期的数据区间为 2015 年 12 月 31 日至 2020 年 12 月 31 日。所有公募基金数据来源于 Wind 金融资讯终端。从 Wind 上我们获得的数据变量有:基金名称、基金管理公司、投资类型(二级分类)、投资风格、复权单位净值增长率(20151231—20201231)、单位净值(20151231)、单位净值(20201231)、基金份额(20151231)、基金份额(20201231)。

我们删除国际(QDII)类基金、同期样本数少于 10 的类别,再删除同期旗下样本基金数少于 3 只的基金管理公司,最后的样本基金数为 2 816 只,样本基金管理公司总共 94 家。

投资类型包括:偏股混合型基金(474 只)、混合债券型二级基金(230 只)、灵活配置型基金(709 只)、被动指数型基金(306 只)、偏债混合型基金(44 只)、增强指数型基金(43 只)、普通股票型基金(148 只)、混合债券型一级基金(125 只)、货币市场型基金(385 只)、中长期纯债型基金(289 只)、短期纯债型基金(11 只)、被动指数型债券基金(10 只)、股票多空(15 只)、平衡混合型基金(27 只)。

我们按第 1 部分介绍的计算方法,计算出样本中每家基金公司的整体投资回报能力分数,依高分到低分进行排序。

3.2 五年期整体投资回报能力评价结果

满足五年期的整体投资回报能力评价数据要求的共有 94 家基金管理公司,排名靠前的基金公司多为样本基金数量偏少的公司,如第 1 名的诺德有 7 只样本基金,第 2 名的泓德有 10 只样本基金,第 3 名的东证资管有 19 只样本基金。见表 3-1。

3 五年期公募基金管理公司整体投资回报能力评价

表 3-1 五年期整体投资回报能力评价

整体投资回报能力排名	基金公司(简称)	整体投资回报能力得分	样本基金数量
1	诺德	1.478	7
2	泓德	1.276	10
3	东证资管	1.248	19
4	圆信永丰	1.229	5
5	信达澳银	1.066	16
6	招商	1.063	61
7	前海开源	0.994	33
8	万家	0.987	30
9	嘉合	0.951	4
10	兴证全球	0.829	17
11	泰康资产	0.760	5
12	方正富邦	0.727	6
13	国金	0.707	6
14	易方达	0.706	103
15	景顺长城	0.673	57
16	中欧	0.659	43
17	金元顺安	0.607	10
18	英大	0.522	8
19	汇添富	0.504	67
20	中加	0.484	6
21	中融	0.468	15
22	摩根士丹利华鑫	0.465	23
23	民生加银	0.460	32
24	鹏华	0.441	89
25	海富通	0.408	30
26	上银	0.364	3

续表3-1

整体投资回报能力排名	基金公司(简称)	整体投资回报能力得分	样本基金数量
27	交银施罗德	0.361	52
28	平安	0.331	15
29	国投瑞银	0.328	45
30	新华	0.322	29
31	嘉实	0.318	78
32	华夏	0.312	68
33	广发	0.311	85
34	工银瑞信	0.303	77
35	中金	0.296	6
36	富国	0.278	77
37	财通	0.278	7
38	金鹰	0.277	20
39	兴业	0.269	18
40	建信	0.265	65
41	国寿安保	0.265	17
42	长城	0.244	30
43	农银汇理	0.240	28
44	国泰	0.238	56
45	南方	0.221	96
46	大成	0.188	58
47	华泰柏瑞	0.169	39
48	安信	0.164	26
49	长安	0.152	8
50	浦银安盛	0.150	27
51	华安	0.148	69
52	中信保诚	0.148	33

续表3-1

整体投资回报能力排名	基金公司(简称)	整体投资回报能力得分	样本基金数量
53	中银	0.144	50
54	国海富兰克林	0.141	23
55	浙商	0.121	7
56	北信瑞丰	0.120	9
57	银河	0.115	39
58	博时	0.112	79
59	中海	0.105	26
60	德邦	0.105	9
61	兴银	0.090	10
62	创金合信	0.008	10
63	银华	−0.027	41
64	汇丰晋信	−0.041	19
65	泰达宏利	−0.044	32
66	天弘	−0.059	51
67	长信	−0.071	33
68	申万菱信	−0.104	23
69	西部利得	−0.112	6
70	融通	−0.115	37
71	光大保德信	−0.122	28
72	宝盈	−0.142	23
73	国联安	−0.160	30
74	华宝	−0.161	40
75	东方	−0.172	30
76	鑫元	−0.193	12
77	上投摩根	−0.194	48
78	富安达	−0.212	8

续表3-1

整体投资回报能力排名	基金公司(简称)	整体投资回报能力得分	样本基金数量
79	红塔红土	−0.218	3
80	诺安	−0.247	50
81	中信建投	−0.342	7
82	天治	−0.344	12
83	九泰	−0.362	7
84	东吴	−0.386	17
85	长盛	−0.406	38
86	益民	−0.429	5
87	华润元大	−0.465	8
88	华富	−0.466	22
89	华融	−0.651	5
90	泰信	−0.869	18
91	中邮	−0.918	25
92	华商	−0.919	36
93	江信	−0.927	3
94	山西证券	−2.937	3

3.3 五年期整体投资回报能力评价详细说明

从表 3-2 可以看出五年期的整体投资回报能力评价中,为什么有的基金公司会排在前面,有的则排在后面。如第 1 名的诺德基金公司旗下的 2 只规模较大和中等的样本基金诺德价值优势、诺德周期策略在同期 474 只偏股混合型基金中分别排到第 8、第 9,中等规模的样本基金如诺德成长优势在同期 474 只偏股混合型基金中也位列 163 名,处于中上水平,而诺德旗下排名靠后的样本基金均属于较小规模的基金。这是诺德基金公司在五年期整体投资回报能力评价中排名第 1 的重要原因。

3 五年期公募基金管理公司整体投资回报能力评价

表3-2 五年期排名中所有样本基金详细情况

整体投资回报能力排名	基金公司（简称）	基金名称	投资类型（二级分类）	样本基金数量	同类基金中排名	期间内规模（亿）
1	诺德	诺德价值优势	偏股混合型基金	474	8	20.375
1	诺德	诺德周期策略	偏股混合型基金	474	9	4.915
1	诺德	诺德成长优势	偏股混合型基金	474	163	5.900
1	诺德	诺德优选30	偏股混合型基金	474	373	0.717
1	诺德	诺德中小盘	偏股混合型基金	474	437	0.557
1	诺德	诺德增强收益	混合债券型二级基金	230	214	2.617
1	诺德	诺德主题灵活配置	灵活配置型基金	709	473	0.730
2	泓德	泓德优选成长	偏股混合型基金	474	127	33.109
2	泓德	泓德战略转型	普通股票型基金	148	14	12.983
2	泓德	泓德裕泰A	混合债券型二级基金	230	67	19.032
2	泓德	泓德裕泰C	混合债券型二级基金	230	89	0.247
2	泓德	泓德远见回报	灵活配置型基金	709	21	45.190
2	泓德	泓德泓业	灵活配置型基金	709	55	13.623
2	泓德	泓德泓富A	灵活配置型基金	709	75	36.257
2	泓德	泓德泓富C	灵活配置型基金	709	83	0.072
2	泓德	泓德泓利B	货币市场型基金	385	187	13.367
2	泓德	泓德泓利A	货币市场型基金	385	327	0.064
3	东证资管	东方红6个月定开	中长期纯债型基金	289	70	18.564
3	东证资管	东方红睿逸	偏债混合型基金	44	2	11.633
3	东证资管	东方红稳健精选A	偏债混合型基金	44	6	24.691
3	东证资管	东方红稳健精选C	偏债混合型基金	44	8	3.074
3	东证资管	东方红信用债A	混合债券型一级基金	125	16	8.287
3	东证资管	东方红信用债C	混合债券型一级基金	125	23	2.481
3	东证资管	东方红收益增强A	混合债券型二级基金	230	60	25.909
3	东证资管	东方红收益增强C	混合债券型二级基金	230	73	4.172

续表3-2

整体投资回报能力排名	基金公司（简称）	基金名称	投资类型（二级分类）	样本基金数量	同类基金中排名	期间内规模（亿）
3	东证资管	东方红睿元三年定期	灵活配置型基金	709	7	12.935
3	东证资管	东方红睿丰	灵活配置型基金	709	29	44.965
3	东证资管	东方红睿阳三年定开	灵活配置型基金	709	31	16.359
3	东证资管	东方红中国优势	灵活配置型基金	709	39	61.127
3	东证资管	东方红产业升级	灵活配置型基金	709	58	31.428
3	东证资管	东方红优势精选	灵活配置型基金	709	85	10.406
3	东证资管	东方红京东大数据	灵活配置型基金	709	211	9.272
3	东证资管	东方红新动力	灵活配置型基金	709	275	14.879
3	东证资管	东方红领先精选	灵活配置型基金	709	355	6.933
3	东证资管	东方红策略精选A	灵活配置型基金	709	444	5.129
3	东证资管	东方红策略精选C	灵活配置型基金	709	505	14.475
4	圆信永丰	圆信永丰兴融A	中长期纯债型基金	289	38	9.426
4	圆信永丰	圆信永丰兴融C	中长期纯债型基金	289	56	0.017
4	圆信永丰	圆信永丰优加生活	普通股票型基金	148	10	11.627
4	圆信永丰	圆信永丰双红利A	灵活配置型基金	709	158	6.676
4	圆信永丰	圆信永丰双红利C	灵活配置型基金	709	182	0.336
5	信达澳银	信达澳银中小盘	偏股混合型基金	474	134	1.236
5	信达澳银	信达澳银红利回报	偏股混合型基金	474	266	0.857
5	信达澳银	信达澳银产业升级	偏股混合型基金	474	331	1.687
5	信达澳银	信达澳银领先增长	偏股混合型基金	474	370	16.454
5	信达澳银	信达澳银消费优选	偏股混合型基金	474	406	0.827
5	信达澳银	信达澳银新能源产业	普通股票型基金	148	5	69.189
5	信达澳银	信达澳银转型创新	普通股票型基金	148	104	7.328
5	信达澳银	信达澳银稳定A	混合债券型一级基金	125	111	3.377
5	信达澳银	信达澳银稳定B	混合债券型一级基金	125	113	0.162

续表3-2

整体投资回报能力排名	基金公司（简称）	基金名称	投资类型（二级分类）	样本基金数量	同类基金中排名	期间内规模（亿）
5	信达澳银	信达澳银信用债A	混合债券型二级基金	230	114	5.518
5	信达澳银	信达澳银信用债C	混合债券型二级基金	230	123	0.060
5	信达澳银	信达澳银鑫安	混合债券型二级基金	230	153	2.659
5	信达澳银	信达澳银精华	灵活配置型基金	709	78	5.523
5	信达澳银	信达澳银慧管家C	货币市场型基金	385	130	28.776
5	信达澳银	信达澳银慧管家A	货币市场型基金	385	265	3.873
5	信达澳银	信达澳银慧管家E	货币市场型基金	385	355	0.079
6	招商	招商安泰债券A	中长期纯债型基金	289	157	14.951
6	招商	招商安泰债券B	中长期纯债型基金	289	193	9.716
6	招商	招商优质成长	偏股混合型基金	474	90	20.026
6	招商	招商先锋	偏股混合型基金	474	122	17.962
6	招商	招商大盘蓝筹	偏股混合型基金	474	180	9.325
6	招商	招商行业领先A	偏股混合型基金	474	191	6.267
6	招商	招商核心价值	偏股混合型基金	474	192	15.124
6	招商	招商中小盘精选	偏股混合型基金	474	198	2.647
6	招商	招商安泰	偏股混合型基金	474	242	6.781
6	招商	招商国企改革	偏股混合型基金	474	340	11.810
6	招商	招商安泰平衡	平衡混合型基金	27	19	2.510
6	招商	招商行业精选	普通股票型基金	148	23	28.316
6	招商	招商医药健康产业	普通股票型基金	148	31	22.153
6	招商	招商体育文化休闲	普通股票型基金	148	123	0.926
6	招商	招商移动互联网	普通股票型基金	148	143	21.055
6	招商	招商双债增强C	混合债券型一级基金	125	12	31.231
6	招商	招商产业A	混合债券型一级基金	125	13	42.795
6	招商	招商产业C	混合债券型一级基金	125	20	6.367

续表3-2

整体投资回报能力排名	基金公司（简称）	基金名称	投资类型（二级分类）	样本基金数量	同类基金中排名	期间内规模（亿）
6	招商	招商安心收益C	混合债券型一级基金	125	25	24.234
6	招商	招商信用添利A	混合债券型一级基金	125	38	14.739
6	招商	招商可转债	混合债券型一级基金	125	121	0.705
6	招商	招商安盈	混合债券型二级基金	230	85	24.537
6	招商	招商安瑞进取	混合债券型二级基金	230	142	4.165
6	招商	招商信用增强A	混合债券型二级基金	230	151	3.160
6	招商	招商安本增利	混合债券型二级基金	230	194	7.489
6	招商	招商制造业转型A	灵活配置型基金	709	16	7.704
6	招商	招商安润	灵活配置型基金	709	36	8.720
6	招商	招商境远	灵活配置型基金	709	59	25.920
6	招商	招商安达	灵活配置型基金	709	82	9.561
6	招商	招商安弘灵活配置	灵活配置型基金	709	135	17.493
6	招商	招商丰利A	灵活配置型基金	709	213	4.093
6	招商	招商丰盛稳定增长A	灵活配置型基金	709	225	5.309
6	招商	招商安益	灵活配置型基金	709	284	8.330
6	招商	招商优势企业	灵活配置型基金	709	293	0.760
6	招商	招商丰泽A	灵活配置型基金	709	506	3.982
6	招商	招商瑞丰A	灵活配置型基金	709	538	1.605
6	招商	招商丰泽C	灵活配置型基金	709	546	13.218
6	招商	招商瑞丰C	灵活配置型基金	709	564	18.570
6	招商	招商丰泰	灵活配置型基金	709	587	24.062
6	招商	招商中证白酒	被动指数型基金	306	1	194.877
6	招商	招商上证消费80ETF	被动指数型基金	306	10	3.531
6	招商	招商上证消费80ETF联接A	被动指数型基金	306	12	2.102

续表3-2

整体投资回报能力排名	基金公司（简称）	基金名称	投资类型（二级分类）	样本基金数量	同类基金中排名	期间内规模（亿）
6	招商	招商央视财经50A	被动指数型基金	306	17	3.218
6	招商	招商国证生物医药	被动指数型基金	306	28	86.535
6	招商	招商深证100A	被动指数型基金	306	34	1.794
6	招商	招商中证银行指数分级	被动指数型基金	306	114	7.934
6	招商	招商深证TMT50ETF	被动指数型基金	306	196	1.780
6	招商	招商中证煤炭	被动指数型基金	306	198	4.814
6	招商	招商深证TMT50ETF联接A	被动指数型基金	306	208	1.648
6	招商	招商沪深300地产	被动指数型基金	306	245	2.413
6	招商	招商沪深300高贝塔	被动指数型基金	306	253	0.297
6	招商	招商中证证券公司	被动指数型基金	306	279	15.443
6	招商	招商现金增值B	货币市场型基金	385	95	368.818
6	招商	招商招钱宝C	货币市场型基金	385	107	2.110
6	招商	招商招钱宝B	货币市场型基金	385	115	600.026
6	招商	招商招钱宝A	货币市场型基金	385	119	89.527
6	招商	招商保证金快线B	货币市场型基金	385	166	15.770
6	招商	招商招金宝B	货币市场型基金	385	222	7.578
6	招商	招商现金增值A	货币市场型基金	385	259	121.353
6	招商	招商保证金快线A	货币市场型基金	385	311	7.462
6	招商	招商招金宝A	货币市场型基金	385	336	57.388
7	前海开源	前海开源睿远稳健增利A	偏债混合型基金	44	17	3.077
7	前海开源	前海开源睿远稳健增利C	偏债混合型基金	44	24	1.635
7	前海开源	前海开源中证大农业增强	增强指数型基金	43	30	4.978
7	前海开源	前海开源再融资主题精选	普通股票型基金	148	38	11.803

续表3-2

整体投资回报能力排名	基金公司（简称）	基金名称	投资类型（二级分类）	样本基金数量	同类基金中排名	期间内规模（亿）
7	前海开源	前海开源优势蓝筹C	普通股票型基金	148	79	0.069
7	前海开源	前海开源强势共识100强	普通股票型基金	148	86	0.641
7	前海开源	前海开源优势蓝筹A	普通股票型基金	148	91	1.135
7	前海开源	前海开源股息率100强	普通股票型基金	148	110	3.858
7	前海开源	前海开源可转债	混合债券型二级基金	230	112	0.396
7	前海开源	前海开源国家比较优势	灵活配置型基金	709	1	34.196
7	前海开源	前海开源中国稀缺资产C	灵活配置型基金	709	6	6.224
7	前海开源	前海开源中国稀缺资产A	灵活配置型基金	709	8	12.504
7	前海开源	前海开源工业革命4.0	灵活配置型基金	709	53	11.093
7	前海开源	前海开源清洁能源A	灵活配置型基金	709	119	5.014
7	前海开源	前海开源沪港深蓝筹	灵活配置型基金	709	127	24.193
7	前海开源	前海开源高端装备制造	灵活配置型基金	709	176	5.660
7	前海开源	前海开源事件驱动A	灵活配置型基金	709	177	5.169
7	前海开源	前海开源事件驱动C	灵活配置型基金	709	194	10.443
7	前海开源	前海开源一带一路C	灵活配置型基金	709	203	9.555
7	前海开源	前海开源一带一路A	灵活配置型基金	709	233	5.628
7	前海开源	前海开源中国成长	灵活配置型基金	709	299	0.685
7	前海开源	前海开源大安全核心	灵活配置型基金	709	325	4.666
7	前海开源	前海开源大海洋	灵活配置型基金	709	390	2.940
7	前海开源	前海开源新经济	灵活配置型基金	709	403	1.831
7	前海开源	前海开源金银珠宝A	灵活配置型基金	709	623	4.986
7	前海开源	前海开源金银珠宝C	灵活配置型基金	709	638	5.903
7	前海开源	前海开源沪深300	被动指数型基金	306	32	1.737

续表3-2

整体投资回报能力排名	基金公司（简称）	基金名称	投资类型（二级分类）	样本基金数量	同类基金中排名	期间内规模（亿）
7	前海开源	前海开源中证健康	被动指数型基金	306	67	3.241
7	前海开源	前海开源中证军工 A	被动指数型基金	306	230	11.641
7	前海开源	前海开源中证军工 C	被动指数型基金	306	232	3.173
7	前海开源	前海开源中航军工	被动指数型基金	306	260	5.676
7	前海开源	前海开源货币 B	货币市场型基金	385	151	76.515
7	前海开源	前海开源货币 A	货币市场型基金	385	294	0.450
8	万家	万家强化收益	中长期纯债型基金	289	37	3.072
8	万家	万家信用恒利 A	中长期纯债型基金	289	142	6.032
8	万家	万家信用恒利 C	中长期纯债型基金	289	190	1.955
8	万家	万家行业优选	偏股混合型基金	474	5	100.580
8	万家	万家和谐增长	偏股混合型基金	474	104	16.078
8	万家	万家精选	偏股混合型基金	474	393	5.487
8	万家	万家添利	混合债券型一级基金	125	27	4.388
8	万家	万家稳健增利 A	混合债券型一级基金	125	79	8.783
8	万家	万家稳健增利 C	混合债券型一级基金	125	95	0.443
8	万家	万家双利	混合债券型二级基金	230	116	0.525
8	万家	万家增强收益	混合债券型二级基金	230	164	8.457
8	万家	万家品质生活	灵活配置型基金	709	64	9.289
8	万家	万家瑞益 A	灵活配置型基金	709	336	1.298
8	万家	万家双引擎	灵活配置型基金	709	363	5.187
8	万家	万家瑞益 C	灵活配置型基金	709	368	2.962
8	万家	万家瑞兴	灵活配置型基金	709	408	0.680
8	万家	万家瑞丰 A	灵活配置型基金	709	543	6.747
8	万家	万家新利	灵活配置型基金	709	562	4.667
8	万家	万家瑞丰 C	灵活配置型基金	709	573	8.742

续表3-2

整体投资回报能力排名	基金公司（简称）	基金名称	投资类型（二级分类）	样本基金数量	同类基金中排名	期间内规模（亿）
8	万家	万家上证50ETF	被动指数型基金	306	27	0.824
8	万家	万家上证180	被动指数型基金	306	131	16.144
8	万家	万家中证红利	被动指数型基金	306	188	0.502
8	万家	万家货币B	货币市场型基金	385	154	80.972
8	万家	万家货币R	货币市场型基金	385	165	0.022
8	万家	万家现金宝A	货币市场型基金	385	198	42.677
8	万家	万家货币E	货币市场型基金	385	214	2.929
8	万家	万家日日薪B	货币市场型基金	385	249	0.867
8	万家	万家货币A	货币市场型基金	385	297	5.131
8	万家	万家日日薪A	货币市场型基金	385	351	0.348
8	万家	万家日日薪R	货币市场型基金	385	385	0.000
9	嘉合	嘉合磐石C	偏债混合型基金	44	29	14.996
9	嘉合	嘉合磐石A	偏债混合型基金	44	40	0.821
9	嘉合	嘉合货币B	货币市场型基金	385	3	75.924
9	嘉合	嘉合货币A	货币市场型基金	385	45	0.793
10	兴证全球	兴全稳益定期开放	中长期纯债型基金	289	3	54.807
10	兴证全球	兴全可转债	偏债混合型基金	44	7	30.932
10	兴证全球	兴全商业模式优选	偏股混合型基金	474	21	77.912
10	兴证全球	兴全合润分级	偏股混合型基金	474	37	96.266
10	兴证全球	兴全社会责任	偏股混合型基金	474	119	73.239
10	兴证全球	兴全轻资产	偏股混合型基金	474	148	56.369
10	兴证全球	兴全绿色投资	偏股混合型基金	474	215	24.108
10	兴证全球	兴全沪深300指数增强A	增强指数型基金	43	7	30.607
10	兴证全球	兴全全球视野	普通股票型基金	148	105	33.513

续表3-2

整体投资回报能力排名	基金公司（简称）	基金名称	投资类型（二级分类）	样本基金数量	同类基金中排名	期间内规模（亿）
10	兴证全球	兴全磐稳增利债券A	混合债券型一级基金	125	45	42.172
10	兴证全球	兴全趋势投资	灵活配置型基金	709	117	197.175
10	兴证全球	兴全有机增长	灵活配置型基金	709	124	22.995
10	兴证全球	兴全新视野	灵活配置型基金	709	167	120.234
10	兴证全球	兴全天添益B	货币市场型基金	385	7	202.217
10	兴证全球	兴全货币A	货币市场型基金	385	25	31.722
10	兴证全球	兴全添利宝	货币市场型基金	385	49	840.416
10	兴证全球	兴全天添益A	货币市场型基金	385	77	0.495
11	泰康资产	泰康新机遇	灵活配置型基金	709	113	25.992
11	泰康资产	泰康新回报A	灵活配置型基金	709	190	2.157
11	泰康资产	泰康新回报C	灵活配置型基金	709	191	0.596
11	泰康资产	泰康薪意保B	货币市场型基金	385	48	31.612
11	泰康资产	泰康薪意保A	货币市场型基金	385	207	5.590
12	方正富邦	方正富邦红利精选A	偏股混合型基金	474	295	1.134
12	方正富邦	方正富邦创新动力A	偏股混合型基金	474	458	0.482
12	方正富邦	方正富邦中证保险	被动指数型基金	306	63	5.516
12	方正富邦	方正富邦金小宝	货币市场型基金	385	26	115.536
12	方正富邦	方正富邦货币B	货币市场型基金	385	27	8.051
12	方正富邦	方正富邦货币A	货币市场型基金	385	158	25.801
13	国金	国金国鑫灵活配置A	灵活配置型基金	709	223	6.738
13	国金	国金鑫新	灵活配置型基金	709	688	0.134
13	国金	国金众赢	货币市场型基金	385	8	87.075
13	国金	国金金腾通A	货币市场型基金	385	21	133.248
13	国金	国金金腾通C	货币市场型基金	385	362	31.305
13	国金	国金鑫盈货币	货币市场型基金	385	363	1.890

续表3-2

整体投资回报能力排名	基金公司（简称）	基金名称	投资类型（二级分类）	样本基金数量	同类基金中排名	期间内规模（亿）
14	易方达	易方达永旭添利	中长期纯债型基金	289	40	10.990
14	易方达	易方达纯债1年A	中长期纯债型基金	289	62	14.334
14	易方达	易方达恒久添利1年A	中长期纯债型基金	289	72	7.044
14	易方达	易方达信用债A	中长期纯债型基金	289	81	30.973
14	易方达	易方达纯债1年C	中长期纯债型基金	289	104	0.602
14	易方达	易方达纯债A	中长期纯债型基金	289	112	35.742
14	易方达	易方达高等级信用债C	中长期纯债型基金	289	124	15.945
14	易方达	易方达恒久添利1年C	中长期纯债型基金	289	128	0.251
14	易方达	易方达信用债C	中长期纯债型基金	289	132	7.347
14	易方达	易方达高等级信用债A	中长期纯债型基金	289	134	45.835
14	易方达	易方达投资级信用债A	中长期纯债型基金	289	165	23.792
14	易方达	易方达纯债C	中长期纯债型基金	289	176	27.555
14	易方达	易方达投资级信用债C	中长期纯债型基金	289	185	5.918
14	易方达	易方达安心回馈	偏债混合型基金	44	1	20.740
14	易方达	易方达裕惠回报	偏债混合型基金	44	22	30.576
14	易方达	易方达中小盘	偏股混合型基金	474	1	184.463
14	易方达	易方达行业领先	偏股混合型基金	474	43	16.360
14	易方达	易方达改革红利	偏股混合型基金	474	58	18.192
14	易方达	易方达医疗保健	偏股混合型基金	474	78	41.143
14	易方达	易方达科翔	偏股混合型基金	474	109	44.773
14	易方达	易方达价值精选	偏股混合型基金	474	268	37.683
14	易方达	易方达积极成长	偏股混合型基金	474	300	24.495
14	易方达	易方达国防军工	偏股混合型基金	474	332	80.855
14	易方达	易方达资源行业	偏股混合型基金	474	366	5.517
14	易方达	易方达科讯	偏股混合型基金	474	429	78.550

续表3-2

整体投资回报能力排名	基金公司（简称）	基金名称	投资类型（二级分类）	样本基金数量	同类基金中排名	期间内规模（亿）
14	易方达	易方达策略2号	偏股混合型基金	474	453	16.249
14	易方达	易方达策略成长	偏股混合型基金	474	459	18.749
14	易方达	易方达上证50指数A	增强指数型基金	43	1	159.381
14	易方达	易方达沪深300量化增强	增强指数型基金	43	14	10.059
14	易方达	易方达平稳增长	平衡混合型基金	27	11	27.196
14	易方达	易方达消费行业	普通股票型基金	148	1	159.826
14	易方达	易方达增强回报A	混合债券型一级基金	125	5	51.016
14	易方达	易方达双债增强A	混合债券型一级基金	125	6	38.867
14	易方达	易方达双债增强C	混合债券型一级基金	125	7	7.611
14	易方达	易方达增强回报B	混合债券型一级基金	125	8	30.855
14	易方达	易方达岁丰添利	混合债券型一级基金	125	9	1.865
14	易方达	易方达裕丰回报	混合债券型二级基金	230	11	112.487
14	易方达	易方达安心回报A	混合债券型二级基金	230	24	76.173
14	易方达	易方达稳健收益B	混合债券型二级基金	230	30	129.012
14	易方达	易方达安心回报B	混合债券型二级基金	230	34	39.728
14	易方达	易方达稳健收益A	混合债券型二级基金	230	44	42.210
14	易方达	易方达新收益A	灵活配置型基金	709	3	22.364
14	易方达	易方达新收益C	灵活配置型基金	709	4	2.915
14	易方达	易方达新经济	灵活配置型基金	709	77	17.582
14	易方达	易方达新丝路	灵活配置型基金	709	125	115.461
14	易方达	易方达瑞享I	灵活配置型基金	709	169	2.102
14	易方达	易方达瑞享E	灵活配置型基金	709	175	0.523
14	易方达	易方达新益I	灵活配置型基金	709	199	5.960
14	易方达	易方达新益E	灵活配置型基金	709	204	11.277

续表3-2

整体投资回报能力排名	基金公司（简称）	基金名称	投资类型（二级分类）	样本基金数量	同类基金中排名	期间内规模（亿）
14	易方达	易方达瑞选 I	灵活配置型基金	709	205	27.908
14	易方达	易方达瑞选 E	灵活配置型基金	709	217	2.818
14	易方达	易方达科汇	灵活配置型基金	709	361	4.737
14	易方达	易方达瑞景	灵活配置型基金	709	380	5.561
14	易方达	易方达新利	灵活配置型基金	709	405	18.017
14	易方达	易方达新享 A	灵活配置型基金	709	407	8.927
14	易方达	易方达新鑫 I	灵活配置型基金	709	423	8.099
14	易方达	易方达新享 C	灵活配置型基金	709	437	9.293
14	易方达	易方达新鑫 E	灵活配置型基金	709	448	10.741
14	易方达	易方达价值成长	灵活配置型基金	709	499	72.578
14	易方达	易方达新兴成长	灵活配置型基金	709	508	62.495
14	易方达	易方达裕如	灵活配置型基金	709	570	37.797
14	易方达	易方达创新驱动	灵活配置型基金	709	601	32.741
14	易方达	易方达新常态	灵活配置型基金	709	693	57.058
14	易方达	易方达中债新综合 A	被动指数型债券基金	10	1	3.066
14	易方达	易方达中债新综合 C	被动指数型债券基金	10	3	0.836
14	易方达	易方达 3—5 年期国债	被动指数型债券基金	10	5	1.541
14	易方达	易方达沪深 300 医药卫生 ETF	被动指数型基金	306	11	11.471
14	易方达	易方达中证万得生物科技 A	被动指数型基金	306	35	4.420
14	易方达	易方达上证 50 分级	被动指数型基金	306	37	3.501
14	易方达	易方达深证 100ETF	被动指数型基金	306	54	75.754
14	易方达	易方达深证 100ETF 联接 A	被动指数型基金	306	56	23.697
14	易方达	易方达沪深 300ETF	被动指数型基金	306	83	66.515

续表3-2

整体投资回报能力排名	基金公司（简称）	基金名称	投资类型（二级分类）	样本基金数量	同类基金中排名	期间内规模（亿）
14	易方达	易方达沪深300ETF联接A	被动指数型基金	306	87	49.745
14	易方达	易方达国企改革分级	被动指数型基金	306	94	3.984
14	易方达	易方达沪深300非银ETF	被动指数型基金	306	129	24.738
14	易方达	易方达沪深300非银ETF联接A	被动指数型基金	306	132	16.211
14	易方达	易方达上证中盘ETF	被动指数型基金	306	135	2.910
14	易方达	易方达上证中盘ETF联接A	被动指数型基金	306	140	2.412
14	易方达	易方达军工	被动指数型基金	306	207	1.805
14	易方达	易方达创业板ETF	被动指数型基金	306	212	100.587
14	易方达	易方达创业板ETF联接A	被动指数型基金	306	213	31.726
14	易方达	易方达证券公司	被动指数型基金	306	217	3.761
14	易方达	易方达中证500ETF	被动指数型基金	306	274	4.561
14	易方达	易方达并购重组	被动指数型基金	306	300	17.158
14	易方达	易方达现金增利B	货币市场型基金	385	1	402.932
14	易方达	易方达财富快线B	货币市场型基金	385	4	20.208
14	易方达	易方达现金增利A	货币市场型基金	385	9	2.963
14	易方达	易方达龙宝B	货币市场型基金	385	14	0.504
14	易方达	易方达天天R	货币市场型基金	385	18	30.271
14	易方达	易方达天天B	货币市场型基金	385	20	193.850
14	易方达	易方达天天增利B	货币市场型基金	385	22	0.768
14	易方达	易方达易理财A	货币市场型基金	385	35	962.486
14	易方达	易方达增金宝A	货币市场型基金	385	36	50.508
14	易方达	易方达财富快线Y	货币市场型基金	385	59	50.463

续表3-2

整体投资回报能力排名	基金公司（简称）	基金名称	投资类型（二级分类）	样本基金数量	同类基金中排名	期间内规模（亿）
14	易方达	易方达财富快线A	货币市场型基金	385	60	63.081
14	易方达	易方达龙宝A	货币市场型基金	385	112	6.787
14	易方达	易方达天天A	货币市场型基金	385	140	211.726
14	易方达	易方达天天增利A	货币市场型基金	385	150	68.202
14	易方达	易方达货币B	货币市场型基金	385	237	793.778
14	易方达	易方达保证金B	货币市场型基金	385	241	8.076
14	易方达	易方达货币A	货币市场型基金	385	343	44.678
14	易方达	易方达货币E	货币市场型基金	385	347	272.339
14	易方达	易方达保证金A	货币市场型基金	385	349	7.752
15	景顺长城	景顺长城鑫月薪	中长期纯债型基金	289	106	10.938
15	景顺长城	景顺长城优信增利A	中长期纯债型基金	289	232	20.160
15	景顺长城	景顺长城优信增利C	中长期纯债型基金	289	255	0.243
15	景顺长城	景顺长城景兴信用纯债A	中长期纯债型基金	289	263	3.704
15	景顺长城	景顺长城景瑞收益债A	中长期纯债型基金	289	276	4.023
15	景顺长城	景顺长城景兴信用纯债C	中长期纯债型基金	289	280	0.777
15	景顺长城	景顺长城鼎益	偏股混合型基金	474	2	62.161
15	景顺长城	景顺长城新兴成长	偏股混合型基金	474	4	171.895
15	景顺长城	景顺长城优势企业	偏股混合型基金	474	31	5.781
15	景顺长城	景顺长城内需增长	偏股混合型基金	474	38	21.830
15	景顺长城	景顺长城品质投资	偏股混合型基金	474	49	13.439
15	景顺长城	景顺长城内需增长贰号	偏股混合型基金	474	52	40.710
15	景顺长城	景顺长城优选	偏股混合型基金	474	88	37.233
15	景顺长城	景顺长城核心竞争力A	偏股混合型基金	474	97	30.579
15	景顺长城	景顺长城精选蓝筹	偏股混合型基金	474	117	36.244

续表3-2

整体投资回报能力排名	基金公司（简称）	基金名称	投资类型（二级分类）	样本基金数量	同类基金中排名	期间内规模（亿）
15	景顺长城	景顺长城资源垄断	偏股混合型基金	474	123	24.753
15	景顺长城	景顺长城公司治理	偏股混合型基金	474	161	0.632
15	景顺长城	景顺长城中小盘	偏股混合型基金	474	328	1.827
15	景顺长城	景顺长城能源基建	偏股混合型基金	474	355	10.205
15	景顺长城	景顺长城支柱产业	偏股混合型基金	474	392	3.266
15	景顺长城	景顺长城沪深300增强	增强指数型基金	43	16	39.173
15	景顺长城	景顺长城成长之星	普通股票型基金	148	29	2.815
15	景顺长城	景顺长城沪港深精选	普通股票型基金	148	90	45.702
15	景顺长城	景顺长城研究精选	普通股票型基金	148	122	0.696
15	景顺长城	景顺长城优质成长	普通股票型基金	148	125	1.550
15	景顺长城	景顺长城中小板创业板	普通股票型基金	148	134	5.013
15	景顺长城	景顺长城量化精选	普通股票型基金	148	135	7.677
15	景顺长城	景顺长城稳定收益A	混合债券型一级基金	125	82	4.993
15	景顺长城	景顺长城稳定收益C	混合债券型一级基金	125	98	2.051
15	景顺长城	景顺长城景颐双利A	混合债券型二级基金	230	91	21.095
15	景顺长城	景顺长城景颐宏利A	混合债券型二级基金	230	101	2.342
15	景顺长城	景顺长城景颐双利C	混合债券型二级基金	230	113	0.545
15	景顺长城	景顺长城景颐宏利C	混合债券型二级基金	230	130	0.001
15	景顺长城	景顺长城四季金利A	混合债券型二级基金	230	138	4.296
15	景顺长城	景顺长城四季金利C	混合债券型二级基金	230	159	0.060
15	景顺长城	景顺长城动力平衡	灵活配置型基金	709	97	16.790
15	景顺长城	景顺长城策略精选	灵活配置型基金	709	154	2.816
15	景顺长城	景顺长城中国回报	灵活配置型基金	709	295	13.523
15	景顺长城	景顺长城领先回报A	灵活配置型基金	709	345	7.878
15	景顺长城	景顺长城改革机遇A	灵活配置型基金	709	364	1.268

续表3-2

整体投资回报能力排名	基金公司（简称）	基金名称	投资类型（二级分类）	样本基金数量	同类基金中排名	期间内规模（亿）
15	景顺长城	景顺长城领先回报 C	灵活配置型基金	709	373	8.522
15	景顺长城	景顺长城安享回报 A	灵活配置型基金	709	452	3.061
15	景顺长城	景顺长城安享回报 C	灵活配置型基金	709	466	13.482
15	景顺长城	景顺长城稳健回报 A	灵活配置型基金	709	559	4.257
15	景顺长城	景顺长城稳健回报 C	灵活配置型基金	709	567	12.303
15	景顺长城	景顺长城泰和回报 A	灵活配置型基金	709	580	0.561
15	景顺长城	景顺长城泰和回报 C	灵活配置型基金	709	599	0.004
15	景顺长城	景顺长城中证 500ETF	被动指数型基金	306	258	0.984
15	景顺长城	景顺长城中证科技传媒通信 150ETF 联接	被动指数型基金	306	259	6.451
15	景顺长城	景顺长城中证科技传媒通信 150ETF	被动指数型基金	306	261	6.126
15	景顺长城	景顺长城中证 500ETF 联接	被动指数型基金	306	262	0.907
15	景顺长城	景顺长城景丰 B	货币市场型基金	385	94	147.548
15	景顺长城	景顺长城货币 B	货币市场型基金	385	182	4.810
15	景顺长城	景顺长城景益货币 B	货币市场型基金	385	208	19.258
15	景顺长城	景顺长城景丰 A	货币市场型基金	385	257	2.199
15	景顺长城	景顺长城景益货币 A	货币市场型基金	385	280	566.531
15	景顺长城	景顺长城货币 A	货币市场型基金	385	319	63.199
16	中欧	中欧兴利	中长期纯债型基金	289	15	24.503
16	中欧	中欧天禧纯债	中长期纯债型基金	289	196	21.898
16	中欧	中欧信用增利 C	中长期纯债型基金	289	267	3.389
16	中欧	中欧睿达定期开放 A	偏债混合型基金	44	25	8.100
16	中欧	中欧睿尚定期开放 A	偏债混合型基金	44	33	5.424
16	中欧	中欧行业成长 E	偏股混合型基金	474	28	0.784

续表3-2

整体投资回报能力排名	基金公司（简称）	基金名称	投资类型（二级分类）	样本基金数量	同类基金中排名	期间内规模（亿）
16	中欧	中欧行业成长A	偏股混合型基金	474	30	82.020
16	中欧	中欧新趋势E	偏股混合型基金	474	63	11.202
16	中欧	中欧新趋势A	偏股混合型基金	474	67	54.360
16	中欧	中欧新动力E	偏股混合型基金	474	71	0.093
16	中欧	中欧新动力A	偏股混合型基金	474	75	15.461
16	中欧	中欧盛世成长E	偏股混合型基金	474	101	0.487
16	中欧	中欧盛世成长A	偏股混合型基金	474	102	30.113
16	中欧	中欧永裕A	偏股混合型基金	474	107	29.123
16	中欧	中欧永裕C	偏股混合型基金	474	128	0.481
16	中欧	中欧价值发现E	偏股混合型基金	474	272	0.424
16	中欧	中欧价值发现A	偏股混合型基金	474	277	23.553
16	中欧	中欧明睿新起点	偏股混合型基金	474	288	50.786
16	中欧	中欧时代先锋A	普通股票型基金	148	3	76.669
16	中欧	中欧增强回报E	混合债券型一级基金	125	40	0.273
16	中欧	中欧增强回报A	混合债券型一级基金	125	44	31.182
16	中欧	中欧新蓝筹E	灵活配置型基金	709	112	0.806
16	中欧	中欧新蓝筹A	灵活配置型基金	709	115	80.236
16	中欧	中欧价值智选回报E	灵活配置型基金	709	130	0.813
16	中欧	中欧价值智选回报A	灵活配置型基金	709	185	6.104
16	中欧	中欧精选E	灵活配置型基金	709	216	0.429
16	中欧	中欧精选A	灵活配置型基金	709	220	33.291
16	中欧	中欧潜力价值A	灵活配置型基金	709	283	10.686
16	中欧	中欧成长优选回报E	灵活配置型基金	709	338	0.095
16	中欧	中欧成长优选回报A	灵活配置型基金	709	396	1.874
16	中欧	中欧瑾源A	灵活配置型基金	709	419	3.721

续表3-2

整体投资回报能力排名	基金公司（简称）	基金名称	投资类型（二级分类）	样本基金数量	同类基金中排名	期间内规模（亿）
16	中欧	中欧瑾泉A	灵活配置型基金	709	436	0.043
16	中欧	中欧瑾泉C	灵活配置型基金	709	455	16.933
16	中欧	中欧瑾通A	灵活配置型基金	709	491	4.212
16	中欧	中欧瑾源C	灵活配置型基金	709	498	13.348
16	中欧	中欧瑾和A	灵活配置型基金	709	504	14.032
16	中欧	中欧瑾通C	灵活配置型基金	709	521	11.224
16	中欧	中欧瑾和C	灵活配置型基金	709	541	0.016
16	中欧	中欧琪和A	灵活配置型基金	709	547	22.411
16	中欧	中欧琪和C	灵活配置型基金	709	604	2.740
16	中欧	中欧滚钱宝A	货币市场型基金	385	56	456.372
16	中欧	中欧货币B	货币市场型基金	385	186	77.596
16	中欧	中欧货币A	货币市场型基金	385	324	0.911
17	金元顺安	金元顺安丰祥	中长期纯债型基金	289	221	1.005
17	金元顺安	金元顺安消费主题	偏股混合型基金	474	311	1.042
17	金元顺安	金元顺安宝石动力	偏股混合型基金	474	390	1.230
17	金元顺安	金元顺安价值增长	偏股混合型基金	474	471	0.357
17	金元顺安	金元顺安丰利	混合债券型二级基金	230	129	17.235
17	金元顺安	金元顺安优质精选A	灵活配置型基金	709	321	0.169
17	金元顺安	金元顺安优质精选C	灵活配置型基金	709	324	1.088
17	金元顺安	金元顺安成长动力	灵活配置型基金	709	648	0.653
17	金元顺安	金元顺安金元宝B	货币市场型基金	385	17	59.957
17	金元顺安	金元顺安金元宝A	货币市场型基金	385	125	1.252
18	英大	英大纯债A	中长期纯债型基金	289	25	19.559
18	英大	英大纯债C	中长期纯债型基金	289	92	0.143
18	英大	英大策略优选A	灵活配置型基金	709	79	0.329

续表3-2

整体投资回报能力排名	基金公司（简称）	基金名称	投资类型（二级分类）	样本基金数量	同类基金中排名	期间内规模（亿）
18	英大	英大策略优选C	灵活配置型基金	709	91	1.112
18	英大	英大灵活配置A	灵活配置型基金	709	231	7.668
18	英大	英大灵活配置B	灵活配置型基金	709	250	12.514
18	英大	英大领先回报	灵活配置型基金	709	279	0.787
18	英大	英大现金宝A	货币市场型基金	385	118	54.860
19	汇添富	汇添富年年利A	中长期纯债型基金	289	107	6.735
19	汇添富	汇添富年年利C	中长期纯债型基金	289	166	1.315
19	汇添富	汇添富实业债A	中长期纯债型基金	289	197	3.163
19	汇添富	汇添富高息债A	中长期纯债型基金	289	204	17.588
19	汇添富	汇添富安心中国C	中长期纯债型基金	289	240	0.438
19	汇添富	汇添富实业债C	中长期纯债型基金	289	244	0.812
19	汇添富	汇添富安心中国A	中长期纯债型基金	289	251	2.305
19	汇添富	汇添富高息债C	中长期纯债型基金	289	275	7.780
19	汇添富	汇添富消费行业	偏股混合型基金	474	7	112.879
19	汇添富	汇添富成长焦点	偏股混合型基金	474	55	75.830
19	汇添富	汇添富价值精选A	偏股混合型基金	474	86	124.941
19	汇添富	汇添富医药保健A	偏股混合型基金	474	130	61.452
19	汇添富	汇添富策略回报	偏股混合型基金	474	157	39.769
19	汇添富	汇添富逆向投资	偏股混合型基金	474	162	11.006
19	汇添富	汇添富优势精选	偏股混合型基金	474	199	29.994
19	汇添富	汇添富美丽30	偏股混合型基金	474	253	33.325
19	汇添富	汇添富民营活力A	偏股混合型基金	474	257	70.850
19	汇添富	汇添富均衡增长	偏股混合型基金	474	345	69.711
19	汇添富	汇添富社会责任	偏股混合型基金	474	434	35.156
19	汇添富	汇添富国企创新增长	普通股票型基金	148	76	14.159

续表3-2

整体投资回报能力排名	基金公司（简称）	基金名称	投资类型（二级分类）	样本基金数量	同类基金中排名	期间内规模（亿）
19	汇添富	汇添富新兴消费	普通股票型基金	148	80	17.689
19	汇添富	汇添富民营新动力	普通股票型基金	148	106	8.463
19	汇添富	汇添富环保行业	普通股票型基金	148	115	32.557
19	汇添富	汇添富成长多因子量化策略	普通股票型基金	148	119	12.693
19	汇添富	汇添富外延增长主题	普通股票型基金	148	138	45.724
19	汇添富	汇添富移动互联	普通股票型基金	148	145	95.101
19	汇添富	汇添富季季红	混合债券型一级基金	125	15	3.786
19	汇添富	汇添富增强收益A	混合债券型一级基金	125	96	17.304
19	汇添富	汇添富增强收益C	混合债券型一级基金	125	104	3.045
19	汇添富	汇添富可转债A	混合债券型二级基金	230	10	37.854
19	汇添富	汇添富可转债C	混合债券型二级基金	230	12	11.593
19	汇添富	汇添富多元收益A	混合债券型二级基金	230	27	6.186
19	汇添富	汇添富双利A	混合债券型二级基金	230	28	46.089
19	汇添富	汇添富多元收益C	混合债券型二级基金	230	39	2.969
19	汇添富	汇添富双利C	混合债券型二级基金	230	45	3.702
19	汇添富	汇添富双利增强A	混合债券型二级基金	230	49	3.916
19	汇添富	汇添富双利增强C	混合债券型二级基金	230	54	0.815
19	汇添富	汇添富蓝筹稳健	灵活配置型基金	709	52	55.501
19	汇添富	汇添富医疗服务	灵活配置型基金	709	134	135.426
19	汇添富	汇添富安鑫智选C	灵活配置型基金	709	163	14.048
19	汇添富	汇添富安鑫智选A	灵活配置型基金	709	186	3.297
19	汇添富	汇添富优选回报A	灵活配置型基金	709	201	1.352
19	汇添富	汇添富达欣A	灵活配置型基金	709	303	3.463
19	汇添富	汇添富达欣C	灵活配置型基金	709	328	4.653

续表3-2

整体投资回报能力排名	基金公司（简称）	基金名称	投资类型（二级分类）	样本基金数量	同类基金中排名	期间内规模（亿）
19	汇添富	汇添富中证主要消费ETF	被动指数型基金	306	5	47.508
19	汇添富	汇添富中证主要消费ETF联接	被动指数型基金	306	9	32.570
19	汇添富	汇添富沪深300安中动态策略	被动指数型基金	306	57	3.660
19	汇添富	汇添富中证医药卫生ETF	被动指数型基金	306	108	3.557
19	汇添富	汇添富深证300ETF	被动指数型基金	306	168	1.007
19	汇添富	汇添富深证300ETF联接	被动指数型基金	306	171	0.794
19	汇添富	汇添富上证综指	被动指数型基金	306	186	13.411
19	汇添富	汇添富中证金融地产ETF	被动指数型基金	306	200	0.739
19	汇添富	汇添富中证能源ETF	被动指数型基金	306	298	1.018
19	汇添富	汇添富和聚宝	货币市场型基金	385	31	136.324
19	汇添富	汇添富货币B	货币市场型基金	385	50	137.203
19	汇添富	汇添富全额宝	货币市场型基金	385	66	689.822
19	汇添富	汇添富现金宝A	货币市场型基金	385	72	499.196
19	汇添富	汇添富收益快线货币B	货币市场型基金	385	141	139.530
19	汇添富	汇添富添富通B	货币市场型基金	385	159	31.063
19	汇添富	汇添富货币A	货币市场型基金	385	209	2.753
19	汇添富	汇添富货币D	货币市场型基金	385	210	5.647
19	汇添富	汇添富货币C	货币市场型基金	385	211	43.732
19	汇添富	汇添富添富通A	货币市场型基金	385	305	21.555
19	汇添富	汇添富添富通E	货币市场型基金	385	310	59.713
19	汇添富	汇添富收益快钱B	货币市场型基金	385	357	0.514

续表3-2

整体投资回报能力排名	基金公司（简称）	基金名称	投资类型（二级分类）	样本基金数量	同类基金中排名	期间内规模（亿）
19	汇添富	汇添富收益快线货币A	货币市场型基金	385	369	120.917
19	汇添富	汇添富收益快钱A	货币市场型基金	385	373	0.785
20	中加	中加纯债一年A	中长期纯债型基金	289	17	9.949
20	中加	中加纯债一年C	中长期纯债型基金	289	41	1.784
20	中加	中加改革红利	灵活配置型基金	709	519	1.535
20	中加	中加心享A	灵活配置型基金	709	571	20.885
20	中加	中加货币C	货币市场型基金	385	46	106.671
20	中加	中加货币A	货币市场型基金	385	202	10.822
21	中融	中融稳健添利	混合债券型二级基金	230	208	1.774
21	中融	中融新经济A	灵活配置型基金	709	87	2.321
21	中融	中融新经济C	灵活配置型基金	709	104	12.382
21	中融	中融国企改革	灵活配置型基金	709	248	1.424
21	中融	中融鑫起点A	灵活配置型基金	709	513	0.240
21	中融	中融鑫起点C	灵活配置型基金	709	565	25.506
21	中融	中融新机遇	灵活配置型基金	709	581	2.705
21	中融	中融融安二号	灵活配置型基金	709	583	1.691
21	中融	中融融安	灵活配置型基金	709	668	2.957
21	中融	中融中证银行	被动指数型基金	306	138	0.627
21	中融	中融中证煤炭	被动指数型基金	306	252	0.439
21	中融	中融国证钢铁	被动指数型基金	306	299	0.138
21	中融	中融货币C	货币市场型基金	385	42	172.265
21	中融	中融货币A	货币市场型基金	385	196	1.363
21	中融	中融日日盈A	货币市场型基金	385	247	6.815
22	摩根士丹利华鑫	大摩纯债稳定添利A	中长期纯债型基金	289	5	10.769

续表3-2

整体投资回报能力排名	基金公司（简称）	基金名称	投资类型（二级分类）	样本基金数量	同类基金中排名	期间内规模（亿）
22	摩根士丹利华鑫	大摩纯债稳定增利	中长期纯债型基金	289	7	27.745
22	摩根士丹利华鑫	大摩纯债稳定添利C	中长期纯债型基金	289	10	9.371
22	摩根士丹利华鑫	大摩双利增强A	中长期纯债型基金	289	14	11.923
22	摩根士丹利华鑫	大摩双利增强C	中长期纯债型基金	289	30	5.455
22	摩根士丹利华鑫	大摩优质信价纯债A	中长期纯债型基金	289	54	5.336
22	摩根士丹利华鑫	大摩优质信价纯债C	中长期纯债型基金	289	90	2.430
22	摩根士丹利华鑫	大摩主题优选	偏股混合型基金	474	103	4.604
22	摩根士丹利华鑫	大摩基础行业	偏股混合型基金	474	116	1.932
22	摩根士丹利华鑫	大摩卓越成长	偏股混合型基金	474	223	8.437
22	摩根士丹利华鑫	大摩资源优选	偏股混合型基金	474	258	9.483
22	摩根士丹利华鑫	大摩领先优势	偏股混合型基金	474	273	5.110
22	摩根士丹利华鑫	大摩华鑫量化配置A	偏股混合型基金	474	376	17.068
22	摩根士丹利华鑫	大摩多因子策略	偏股混合型基金	474	433	22.474
22	摩根士丹利华鑫	大摩深证300指数增强	增强指数型基金	43	35	0.545
22	摩根士丹利华鑫	大摩品质生活精选	普通股票型基金	148	68	4.208

续表3-2

整体投资回报能力排名	基金公司（简称）	基金名称	投资类型（二级分类）	样本基金数量	同类基金中排名	期间内规模（亿）
22	摩根士丹利华鑫	大摩进取优选	普通股票型基金	148	100	0.734
22	摩根士丹利华鑫	大摩量化多策略	普通股票型基金	148	130	10.729
22	摩根士丹利华鑫	大摩强收益债券	混合债券型一级基金	125	11	6.596
22	摩根士丹利华鑫	大摩多元收益A	混合债券型二级基金	230	55	16.482
22	摩根士丹利华鑫	大摩多元收益C	混合债券型二级基金	230	68	3.459
22	摩根士丹利华鑫	大摩新机遇	灵活配置型基金	709	678	0.635
22	摩根士丹利华鑫	大摩消费领航	灵活配置型基金	709	707	2.532
23	民生加银	民生加银岁岁增利A	中长期纯债型基金	289	24	12.290
23	民生加银	民生加银平稳添利A	中长期纯债型基金	289	26	14.292
23	民生加银	民生加银岁岁增利C	中长期纯债型基金	289	48	2.985
23	民生加银	民生加银平稳添利C	中长期纯债型基金	289	57	0.596
23	民生加银	民生加银平稳增利A	中长期纯债型基金	289	63	11.795
23	民生加银	民生加银平稳增利C	中长期纯债型基金	289	118	0.429
23	民生加银	民生加银岁岁增利D	中长期纯债型基金	289	289	1.259
23	民生加银	民生加银景气行业A	偏股混合型基金	474	12	12.205
23	民生加银	民生加银内需增长	偏股混合型基金	474	41	5.575
23	民生加银	民生加银稳健成长	偏股混合型基金	474	66	1.943
23	民生加银	民生加银精选	偏股混合型基金	474	472	1.815
23	民生加银	民生加银优选	普通股票型基金	148	33	3.426
23	民生加银	民生加银增强收益A	混合债券型二级基金	230	134	21.587

续表3-2

整体投资回报能力排名	基金公司（简称）	基金名称	投资类型（二级分类）	样本基金数量	同类基金中排名	期间内规模（亿）
23	民生加银	民生加银增强收益C	混合债券型二级基金	230	149	9.789
23	民生加银	民生加银信用双利A	混合债券型二级基金	230	190	18.437
23	民生加银	民生加银信用双利C	混合债券型二级基金	230	201	7.235
23	民生加银	民生加银转债优选A	混合债券型二级基金	230	213	2.166
23	民生加银	民生加银转债优选C	混合债券型二级基金	230	217	0.745
23	民生加银	民生加银城镇化A	灵活配置型基金	709	32	7.099
23	民生加银	民生加银策略精选A	灵活配置型基金	709	95	20.775
23	民生加银	民生加银品牌蓝筹	灵活配置型基金	709	103	3.060
23	民生加银	民生加银红利回报	灵活配置型基金	709	189	2.320
23	民生加银	民生加银积极成长	灵活配置型基金	709	198	1.552
23	民生加银	民生加银研究精选	灵活配置型基金	709	257	11.922
23	民生加银	民生加银新战略	灵活配置型基金	709	282	9.392
23	民生加银	民生加银新动力A	灵活配置型基金	709	633	18.852
23	民生加银	民生加银新动力D	灵活配置型基金	709	685	0.000
23	民生加银	民生加银中证内地资源	被动指数型基金	306	218	0.788
23	民生加银	民生加银现金宝A	货币市场型基金	385	52	176.536
23	民生加银	民生加银现金增利B	货币市场型基金	385	92	103.788
23	民生加银	民生加银现金增利D	货币市场型基金	385	223	0.233
23	民生加银	民生加银现金增利A	货币市场型基金	385	254	13.446
24	鹏华	鹏华丰融	中长期纯债型基金	289	1	4.518
24	鹏华	鹏华产业债	中长期纯债型基金	289	8	12.173
24	鹏华	鹏华丰泽	中长期纯债型基金	289	19	13.876
24	鹏华	鹏华丰实A	中长期纯债型基金	289	148	6.278
24	鹏华	鹏华丰泰A	中长期纯债型基金	289	186	15.856
24	鹏华	鹏华丰实B	中长期纯债型基金	289	187	0.879

续表3-2

整体投资回报能力排名	基金公司（简称）	基金名称	投资类型（二级分类）	样本基金数量	同类基金中排名	期间内规模（亿）
24	鹏华	鹏华丰华	中长期纯债型基金	289	192	4.649
24	鹏华	鹏华丰泰B	中长期纯债型基金	289	228	0.026
24	鹏华	鹏华纯债	中长期纯债型基金	289	271	5.268
24	鹏华	鹏华永诚一年定开	中长期纯债型基金	289	278	5.762
24	鹏华	鹏华消费优选	偏股混合型基金	474	26	8.286
24	鹏华	鹏华新兴产业	偏股混合型基金	474	131	80.844
24	鹏华	鹏华普天收益	偏股混合型基金	474	136	6.722
24	鹏华	鹏华中国50	偏股混合型基金	474	164	16.784
24	鹏华	鹏华价值优势	偏股混合型基金	474	171	26.864
24	鹏华	鹏华盛世创新	偏股混合型基金	474	189	2.435
24	鹏华	鹏华动力增长	偏股混合型基金	474	197	23.113
24	鹏华	鹏华精选成长	偏股混合型基金	474	227	5.536
24	鹏华	鹏华优质治理	偏股混合型基金	474	229	17.064
24	鹏华	鹏华养老产业	普通股票型基金	148	15	6.996
24	鹏华	鹏华环保产业	普通股票型基金	148	22	6.256
24	鹏华	鹏华先进制造	普通股票型基金	148	51	2.926
24	鹏华	鹏华医药科技	普通股票型基金	148	62	21.533
24	鹏华	鹏华价值精选	普通股票型基金	148	73	2.855
24	鹏华	鹏华医疗保健	普通股票型基金	148	77	21.840
24	鹏华	鹏华改革红利	普通股票型基金	148	109	15.855
24	鹏华	鹏华丰润	混合债券型一级基金	125	72	17.569
24	鹏华	鹏华普天债券A	混合债券型一级基金	125	94	10.408
24	鹏华	鹏华普天债券B	混合债券型一级基金	125	102	2.264
24	鹏华	鹏华可转债A	混合债券型二级基金	230	5	6.234
24	鹏华	鹏华双债保利	混合债券型二级基金	230	20	17.094

续表3-2

整体投资回报能力排名	基金公司（简称）	基金名称	投资类型（二级分类）	样本基金数量	同类基金中排名	期间内规模（亿）
24	鹏华	鹏华信用增利A	混合债券型二级基金	230	21	12.534
24	鹏华	鹏华丰和A	混合债券型二级基金	230	22	5.509
24	鹏华	鹏华双债加利	混合债券型二级基金	230	26	1.491
24	鹏华	鹏华信用增利B	混合债券型二级基金	230	29	0.562
24	鹏华	鹏华双债增利	混合债券型二级基金	230	41	5.251
24	鹏华	鹏华丰盛稳固收益	混合债券型二级基金	230	83	22.198
24	鹏华	鹏华丰收	混合债券型二级基金	230	99	26.504
24	鹏华	鹏华品牌传承	灵活配置型基金	709	10	15.166
24	鹏华	鹏华外延成长	灵活配置型基金	709	33	24.996
24	鹏华	鹏华消费领先	灵活配置型基金	709	109	5.977
24	鹏华	鹏华策略优选	灵活配置型基金	709	145	4.387
24	鹏华	鹏华弘盛C	灵活配置型基金	709	171	4.184
24	鹏华	鹏华弘益A	灵活配置型基金	709	410	1.198
24	鹏华	鹏华弘益C	灵活配置型基金	709	418	17.169
24	鹏华	鹏华弘实C	灵活配置型基金	709	495	14.913
24	鹏华	鹏华弘利A	灵活配置型基金	709	496	6.994
24	鹏华	鹏华弘实A	灵活配置型基金	709	503	2.789
24	鹏华	鹏华弘利C	灵活配置型基金	709	515	11.168
24	鹏华	鹏华弘安A	灵活配置型基金	709	518	4.307
24	鹏华	鹏华弘信A	灵活配置型基金	709	520	5.590
24	鹏华	鹏华弘和A	灵活配置型基金	709	522	7.760
24	鹏华	鹏华弘华A	灵活配置型基金	709	523	2.821
24	鹏华	鹏华弘华C	灵活配置型基金	709	525	13.687
24	鹏华	鹏华弘盛A	灵活配置型基金	709	526	13.006
24	鹏华	鹏华弘信C	灵活配置型基金	709	534	15.834

续表3-2

整体投资回报能力排名	基金公司（简称）	基金名称	投资类型（二级分类）	样本基金数量	同类基金中排名	期间内规模（亿）
24	鹏华	鹏华弘泽A	灵活配置型基金	709	540	11.522
24	鹏华	鹏华弘和C	灵活配置型基金	709	542	10.002
24	鹏华	鹏华弘安C	灵活配置型基金	709	544	3.818
24	鹏华	鹏华弘润A	灵活配置型基金	709	548	10.310
24	鹏华	鹏华弘泽C	灵活配置型基金	709	549	6.432
24	鹏华	鹏华弘润C	灵活配置型基金	709	561	8.943
24	鹏华	鹏华宏观	灵活配置型基金	709	584	4.539
24	鹏华	鹏华弘鑫A	灵活配置型基金	709	597	3.309
24	鹏华	鹏华弘鑫C	灵活配置型基金	709	602	18.053
24	鹏华	鹏华弘泰C	灵活配置型基金	709	652	3.155
24	鹏华	鹏华弘泰A	灵活配置型基金	709	655	13.978
24	鹏华	鹏华中证酒	被动指数型基金	306	2	17.109
24	鹏华	鹏华沪深300A	被动指数型基金	306	43	3.849
24	鹏华	鹏华中证信息技术	被动指数型基金	306	159	5.267
24	鹏华	鹏华中证移动互联网	被动指数型基金	306	176	1.946
24	鹏华	鹏华中证银行	被动指数型基金	306	177	11.964
24	鹏华	鹏华中证A股资源产业	被动指数型基金	306	189	0.803
24	鹏华	鹏华中证800证券保险	被动指数型基金	306	203	16.350
24	鹏华	鹏华中证一带一路	被动指数型基金	306	216	4.531
24	鹏华	鹏华中证500A	被动指数型基金	306	222	3.288
24	鹏华	鹏华创业板	被动指数型基金	306	234	1.407
24	鹏华	鹏华中证国防	被动指数型基金	306	235	86.979
24	鹏华	鹏华中证环保产业	被动指数型基金	306	236	1.517
24	鹏华	鹏华中证证券	被动指数型基金	306	247	11.535
24	鹏华	鹏华中证800地产	被动指数型基金	306	255	3.536

续表3-2

整体投资回报能力排名	基金公司（简称）	基金名称	投资类型（二级分类）	样本基金数量	同类基金中排名	期间内规模（亿）
24	鹏华	鹏华国证钢铁行业	被动指数型基金	306	263	1.320
24	鹏华	鹏华中证高铁产业	被动指数型基金	306	304	0.841
24	鹏华	鹏华中证传媒	被动指数型基金	306	305	7.259
24	鹏华	鹏华安盈宝	货币市场型基金	385	2	130.363
24	鹏华	鹏华添利宝A	货币市场型基金	385	10	295.063
24	鹏华	鹏华增值宝	货币市场型基金	385	114	337.140
24	鹏华	鹏华货币B	货币市场型基金	385	143	258.945
24	鹏华	鹏华货币A	货币市场型基金	385	290	7.465
25	海富通	海富通纯债A	中长期纯债型基金	289	202	1.543
25	海富通	海富通纯债C	中长期纯债型基金	289	239	2.136
25	海富通	海富通安颐收益A	偏债混合型基金	44	16	16.311
25	海富通	海富通新内需C	偏债混合型基金	44	19	3.290
25	海富通	海富通新内需A	偏债混合型基金	44	21	8.365
25	海富通	海富通内需热点	偏股混合型基金	474	59	9.596
25	海富通	海富通精选2号	偏股混合型基金	474	140	5.948
25	海富通	海富通精选	偏股混合型基金	474	206	18.672
25	海富通	海富通领先成长	偏股混合型基金	474	209	1.701
25	海富通	海富通国策导向	偏股混合型基金	474	265	2.708
25	海富通	海富通中小盘	偏股混合型基金	474	307	8.050
25	海富通	海富通风格优势	偏股混合型基金	474	365	6.173
25	海富通	海富通股票	偏股混合型基金	474	369	33.473
25	海富通	海富通中证500增强A	增强指数型基金	43	40	0.317
25	海富通	海富通一年定期开放C	混合债券型一级基金	125	81	0.490
25	海富通	海富通稳健添利A	混合债券型一级基金	125	85	2.830
25	海富通	海富通一年定期开放A	混合债券型一级基金	125	89	12.883

续表3-2

整体投资回报能力排名	基金公司（简称）	基金名称	投资类型（二级分类）	样本基金数量	同类基金中排名	期间内规模（亿）
25	海富通	海富通稳健添利C	混合债券型一级基金	125	93	0.352
25	海富通	海富通稳固收益	混合债券型二级基金	230	178	5.425
25	海富通	海富通收益增长	灵活配置型基金	709	108	16.322
25	海富通	海富通强化回报	灵活配置型基金	709	683	4.706
25	海富通	海富通阿尔法对冲A	股票多空	15	2	77.761
25	海富通	海富通上证城投债ETF	被动指数型债券基金	10	2	38.246
25	海富通	海富通中证100A	被动指数型基金	306	24	1.390
25	海富通	海富通上证非周期ETF	被动指数型基金	306	101	0.320
25	海富通	海富通上证非周期ETF联接	被动指数型基金	306	125	0.232
25	海富通	海富通上证周期ETF	被动指数型基金	306	153	0.462
25	海富通	海富通上证周期ETF联接	被动指数型基金	306	173	0.275
25	海富通	海富通货币B	货币市场型基金	385	117	150.852
25	海富通	海富通货币A	货币市场型基金	385	277	9.213
26	上银	上银新兴价值成长	灵活配置型基金	709	146	2.324
26	上银	上银慧财宝B	货币市场型基金	385	122	252.860
26	上银	上银慧财宝A	货币市场型基金	385	282	9.463
27	交银施罗德	交银丰润收益A	中长期纯债型基金	289	130	9.986
27	交银施罗德	交银双轮动AB	中长期纯债型基金	289	140	31.376
27	交银施罗德	交银双轮动C	中长期纯债型基金	289	199	0.400
27	交银施罗德	交银裕通纯债A	中长期纯债型基金	289	201	4.057
27	交银施罗德	交银裕通纯债C	中长期纯债型基金	289	212	0.009
27	交银施罗德	交银丰享收益C	中长期纯债型基金	289	222	1.466
27	交银施罗德	交银丰盈收益A	中长期纯债型基金	289	230	6.580
27	交银施罗德	交银纯债AB	中长期纯债型基金	289	233	28.597

3 五年期公募基金管理公司整体投资回报能力评价

续表3-2

整体投资回报能力排名	基金公司（简称）	基金名称	投资类型（二级分类）	样本基金数量	同类基金中排名	期间内规模（亿）
27	交银施罗德	交银丰润收益 C	中长期纯债型基金	289	257	0.136
27	交银施罗德	交银纯债 C	中长期纯债型基金	289	262	5.883
27	交银施罗德	交银新成长	偏股混合型基金	474	11	61.456
27	交银施罗德	交银先进制造	偏股混合型基金	474	23	34.388
27	交银施罗德	交银精选	偏股混合型基金	474	34	60.114
27	交银施罗德	交银阿尔法	偏股混合型基金	474	47	48.928
27	交银施罗德	交银趋势优先	偏股混合型基金	474	54	13.240
27	交银施罗德	交银成长 30	偏股混合型基金	474	81	13.980
27	交银施罗德	交银蓝筹	偏股混合型基金	474	178	28.476
27	交银施罗德	交银成长 A	偏股混合型基金	474	322	38.976
27	交银施罗德	交银先锋	偏股混合型基金	474	352	18.435
27	交银施罗德	交银定期支付双息平衡	平衡混合型基金	27	1	40.504
27	交银施罗德	交银消费新驱动	普通股票型基金	148	7	4.094
27	交银施罗德	交银增利债券 A	混合债券型一级基金	125	62	10.041
27	交银施罗德	交银增利债券 B	混合债券型一级基金	125	63	10.041
27	交银施罗德	交银信用添利	混合债券型一级基金	125	71	18.516
27	交银施罗德	交银增利债券 C	混合债券型一级基金	125	80	4.444
27	交银施罗德	交银定期支付月月丰 A	混合债券型二级基金	230	124	0.340
27	交银施罗德	交银定期支付月月丰 C	混合债券型二级基金	230	137	0.067
27	交银施罗德	交银安心收益	混合债券型二级基金	230	163	9.600
27	交银施罗德	交银稳固收益	混合债券型二级基金	230	198	1.580
27	交银施罗德	交银强化回报 AB	混合债券型二级基金	230	199	2.537
27	交银施罗德	交银强化回报 C	混合债券型二级基金	230	209	2.617
27	交银施罗德	交银双利 AB	混合债券型二级基金	230	216	7.605
27	交银施罗德	交银双利 C	混合债券型二级基金	230	218	1.686

续表3-2

整体投资回报能力排名	基金公司（简称）	基金名称	投资类型（二级分类）	样本基金数量	同类基金中排名	期间内规模（亿）
27	交银施罗德	交银策略回报	灵活配置型基金	709	19	3.509
27	交银施罗德	交银优势行业	灵活配置型基金	709	96	35.527
27	交银施罗德	交银主题优选	灵活配置型基金	709	110	20.226
27	交银施罗德	交银稳健配置 A	灵活配置型基金	709	292	29.361
27	交银施罗德	交银国企改革	灵活配置型基金	709	326	11.138
27	交银施罗德	交银多策略回报 C	灵活配置型基金	709	382	12.038
27	交银施罗德	交银多策略回报 A	灵活配置型基金	709	385	14.460
27	交银施罗德	交银周期回报 A	灵活配置型基金	709	438	19.868
27	交银施罗德	交银周期回报 C	灵活配置型基金	709	454	5.538
27	交银施罗德	交银新回报 A	灵活配置型基金	709	464	30.862
27	交银施罗德	交银新回报 C	灵活配置型基金	709	480	0.327
27	交银施罗德	交银深证 300 价值 ETF	被动指数型基金	306	74	0.607
27	交银施罗德	交银深证 300 价值 ETF 联接	被动指数型基金	306	89	0.605
27	交银施罗德	交银 180 治理 ETF	被动指数型基金	306	118	4.970
27	交银施罗德	交银 180 治理 ETF 联接	被动指数型基金	306	127	5.162
27	交银施罗德	交银国证新能源	被动指数型基金	306	193	5.500
27	交银施罗德	交银货币 B	货币市场型基金	385	272	139.075
27	交银施罗德	交银现金宝 A	货币市场型基金	385	328	101.638
27	交银施罗德	交银货币 A	货币市场型基金	385	356	7.140
28	平安	平安添利 A	中长期纯债型基金	289	177	18.916
28	平安	平安添利 C	中长期纯债型基金	289	227	2.909
28	平安	平安行业先锋	偏股混合型基金	474	408	4.018
28	平安	平安深证 300 指数增强	增强指数型基金	43	28	0.784
28	平安	平安灵活配置	灵活配置型基金	709	196	3.141

续表3-2

整体投资回报能力排名	基金公司（简称）	基金名称	投资类型（二级分类）	样本基金数量	同类基金中排名	期间内规模（亿）
28	平安	平安策略先锋	灵活配置型基金	709	362	1.932
28	平安	平安鑫享A	灵活配置型基金	709	479	0.565
28	平安	平安鑫享C	灵活配置型基金	709	489	14.837
28	平安	平安智慧中国	灵活配置型基金	709	591	14.078
28	平安	平安鑫安A	灵活配置型基金	709	617	1.717
28	平安	平安鑫安C	灵活配置型基金	709	626	0.656
28	平安	平安新鑫先锋A	灵活配置型基金	709	670	0.968
28	平安	平安新鑫先锋C	灵活配置型基金	709	675	0.027
28	平安	平安财富宝	货币市场型基金	385	11	233.432
28	平安	平安日增利A	货币市场型基金	385	191	650.807
29	国投瑞银	国投瑞银中高等级A	中长期纯债型基金	289	45	5.155
29	国投瑞银	国投瑞银中高等级C	中长期纯债型基金	289	75	1.660
29	国投瑞银	国投瑞银新活力定开A	偏债混合型基金	44	36	0.002
29	国投瑞银	国投瑞银新活力定开C	偏债混合型基金	44	37	15.188
29	国投瑞银	国投瑞银融华债券	偏债混合型基金	44	43	3.097
29	国投瑞银	国投瑞银创新动力	偏股混合型基金	474	144	22.551
29	国投瑞银	国投瑞银成长优选	偏股混合型基金	474	243	6.955
29	国投瑞银	国投瑞银核心企业	偏股混合型基金	474	385	17.314
29	国投瑞银	国投瑞银景气行业	平衡混合型基金	27	12	9.470
29	国投瑞银	国投瑞银双债增利A	混合债券型一级基金	125	24	4.796
29	国投瑞银	国投瑞银双债增利C	混合债券型一级基金	125	34	3.388
29	国投瑞银	国投瑞银稳定增利	混合债券型一级基金	125	53	13.424
29	国投瑞银	国投瑞银优化增强AB	混合债券型二级基金	230	37	17.224
29	国投瑞银	国投瑞银优化增强C	混合债券型二级基金	230	51	8.902
29	国投瑞银	国投瑞银瑞盈	灵活配置型基金	709	41	6.965

续表3-2

整体投资回报能力排名	基金公司（简称）	基金名称	投资类型（二级分类）	样本基金数量	同类基金中排名	期间内规模（亿）
29	国投瑞银	国投瑞银境煊 A	灵活配置型基金	709	49	4.166
29	国投瑞银	国投瑞银境煊 C	灵活配置型基金	709	65	16.887
29	国投瑞银	国投瑞银新机遇 A	灵活配置型基金	709	80	6.275
29	国投瑞银	国投瑞银新机遇 C	灵活配置型基金	709	84	10.002
29	国投瑞银	国投瑞银瑞源	灵活配置型基金	709	99	10.186
29	国投瑞银	国投瑞银新兴产业	灵活配置型基金	709	128	9.344
29	国投瑞银	国投瑞银策略精选	灵活配置型基金	709	156	3.684
29	国投瑞银	国投瑞银稳健增长	灵活配置型基金	709	165	8.772
29	国投瑞银	国投瑞银医疗保健行业	灵活配置型基金	709	178	3.234
29	国投瑞银	国投瑞银美丽中国	灵活配置型基金	709	193	7.243
29	国投瑞银	国投瑞银瑞利	灵活配置型基金	709	197	10.962
29	国投瑞银	国投瑞银新丝路	灵活配置型基金	709	260	3.251
29	国投瑞银	国投瑞银新增长 A	灵活配置型基金	709	276	11.263
29	国投瑞银	国投瑞银锐意改革	灵活配置型基金	709	353	13.072
29	国投瑞银	国投瑞银信息消费	灵活配置型基金	709	357	1.672
29	国投瑞银	国投瑞银精选收益	灵活配置型基金	709	429	17.570
29	国投瑞银	国投瑞银国家安全	灵活配置型基金	709	558	28.222
29	国投瑞银	国投瑞银中证下游	被动指数型基金	306	38	0.598
29	国投瑞银	国投瑞银瑞福深证100	被动指数型基金	306	66	7.330
29	国投瑞银	国投瑞银沪深300金融地产ETF	被动指数型基金	306	91	3.989
29	国投瑞银	国投瑞银沪深300金融地产ETF联接	被动指数型基金	306	102	4.178
29	国投瑞银	国投瑞银中证上游	被动指数型基金	306	124	1.327
29	国投瑞银	国投瑞银钱多宝 A	货币市场型基金	385	5	15.210
29	国投瑞银	国投瑞银钱多宝 I	货币市场型基金	385	6	1.220

续表3-2

整体投资回报能力排名	基金公司（简称）	基金名称	投资类型（二级分类）	样本基金数量	同类基金中排名	期间内规模（亿）
29	国投瑞银	国投瑞银货币B	货币市场型基金	385	110	134.387
29	国投瑞银	国投瑞银添利宝A	货币市场型基金	385	148	139.713
29	国投瑞银	国投瑞银添利宝B	货币市场型基金	385	152	10.645
29	国投瑞银	国投瑞银增利宝B	货币市场型基金	385	172	26.448
29	国投瑞银	国投瑞银增利宝A	货币市场型基金	385	178	0.772
29	国投瑞银	国投瑞银货币A	货币市场型基金	385	271	9.246
30	新华	新华安享惠金A	中长期纯债型基金	289	13	10.730
30	新华	新华安享惠金C	中长期纯债型基金	289	28	0.192
30	新华	新华纯债添利A	中长期纯债型基金	289	78	13.125
30	新华	新华纯债添利C	中长期纯债型基金	289	121	5.820
30	新华	新华优选消费	偏股混合型基金	474	94	5.709
30	新华	新华趋势领航	偏股混合型基金	474	179	14.291
30	新华	新华行业周期轮换	偏股混合型基金	474	190	2.208
30	新华	新华优选分红	偏股混合型基金	474	207	15.824
30	新华	新华中小市值优选	偏股混合型基金	474	208	3.215
30	新华	新华钻石品质企业	偏股混合型基金	474	241	5.470
30	新华	新华优选成长	偏股混合型基金	474	248	5.564
30	新华	新华灵活主题	偏股混合型基金	474	371	0.311
30	新华	新华策略精选	普通股票型基金	148	54	12.062
30	新华	新华增盈回报	混合债券型二级基金	230	15	30.768
30	新华	新华增怡C	混合债券型二级基金	230	108	0.211
30	新华	新华增怡A	混合债券型二级基金	230	125	1.952
30	新华	新华泛资源优势	灵活配置型基金	709	26	4.634
30	新华	新华鑫益	灵活配置型基金	709	38	6.128
30	新华	新华积极价值	灵活配置型基金	709	207	2.718

续表3-2

整体投资回报能力排名	基金公司（简称）	基金名称	投资类型（二级分类）	样本基金数量	同类基金中排名	期间内规模（亿）
30	新华	新华稳健回报	灵活配置型基金	709	246	4.508
30	新华	新华行业轮换配置A	灵活配置型基金	709	329	23.084
30	新华	新华行业轮换配置C	灵活配置型基金	709	343	0.272
30	新华	新华万银多元策略	灵活配置型基金	709	474	0.846
30	新华	新华鑫回报	灵活配置型基金	709	486	0.836
30	新华	新华战略新兴产业	灵活配置型基金	709	632	5.199
30	新华	新华鑫利	灵活配置型基金	709	692	1.157
30	新华	新华中证环保产业	被动指数型基金	306	270	2.020
30	新华	新华活期添利A	货币市场型基金	385	127	5.022
30	新华	新华壹诺宝A	货币市场型基金	385	279	61.130
31	嘉实	嘉实增强信用	中长期纯债型基金	289	42	5.595
31	嘉实	嘉实丰益纯债	中长期纯债型基金	289	99	11.139
31	嘉实	嘉实纯债A	中长期纯债型基金	289	137	59.308
31	嘉实	嘉实丰益策略	中长期纯债型基金	289	144	4.103
31	嘉实	嘉实纯债C	中长期纯债型基金	289	174	1.600
31	嘉实	嘉实如意宝AB	中长期纯债型基金	289	213	5.357
31	嘉实	嘉实如意宝C	中长期纯债型基金	289	250	0.298
31	嘉实	嘉实优化红利	偏股混合型基金	474	22	13.939
31	嘉实	嘉实价值优势	偏股混合型基金	474	95	12.281
31	嘉实	嘉实增长	偏股混合型基金	474	98	33.084
31	嘉实	嘉实优质企业	偏股混合型基金	474	141	33.693
31	嘉实	嘉实主题新动力	偏股混合型基金	474	200	11.593
31	嘉实	嘉实稳健	偏股混合型基金	474	299	37.177
31	嘉实	嘉实领先成长	偏股混合型基金	474	320	16.194
31	嘉实	嘉实量化阿尔法	偏股混合型基金	474	348	4.316

续表3-2

整体投资回报能力排名	基金公司（简称）	基金名称	投资类型（二级分类）	样本基金数量	同类基金中排名	期间内规模（亿）
31	嘉实	嘉实周期优选	偏股混合型基金	474	353	25.955
31	嘉实	嘉实研究精选A	偏股混合型基金	474	357	41.008
31	嘉实	嘉实主题精选	偏股混合型基金	474	383	43.969
31	嘉实	嘉实服务增值行业	偏股混合型基金	474	398	25.783
31	嘉实	嘉实策略增长	偏股混合型基金	474	405	61.209
31	嘉实	嘉实沪深300增强	增强指数型基金	43	17	13.138
31	嘉实	嘉实成长收益A	平衡混合型基金	27	15	43.653
31	嘉实	嘉实环保低碳	普通股票型基金	148	4	39.674
31	嘉实	嘉实新兴产业	普通股票型基金	148	6	83.991
31	嘉实	嘉实新消费	普通股票型基金	148	19	18.064
31	嘉实	嘉实低价策略	普通股票型基金	148	47	4.044
31	嘉实	嘉实先进制造	普通股票型基金	148	53	22.413
31	嘉实	嘉实医疗保健	普通股票型基金	148	58	17.870
31	嘉实	嘉实研究阿尔法	普通股票型基金	148	65	4.474
31	嘉实	嘉实逆向策略	普通股票型基金	148	83	16.393
31	嘉实	嘉实企业变革	普通股票型基金	148	93	20.090
31	嘉实	嘉实腾讯自选股大数据	普通股票型基金	148	99	7.494
31	嘉实	嘉实事件驱动	普通股票型基金	148	117	76.523
31	嘉实	嘉实债券	混合债券型一级基金	125	51	12.515
31	嘉实	嘉实信用A	混合债券型一级基金	125	87	8.968
31	嘉实	嘉实信用C	混合债券型一级基金	125	101	4.687
31	嘉实	嘉实稳固收益C	混合债券型二级基金	230	32	26.821
31	嘉实	嘉实多元收益A	混合债券型二级基金	230	50	3.398
31	嘉实	嘉实多元收益B	混合债券型二级基金	230	59	5.225
31	嘉实	嘉实多利收益	混合债券型二级基金	230	126	0.659

续表3-2

整体投资回报能力排名	基金公司（简称）	基金名称	投资类型（二级分类）	样本基金数量	同类基金中排名	期间内规模（亿）
31	嘉实	嘉实泰和	灵活配置型基金	709	20	51.327
31	嘉实	嘉实回报灵活配置	灵活配置型基金	709	34	5.994
31	嘉实	嘉实新收益	灵活配置型基金	709	286	14.332
31	嘉实	嘉实新起点A	灵活配置型基金	709	557	14.486
31	嘉实	嘉实新起点C	灵活配置型基金	709	582	0.003
31	嘉实	嘉实超短债	短期纯债型基金	11	4	47.438
31	嘉实	嘉实对冲套利	股票多空	15	9	6.330
31	嘉实	嘉实绝对收益策略	股票多空	15	10	2.717
31	嘉实	嘉实中证中期国债ETF	被动指数型债券基金	10	8	2.195
31	嘉实	嘉实中期国债ETF联接A	被动指数型债券基金	10	9	0.108
31	嘉实	嘉实中期国债ETF联接C	被动指数型债券基金	10	10	0.021
31	嘉实	嘉实中证主要消费ETF	被动指数型基金	306	7	1.066
31	嘉实	嘉实深证基本面120ETF	被动指数型基金	306	44	5.166
31	嘉实	嘉实深证基本面120ETF联接A	被动指数型基金	306	49	6.093
31	嘉实	嘉实沪深300ETF	被动指数型基金	306	98	225.627
31	嘉实	嘉实沪深300ETF联接(LOF)A	被动指数型基金	306	107	181.241
31	嘉实	嘉实基本面50指数(LOF)A	被动指数型基金	306	115	12.839
31	嘉实	嘉实中证医药卫生ETF	被动指数型基金	306	137	0.366
31	嘉实	嘉实中证金融地产ETF	被动指数型基金	306	178	0.780
31	嘉实	嘉实中证金融地产ETF联接A	被动指数型基金	306	187	0.755
31	嘉实	嘉实中证500ETF	被动指数型基金	306	266	23.840

续表3-2

整体投资回报能力排名	基金公司（简称）	基金名称	投资类型（二级分类）	样本基金数量	同类基金中排名	期间内规模（亿）
31	嘉实	嘉实中证500ETF联接A	被动指数型基金	306	268	9.810
31	嘉实	嘉实中创400ETF联接A	被动指数型基金	306	295	1.363
31	嘉实	嘉实中创400ETF	被动指数型基金	306	297	1.360
31	嘉实	嘉实快线A	货币市场型基金	385	40	437.062
31	嘉实	嘉实货币B	货币市场型基金	385	62	150.213
31	嘉实	嘉实活钱包A	货币市场型基金	385	81	317.849
31	嘉实	嘉实活期宝	货币市场型基金	385	88	147.947
31	嘉实	嘉实薪金宝	货币市场型基金	385	124	133.099
31	嘉实	嘉实货币A	货币市场型基金	385	227	281.175
31	嘉实	嘉实快线H	货币市场型基金	385	261	5.057
31	嘉实	嘉实保证金理财B	货币市场型基金	385	283	0.861
31	嘉实	嘉实货币E	货币市场型基金	385	317	0.667
31	嘉实	嘉实安心货币B	货币市场型基金	385	321	32.367
31	嘉实	嘉实安心货币A	货币市场型基金	385	365	0.728
31	嘉实	嘉实保证金理财A	货币市场型基金	385	375	2.751
31	嘉实	嘉实快线C	货币市场型基金	385	378	17.952
31	嘉实	嘉实快线B	货币市场型基金	385	379	0.893
32	华夏	华夏纯债A	中长期纯债型基金	289	156	55.792
32	华夏	华夏纯债C	中长期纯债型基金	289	211	10.981
32	华夏	华夏永福A	偏债混合型基金	44	3	16.202
32	华夏	华夏永福C	偏债混合型基金	44	4	8.001
32	华夏	华夏大盘精选	偏股混合型基金	474	133	35.999
32	华夏	华夏医疗健康A	偏股混合型基金	474	202	27.533
32	华夏	华夏医疗健康C	偏股混合型基金	474	213	6.055

续表3-2

整体投资回报能力排名	基金公司（简称）	基金名称	投资类型（二级分类）	样本基金数量	同类基金中排名	期间内规模（亿）
32	华夏	华夏复兴	偏股混合型基金	474	267	40.133
32	华夏	华夏蓝筹核心	偏股混合型基金	474	279	45.971
32	华夏	华夏优势增长	偏股混合型基金	474	290	84.071
32	华夏	华夏行业精选	偏股混合型基金	474	336	35.782
32	华夏	华夏收入	偏股混合型基金	474	342	31.596
32	华夏	华夏经典配置	偏股混合型基金	474	363	12.533
32	华夏	华夏红利	偏股混合型基金	474	403	116.488
32	华夏	华夏成长	偏股混合型基金	474	417	54.935
32	华夏	华夏盛世精选	偏股混合型基金	474	465	17.854
32	华夏	华夏沪深300指数增强A	增强指数型基金	43	21	4.929
32	华夏	华夏沪深300指数增强C	增强指数型基金	43	26	2.565
32	华夏	华夏回报H	平衡混合型基金	27	2	117.762
32	华夏	华夏回报A	平衡混合型基金	27	3	117.762
32	华夏	华夏回报2号	平衡混合型基金	27	4	56.541
32	华夏	华夏领先	普通股票型基金	148	147	30.886
32	华夏	华夏双债增强A	混合债券型一级基金	125	2	3.196
32	华夏	华夏聚利	混合债券型一级基金	125	3	31.887
32	华夏	华夏双债增强C	混合债券型一级基金	125	4	1.433
32	华夏	华夏债券AB	混合债券型一级基金	125	14	10.210
32	华夏	华夏债券C	混合债券型一级基金	125	17	18.067
32	华夏	华夏稳定双利债券C	混合债券型一级基金	125	107	8.737
32	华夏	华夏安康信用优选A	混合债券型二级基金	230	35	9.714
32	华夏	华夏安康信用优选C	混合债券型二级基金	230	47	4.257
32	华夏	华夏希望债券A	混合债券型二级基金	230	141	19.699

续表3-2

整体投资回报能力排名	基金公司（简称）	基金名称	投资类型（二级分类）	样本基金数量	同类基金中排名	期间内规模（亿）
32	华夏	华夏希望债券C	混合债券型二级基金	230	158	7.858
32	华夏	华夏策略精选	灵活配置型基金	709	141	8.368
32	华夏	华夏国企改革	灵活配置型基金	709	230	16.666
32	华夏	华夏兴华A	灵活配置型基金	709	313	12.375
32	华夏	华夏兴和	灵活配置型基金	709	446	9.555
32	华夏	华夏新趋势A	灵活配置型基金	709	552	2.350
32	华夏	华夏新趋势C	灵活配置型基金	709	553	1.589
32	华夏	华夏平稳增长	灵活配置型基金	709	671	19.836
32	华夏	华夏亚债中国A	被动指数型债券基金	10	4	63.381
32	华夏	华夏亚债中国C	被动指数型债券基金	10	6	0.494
32	华夏	华夏上证主要消费ETF	被动指数型基金	306	4	3.529
32	华夏	华夏上证医药卫生ETF	被动指数型基金	306	29	1.567
32	华夏	华夏上证50ETF	被动指数型基金	306	58	433.644
32	华夏	华夏MSCI中国A股国际通ETF	被动指数型基金	306	68	6.861
32	华夏	华夏上证50ETF联接A	被动指数型基金	306	70	10.547
32	华夏	华夏MSCI中国A股国际通ETF联接A	被动指数型基金	306	85	2.339
32	华夏	华夏沪深300ETF	被动指数型基金	306	90	242.681
32	华夏	华夏沪深300ETF联接A	被动指数型基金	306	97	129.500
32	华夏	华夏沪港通恒生ETF	被动指数型基金	306	122	6.812
32	华夏	华夏沪港通恒生ETF联接A	被动指数型基金	306	133	4.070
32	华夏	华夏上证金融地产ETF	被动指数型基金	306	136	1.025
32	华夏	华夏中小板ETF	被动指数型基金	306	190	28.917

续表3-2

整体投资回报能力排名	基金公司（简称）	基金名称	投资类型（二级分类）	样本基金数量	同类基金中排名	期间内规模（亿）
32	华夏	华夏中证500ETF联接A	被动指数型基金	306	271	17.854
32	华夏	华夏中证500ETF	被动指数型基金	306	273	32.747
32	华夏	华夏收益宝B	货币市场型基金	385	54	48.670
32	华夏	华夏货币B	货币市场型基金	385	57	169.163
32	华夏	华夏现金增利B	货币市场型基金	385	58	1012.559
32	华夏	华夏财富宝A	货币市场型基金	385	89	728.175
32	华夏	华夏薪金宝	货币市场型基金	385	96	67.055
32	华夏	华夏现金宝B	货币市场型基金	385	105	21.656
32	华夏	华夏保证金B	货币市场型基金	385	139	3.940
32	华夏	华夏货币A	货币市场型基金	385	218	20.098
32	华夏	华夏现金增利E	货币市场型基金	385	219	589.202
32	华夏	华夏现金增利A	货币市场型基金	385	220	589.202
32	华夏	华夏收益宝A	货币市场型基金	385	221	0.744
32	华夏	华夏现金宝A	货币市场型基金	385	270	70.855
32	华夏	华夏保证金A	货币市场型基金	385	368	2.460
33	广发	广发双债添利A	中长期纯债型基金	289	79	75.927
33	广发	广发集利一年A	中长期纯债型基金	289	96	13.412
33	广发	广发双债添利C	中长期纯债型基金	289	127	4.949
33	广发	广发集利一年C	中长期纯债型基金	289	161	2.984
33	广发	广发纯债A	中长期纯债型基金	289	170	17.183
33	广发	广发聚源A	中长期纯债型基金	289	200	12.923
33	广发	广发纯债C	中长期纯债型基金	289	218	22.275
33	广发	广发聚源C	中长期纯债型基金	289	246	0.349
33	广发	广发聚安A	偏债混合型基金	44	5	3.890

续表3-2

整体投资回报能力排名	基金公司（简称）	基金名称	投资类型（二级分类）	样本基金数量	同类基金中排名	期间内规模（亿）
33	广发	广发聚安C	偏债混合型基金	44	11	12.550
33	广发	广发聚宝A	偏债混合型基金	44	13	6.757
33	广发	广发聚泰A	偏债混合型基金	44	26	0.409
33	广发	广发聚泰C	偏债混合型基金	44	28	12.644
33	广发	广发小盘成长A	偏股混合型基金	474	15	101.121
33	广发	广发消费品精选A	偏股混合型基金	474	24	4.546
33	广发	广发新经济A	偏股混合型基金	474	27	20.052
33	广发	广发大盘成长	偏股混合型基金	474	32	40.954
33	广发	广发聚瑞A	偏股混合型基金	474	110	16.736
33	广发	广发制造业精选A	偏股混合型基金	474	114	11.473
33	广发	广发轮动配置	偏股混合型基金	474	132	12.278
33	广发	广发核心精选	偏股混合型基金	474	301	13.441
33	广发	广发策略优选	偏股混合型基金	474	346	46.912
33	广发	广发聚丰A	偏股混合型基金	474	359	86.825
33	广发	广发行业领先A	偏股混合型基金	474	414	36.889
33	广发	广发新动力	偏股混合型基金	474	416	23.765
33	广发	广发行业领先H	偏股混合型基金	474	428	0.011
33	广发	广发稳健增长A	平衡混合型基金	27	7	157.946
33	广发	广发聚富	平衡混合型基金	27	22	19.353
33	广发	广发聚利A	混合债券型一级基金	125	50	13.026
33	广发	广发聚财信用A	混合债券型一级基金	125	76	5.146
33	广发	广发增强债券	混合债券型一级基金	125	88	7.844
33	广发	广发聚财信用B	混合债券型一级基金	125	90	3.900
33	广发	广发聚鑫A	混合债券型二级基金	230	16	61.699
33	广发	广发聚鑫C	混合债券型二级基金	230	19	12.495

续表3-2

整体投资回报能力排名	基金公司（简称）	基金名称	投资类型（二级分类）	样本基金数量	同类基金中排名	期间内规模（亿）
33	广发	广发竞争优势	灵活配置型基金	709	50	10.947
33	广发	广发聚优 A	灵活配置型基金	709	118	3.951
33	广发	广发逆向策略	灵活配置型基金	709	142	1.187
33	广发	广发内需增长	灵活配置型基金	709	195	9.692
33	广发	广发百发大数据策略成长 E	灵活配置型基金	709	366	0.690
33	广发	广发百发大数据策略成长 A	灵活配置型基金	709	369	3.019
33	广发	广发趋势优选 A	灵活配置型基金	709	409	52.163
33	广发	广发安宏回报 A	灵活配置型基金	709	424	4.341
33	广发	广发成长优选	灵活配置型基金	709	451	2.552
33	广发	广发聚祥灵活配置	灵活配置型基金	709	471	5.494
33	广发	广发安宏回报 C	灵活配置型基金	709	477	0.008
33	广发	广发聚盛 A	灵活配置型基金	709	484	2.493
33	广发	广发主题领先	灵活配置型基金	709	485	17.334
33	广发	广发多策略	灵活配置型基金	709	490	31.703
33	广发	广发聚盛 C	灵活配置型基金	709	493	1.156
33	广发	广发百发大数据 E	灵活配置型基金	709	509	1.365
33	广发	广发百发大数据 A	灵活配置型基金	709	510	1.013
33	广发	广发改革先锋	灵活配置型基金	709	687	13.107
33	广发	广发理财年年红	短期纯债型基金	11	9	9.713
33	广发	广发对冲套利	股票多空	15	6	24.189
33	广发	广发沪深 300ETF	被动指数型基金	306	75	13.115
33	广发	广发沪深 300ETF 联接 A	被动指数型基金	306	99	15.357
33	广发	广发中证全指医药卫生 ETF	被动指数型基金	306	120	12.878

续表3-2

整体投资回报能力排名	基金公司（简称）	基金名称	投资类型（二级分类）	样本基金数量	同类基金中排名	期间内规模（亿）
33	广发	广发中证全指医药卫生ETF联接A	被动指数型基金	306	130	9.389
33	广发	广发中证全指金融地产ETF	被动指数型基金	306	148	10.372
33	广发	广发中证百发100E	被动指数型基金	306	151	7.652
33	广发	广发中证百发100A	被动指数型基金	306	152	4.026
33	广发	广发中证全指金融地产ETF联接A	被动指数型基金	306	180	4.915
33	广发	广发中证养老产业A	被动指数型基金	306	209	6.420
33	广发	广发中证全指可选消费ETF	被动指数型基金	306	219	4.437
33	广发	广发中证全指原材料ETF	被动指数型基金	306	227	0.693
33	广发	广发中证全指可选消费ETF联接A	被动指数型基金	306	228	4.023
33	广发	广发中小板300ETF	被动指数型基金	306	233	2.406
33	广发	广发中证环保产业联接A	被动指数型基金	306	242	15.731
33	广发	广发中小板300ETF联接A	被动指数型基金	306	243	2.269
33	广发	广发中证全指信息技术ETF	被动指数型基金	306	256	10.606
33	广发	广发中证全指信息技术ETF联接A	被动指数型基金	306	265	3.490
33	广发	广发中证500ETF	被动指数型基金	306	275	25.302
33	广发	广发中证500ETF联接A	被动指数型基金	306	278	15.981
33	广发	广发中证全指能源ETF	被动指数型基金	306	289	0.773
33	广发	广发天天红B	货币市场型基金	385	39	132.936

续表3-2

整体投资回报能力排名	基金公司（简称）	基金名称	投资类型（二级分类）	样本基金数量	同类基金中排名	期间内规模（亿）
33	广发	广发天天利B	货币市场型基金	385	47	0.445
33	广发	广发现金宝B	货币市场型基金	385	70	3.296
33	广发	广发活期宝A	货币市场型基金	385	74	5.146
33	广发	广发货币B	货币市场型基金	385	87	893.015
33	广发	广发钱袋子A	货币市场型基金	385	97	178.478
33	广发	广发天天红A	货币市场型基金	385	192	106.303
33	广发	广发天天利E	货币市场型基金	385	204	402.914
33	广发	广发天天利A	货币市场型基金	385	205	3.750
33	广发	广发货币A	货币市场型基金	385	246	65.441
33	广发	广发现金宝A	货币市场型基金	385	360	5.040
34	工银瑞信	工银信用纯债一年A	中长期纯债型基金	289	58	1.535
34	工银瑞信	工银信用纯债一年C	中长期纯债型基金	289	101	0.821
34	工银瑞信	工银信用纯债两年A	中长期纯债型基金	289	175	3.847
34	工银瑞信	工银中高等级信用债A	中长期纯债型基金	289	194	6.073
34	工银瑞信	工银瑞信纯债	中长期纯债型基金	289	206	3.275
34	工银瑞信	工银信用纯债两年C	中长期纯债型基金	289	226	0.273
34	工银瑞信	工银中高等级信用债B	中长期纯债型基金	289	242	3.688
34	工银瑞信	工银瑞信纯债A	中长期纯债型基金	289	256	45.827
34	工银瑞信	工银瑞信目标收益一年C	中长期纯债型基金	289	270	3.966
34	工银瑞信	工银瑞信纯债B	中长期纯债型基金	289	274	24.924
34	工银瑞信	工银瑞信信用纯债A	中长期纯债型基金	289	279	14.892
34	工银瑞信	工银瑞信信用纯债B	中长期纯债型基金	289	282	3.117
34	工银瑞信	工银瑞信消费服务	偏股混合型基金	474	44	3.846
34	工银瑞信	工银瑞信大盘蓝筹	偏股混合型基金	474	106	3.476

3 五年期公募基金管理公司整体投资回报能力评价

续表3-2

整体投资回报能力排名	基金公司（简称）	基金名称	投资类型（二级分类）	样本基金数量	同类基金中排名	期间内规模（亿）
34	工银瑞信	工银瑞信量化策略	偏股混合型基金	474	139	3.243
34	工银瑞信	工银瑞信核心价值A	偏股混合型基金	474	159	53.646
34	工银瑞信	工银瑞信中小盘成长	偏股混合型基金	474	160	6.662
34	工银瑞信	工银瑞信信息产业	偏股混合型基金	474	170	21.831
34	工银瑞信	工银瑞信红利	偏股混合型基金	474	211	6.771
34	工银瑞信	工银瑞信主题策略	偏股混合型基金	474	214	20.963
34	工银瑞信	工银瑞信金融地产A	偏股混合型基金	474	274	51.557
34	工银瑞信	工银瑞信精选平衡	偏股混合型基金	474	427	23.906
34	工银瑞信	工银瑞信稳健成长A	偏股混合型基金	474	462	22.393
34	工银瑞信	工银瑞信文体产业A	普通股票型基金	148	2	62.722
34	工银瑞信	工银瑞信战略转型主题	普通股票型基金	148	9	20.267
34	工银瑞信	工银瑞信新金融	普通股票型基金	148	18	17.214
34	工银瑞信	工银瑞信新蓝筹	普通股票型基金	148	24	2.560
34	工银瑞信	工银瑞信美丽城镇主题	普通股票型基金	148	27	6.977
34	工银瑞信	工银瑞信养老产业	普通股票型基金	148	48	26.877
34	工银瑞信	工银瑞信国企改革主题	普通股票型基金	148	49	22.798
34	工银瑞信	工银瑞信医疗保健行业	普通股票型基金	148	57	53.356
34	工银瑞信	工银瑞信研究精选	普通股票型基金	148	64	1.685
34	工银瑞信	工银瑞信农业产业	普通股票型基金	148	69	12.987
34	工银瑞信	工银瑞信生态环境	普通股票型基金	148	85	17.965
34	工银瑞信	工银瑞信新材料新能源行业	普通股票型基金	148	108	30.880
34	工银瑞信	工银瑞信高端制造行业	普通股票型基金	148	111	20.792
34	工银瑞信	工银瑞信聚焦30	普通股票型基金	148	121	4.274
34	工银瑞信	工银瑞信互联网加	普通股票型基金	148	146	82.721

续表3-2

整体投资回报能力排名	基金公司（简称）	基金名称	投资类型（二级分类）	样本基金数量	同类基金中排名	期间内规模（亿）
34	工银瑞信	工银瑞信创新动力	普通股票型基金	148	148	23.422
34	工银瑞信	工银瑞信四季收益	混合债券型一级基金	125	60	16.477
34	工银瑞信	工银瑞信增强收益A	混合债券型一级基金	125	77	16.793
34	工银瑞信	工银瑞信增强收益B	混合债券型一级基金	125	92	8.610
34	工银瑞信	工银瑞信信用添利A	混合债券型一级基金	125	114	22.754
34	工银瑞信	工银瑞信信用添利B	混合债券型一级基金	125	118	19.508
34	工银瑞信	工银瑞信双利A	混合债券型二级基金	230	31	133.642
34	工银瑞信	工银瑞信产业债A	混合债券型二级基金	230	43	59.177
34	工银瑞信	工银瑞信双利B	混合债券型二级基金	230	46	23.865
34	工银瑞信	工银瑞信产业债B	混合债券型二级基金	230	58	3.510
34	工银瑞信	工银月月薪定期支付A	混合债券型二级基金	230	111	8.491
34	工银瑞信	工银瑞信添颐A	混合债券型二级基金	230	119	5.562
34	工银瑞信	工银瑞信添颐B	混合债券型二级基金	230	131	9.278
34	工银瑞信	工银瑞信添福B	混合债券型二级基金	230	200	3.744
34	工银瑞信	工银瑞信添福A	混合债券型二级基金	230	202	28.705
34	工银瑞信	工银瑞信新趋势A	灵活配置型基金	709	11	11.106
34	工银瑞信	工银瑞信新趋势C	灵活配置型基金	709	18	0.415
34	工银瑞信	工银瑞信丰盈回报	灵活配置型基金	709	74	22.588
34	工银瑞信	工银瑞信灵活配置A	灵活配置型基金	709	111	4.805
34	工银瑞信	工银瑞信总回报	灵活配置型基金	709	138	17.952
34	工银瑞信	工银瑞信新财富	灵活配置型基金	709	139	11.888
34	工银瑞信	工银瑞信丰收回报A	灵活配置型基金	709	291	9.883
34	工银瑞信	工银瑞信丰收回报C	灵活配置型基金	709	297	1.580
34	工银瑞信	工银瑞信成长收益A	灵活配置型基金	709	433	5.699
34	工银瑞信	工银瑞信成长收益B	灵活配置型基金	709	488	1.300

续表3-2

整体投资回报能力排名	基金公司（简称）	基金名称	投资类型（二级分类）	样本基金数量	同类基金中排名	期间内规模（亿）
34	工银瑞信	工银瑞信灵活配置B	灵活配置型基金	709	679	16.181
34	工银瑞信	工银瑞信绝对收益A	股票多空	15	8	38.927
34	工银瑞信	工银瑞信绝对收益B	股票多空	15	11	5.988
34	工银瑞信	工银瑞信深证红利ETF	被动指数型基金	306	14	22.012
34	工银瑞信	工银瑞信深证红利ETF联接A	被动指数型基金	306	18	9.752
34	工银瑞信	工银瑞信沪深300A	被动指数型基金	306	109	26.270
34	工银瑞信	工银上证央企50ETF	被动指数型基金	306	181	2.053
34	工银瑞信	工银瑞信中证传媒A	被动指数型基金	306	306	1.203
34	工银瑞信	工银瑞信薪金B	货币市场型基金	385	23	200.423
34	工银瑞信	工银瑞信现金快线	货币市场型基金	385	80	140.174
34	工银瑞信	工银瑞信添益快线	货币市场型基金	385	86	303.458
34	工银瑞信	工银瑞信货币	货币市场型基金	385	123	1 285.322
34	工银瑞信	工银瑞信薪金A	货币市场型基金	385	170	63.698
34	工银瑞信	工银瑞信财富快线A	货币市场型基金	385	268	9.187
35	中金	中金纯债A	中长期纯债型基金	289	207	1.071
35	中金	中金纯债C	中长期纯债型基金	289	247	0.297
35	中金	中金消费升级	普通股票型基金	148	101	2.870
35	中金	中金绝对收益策略	股票多空	15	12	1.819
35	中金	中金现金管家B	货币市场型基金	385	106	44.618
35	中金	中金现金管家A	货币市场型基金	385	266	0.677
36	富国	富国强回报A	中长期纯债型基金	289	2	2.675
36	富国	富国强回报C	中长期纯债型基金	289	9	0.639
36	富国	富国新天锋	中长期纯债型基金	289	47	4.431
36	富国	富国信用债A	中长期纯债型基金	289	53	61.077

续表3-2

整体投资回报能力排名	基金公司（简称）	基金名称	投资类型（二级分类）	样本基金数量	同类基金中排名	期间内规模（亿）
36	富国	富国一年期纯债	中长期纯债型基金	289	66	11.198
36	富国	富国纯债 AB	中长期纯债型基金	289	77	2.417
36	富国	富国目标齐利一年	中长期纯债型基金	289	80	11.014
36	富国	富国产业债 A	中长期纯债型基金	289	84	40.387
36	富国	富国信用债 C	中长期纯债型基金	289	98	4.776
36	富国	富国纯债 C	中长期纯债型基金	289	145	1.365
36	富国	富国国有企业债 AB	中长期纯债型基金	289	162	3.004
36	富国	富国国有企业债 C	中长期纯债型基金	289	214	0.455
36	富国	富国低碳新经济	偏股混合型基金	474	6	33.009
36	富国	富国天益价值	偏股混合型基金	474	18	64.628
36	富国	富国天瑞强势精选	偏股混合型基金	474	46	32.174
36	富国	富国高新技术产业	偏股混合型基金	474	51	14.017
36	富国	富国通胀通缩主题	偏股混合型基金	474	77	4.191
36	富国	富国天合稳健优选	偏股混合型基金	474	112	41.304
36	富国	富国医疗保健行业	偏股混合型基金	474	115	23.945
36	富国	富国天惠精选成长 A	偏股混合型基金	474	125	142.504
36	富国	富国消费主题	偏股混合型基金	474	135	22.083
36	富国	富国中小盘精选	偏股混合型基金	474	149	14.563
36	富国	富国天博创新主题	偏股混合型基金	474	167	34.217
36	富国	富国国家安全主题	偏股混合型基金	474	361	20.534
36	富国	富国改革动力	偏股混合型基金	474	463	66.074
36	富国	富国低碳环保	偏股混合型基金	474	464	57.664
36	富国	富国沪深 300 增强	增强指数型基金	43	18	45.168
36	富国	富国中证红利指数增强 A	增强指数型基金	43	34	22.863
36	富国	富国中证 500 指数增强	增强指数型基金	43	38	29.912

续表3-2

整体投资回报能力排名	基金公司（简称）	基金名称	投资类型（二级分类）	样本基金数量	同类基金中排名	期间内规模（亿）
36	富国	富国天源沪港深	平衡混合型基金	27	13	8.987
36	富国	富国文体健康	普通股票型基金	148	32	20.840
36	富国	富国高端制造行业	普通股票型基金	148	71	14.372
36	富国	富国新兴产业	普通股票型基金	148	129	28.885
36	富国	富国城镇发展	普通股票型基金	148	144	29.610
36	富国	富国天盈 C	混合债券型一级基金	125	22	9.502
36	富国	富国天利增长债券	混合债券型一级基金	125	28	65.451
36	富国	富国天丰强化收益	混合债券型一级基金	125	59	10.777
36	富国	富国收益增强 A	混合债券型二级基金	230	25	8.628
36	富国	富国收益增强 C	混合债券型二级基金	230	38	2.529
36	富国	富国稳健增强 AB	混合债券型二级基金	230	65	7.416
36	富国	富国稳健增强 C	混合债券型二级基金	230	84	0.900
36	富国	富国优化增强 A	混合债券型二级基金	230	92	13.995
36	富国	富国优化增强 B	混合债券型二级基金	230	93	13.995
36	富国	富国可转债 A	混合债券型二级基金	230	106	16.667
36	富国	富国优化增强 C	混合债券型二级基金	230	115	3.260
36	富国	富国新动力 A	灵活配置型基金	709	14	27.356
36	富国	富国新动力 C	灵活配置型基金	709	17	7.274
36	富国	富国沪港深价值精选	灵活配置型基金	709	46	40.108
36	富国	富国天盛	灵活配置型基金	709	51	5.877
36	富国	富国宏观策略	灵活配置型基金	709	136	4.944
36	富国	富国天成红利	灵活配置型基金	709	214	20.852
36	富国	富国新收益 A	灵活配置型基金	709	218	11.614
36	富国	富国新收益 C	灵活配置型基金	709	221	9.173
36	富国	富国新回报 AB	灵活配置型基金	709	294	3.991

续表3-2

整体投资回报能力排名	基金公司（简称）	基金名称	投资类型（二级分类）	样本基金数量	同类基金中排名	期间内规模（亿）
36	富国	富国新回报 C	灵活配置型基金	709	310	0.164
36	富国	富国研究精选	灵活配置型基金	709	349	17.800
36	富国	富国绝对收益多策略 A	股票多空	15	3	23.952
36	富国	富国中证新能源汽车	被动指数型基金	306	106	52.689
36	富国	富国中证工业 4.0	被动指数型基金	306	165	28.281
36	富国	富国上证综指 ETF	被动指数型基金	306	174	3.218
36	富国	富国上证综指 ETF 联接	被动指数型基金	306	184	2.300
36	富国	富国国企改革	被动指数型基金	306	185	87.553
36	富国	富国中证煤炭	被动指数型基金	306	199	1.786
36	富国	富国中证移动互联网	被动指数型基金	306	229	10.155
36	富国	富国创业板指数分级	被动指数型基金	306	237	21.489
36	富国	富国证券分级	被动指数型基金	306	254	16.631
36	富国	富国中证军工	被动指数型基金	306	283	120.761
36	富国	富国中证体育产业	被动指数型基金	306	302	2.684
36	富国	富国富钱包 A	货币市场型基金	385	71	465.651
36	富国	富国安益	货币市场型基金	385	132	146.869
36	富国	富国天时货币 B	货币市场型基金	385	156	109.145
36	富国	富国收益宝 B	货币市场型基金	385	180	66.910
36	富国	富国收益宝 A	货币市场型基金	385	260	0.362
36	富国	富国收益宝 H	货币市场型基金	385	263	34.478
36	富国	富国天时货币 C	货币市场型基金	385	298	7.970
36	富国	富国天时货币 A	货币市场型基金	385	301	5.423
36	富国	富国天时货币 D	货币市场型基金	385	361	0.113
37	财通	财通可持续发展主题	偏股混合型基金	474	187	2.105
37	财通	财通中证 100 指数增强 A	增强指数型基金	43	27	1.445

续表3-2

整体投资回报能力排名	基金公司（简称）	基金名称	投资类型（二级分类）	样本基金数量	同类基金中排名	期间内规模（亿）
37	财通	财通收益增强A	混合债券型二级基金	230	62	3.443
37	财通	财通可转债A	混合债券型二级基金	230	127	0.530
37	财通	财通多策略精选	灵活配置型基金	709	188	16.623
37	财通	财通价值动量	灵活配置型基金	709	192	17.801
37	财通	财通成长优选	灵活配置型基金	709	285	19.273
38	金鹰	金鹰元盛C	中长期纯债型基金	289	153	2.797
38	金鹰	金鹰元安A	偏债混合型基金	44	14	3.782
38	金鹰	金鹰行业优势	偏股混合型基金	474	194	2.343
38	金鹰	金鹰策略配置	偏股混合型基金	474	270	5.751
38	金鹰	金鹰主题优势	偏股混合型基金	474	294	4.816
38	金鹰	金鹰稳健成长	偏股混合型基金	474	309	4.938
38	金鹰	金鹰中小盘精选	偏股混合型基金	474	394	6.515
38	金鹰	金鹰核心资源	偏股混合型基金	474	473	2.923
38	金鹰	金鹰科技创新	普通股票型基金	148	126	9.169
38	金鹰	金鹰持久增利C	混合债券型二级基金	230	23	0.784
38	金鹰	金鹰民族新兴	灵活配置型基金	709	93	2.715
38	金鹰	金鹰改革红利	灵活配置型基金	709	105	3.545
38	金鹰	金鹰灵活配置A	灵活配置型基金	709	320	2.864
38	金鹰	金鹰产业整合	灵活配置型基金	709	371	4.385
38	金鹰	金鹰灵活配置C	灵活配置型基金	709	376	5.515
38	金鹰	金鹰成分股优选	灵活配置型基金	709	388	3.924
38	金鹰	金鹰红利价值	灵活配置型基金	709	651	0.792
38	金鹰	金鹰技术领先A	灵活配置型基金	709	708	2.336
38	金鹰	金鹰货币B	货币市场型基金	385	19	72.886
38	金鹰	金鹰货币A	货币市场型基金	385	135	1.858

续表3-2

整体投资回报能力排名	基金公司（简称）	基金名称	投资类型（二级分类）	样本基金数量	同类基金中排名	期间内规模（亿）
39	兴业	兴业定期开放 A	中长期纯债型基金	289	36	16.551
39	兴业	兴业添利	中长期纯债型基金	289	43	94.544
39	兴业	兴业年年利	中长期纯债型基金	289	105	21.829
39	兴业	兴业稳固收益两年	中长期纯债型基金	289	179	26.734
39	兴业	兴业丰利	中长期纯债型基金	289	272	22.751
39	兴业	兴业稳固收益一年	中长期纯债型基金	289	288	6.300
39	兴业	兴业收益增强 A	混合债券型二级基金	230	52	4.610
39	兴业	兴业收益增强 C	混合债券型二级基金	230	66	2.304
39	兴业	兴业国企改革	灵活配置型基金	709	37	4.158
39	兴业	兴业聚利	灵活配置型基金	709	183	2.743
39	兴业	兴业聚惠 A	灵活配置型基金	709	308	10.066
39	兴业	兴业多策略	灵活配置型基金	709	432	6.000
39	兴业	兴业添天盈 B	货币市场型基金	385	38	50.620
39	兴业	兴业鑫天盈 B	货币市场型基金	385	157	148.634
39	兴业	兴业添天盈 A	货币市场型基金	385	190	6.577
39	兴业	兴业货币 B	货币市场型基金	385	199	152.893
39	兴业	兴业鑫天盈 A	货币市场型基金	385	314	5.754
39	兴业	兴业货币 A	货币市场型基金	385	331	10.874
40	建信	建信安心回报 6 个月 A	中长期纯债型基金	289	34	0.236
40	建信	建信纯债 A	中长期纯债型基金	289	89	14.809
40	建信	建信安心回报 6 个月 C	中长期纯债型基金	289	135	1.049
40	建信	建信纯债 C	中长期纯债型基金	289	150	6.058
40	建信	建信安心回报 A	中长期纯债型基金	289	168	0.627
40	建信	建信安心回报 C	中长期纯债型基金	289	216	0.543
40	建信	建信内生动力	偏股混合型基金	474	48	7.389

续表3-2

整体投资回报能力排名	基金公司（简称）	基金名称	投资类型（二级分类）	样本基金数量	同类基金中排名	期间内规模（亿）
40	建信	建信健康民生	偏股混合型基金	474	89	1.245
40	建信	建信创新中国	偏股混合型基金	474	93	1.168
40	建信	建信优势动力	偏股混合型基金	474	143	6.038
40	建信	建信核心精选	偏股混合型基金	474	153	9.100
40	建信	建信消费升级	偏股混合型基金	474	174	0.725
40	建信	建信优选成长A	偏股混合型基金	474	185	22.144
40	建信	建信恒久价值	偏股混合型基金	474	255	13.392
40	建信	建信社会责任	偏股混合型基金	474	303	0.332
40	建信	建信优化配置	偏股混合型基金	474	318	25.352
40	建信	建信深证100指数增强	增强指数型基金	43	19	0.957
40	建信	建信精工制造指数增强	增强指数型基金	43	23	0.883
40	建信	建信中证500指数增强A	增强指数型基金	43	39	25.709
40	建信	建信大安全	普通股票型基金	148	17	2.014
40	建信	建信改革红利	普通股票型基金	148	39	2.456
40	建信	建信信息产业	普通股票型基金	148	60	7.365
40	建信	建信潜力新蓝筹	普通股票型基金	148	88	1.043
40	建信	建信环保产业	普通股票型基金	148	112	34.150
40	建信	建信中小盘	普通股票型基金	148	114	3.037
40	建信	建信互联网＋产业升级	普通股票型基金	148	124	14.951
40	建信	建信稳定增利A	混合债券型一级基金	125	84	14.505
40	建信	建信稳定增利C	混合债券型一级基金	125	99	24.825
40	建信	建信信用增强A	混合债券型一级基金	125	115	4.177
40	建信	建信双债增强A	混合债券型一级基金	125	116	3.017
40	建信	建信信用增强C	混合债券型一级基金	125	117	1.742

续表3-2

整体投资回报能力排名	基金公司（简称）	基金名称	投资类型（二级分类）	样本基金数量	同类基金中排名	期间内规模（亿）
40	建信	建信双债增强C	混合债券型一级基金	125	119	1.686
40	建信	建信稳定得利A	混合债券型二级基金	230	71	2.800
40	建信	建信稳定得利C	混合债券型二级基金	230	88	1.899
40	建信	建信稳定丰利A	混合债券型二级基金	230	109	3.359
40	建信	建信稳定丰利C	混合债券型二级基金	230	122	1.987
40	建信	建信收益增强A	混合债券型二级基金	230	145	7.934
40	建信	建信转债增强A	混合债券型二级基金	230	157	0.852
40	建信	建信收益增强C	混合债券型二级基金	230	168	3.113
40	建信	建信转债增强C	混合债券型二级基金	230	172	1.084
40	建信	建信稳定添利A	混合债券型二级基金	230	177	1.699
40	建信	建信双息红利A	混合债券型二级基金	230	189	29.353
40	建信	建信稳定添利C	混合债券型二级基金	230	192	1.546
40	建信	建信双息红利C	混合债券型二级基金	230	197	7.822
40	建信	建信鑫利	灵活配置型基金	709	101	26.350
40	建信	建信恒稳价值	灵活配置型基金	709	152	0.520
40	建信	建信积极配置	灵活配置型基金	709	263	2.335
40	建信	建信新经济	灵活配置型基金	709	304	5.392
40	建信	建信睿盈A	灵活配置型基金	709	497	1.497
40	建信	建信睿盈C	灵活配置型基金	709	556	0.995
40	建信	建信鑫安回报	灵活配置型基金	709	593	14.459
40	建信	建信鑫丰回报A	灵活配置型基金	709	624	0.246
40	建信	建信鑫丰回报C	灵活配置型基金	709	627	11.422
40	建信	建信灵活配置	灵活配置型基金	709	658	2.448
40	建信	建信央视财经50	被动指数型基金	306	21	3.241
40	建信	建信深证基本面60ETF	被动指数型基金	306	22	3.508

续表3-2

整体投资回报能力排名	基金公司（简称）	基金名称	投资类型（二级分类）	样本基金数量	同类基金中排名	期间内规模（亿）
40	建信	建信深证基本面60ETF联接A	被动指数型基金	306	25	3.852
40	建信	建信上证社会责任ETF	被动指数型基金	306	41	1.039
40	建信	建信上证社会责任ETF联接	被动指数型基金	306	53	1.089
40	建信	建信沪深300	被动指数型基金	306	65	4.992
40	建信	建信双周安心理财B	货币市场型基金	385	16	26.649
40	建信	建信嘉薪宝A	货币市场型基金	385	44	109.764
40	建信	建信现金添利A	货币市场型基金	385	104	1 278.327
40	建信	建信双周安心理财A	货币市场型基金	385	163	4.922
40	建信	建信货币A	货币市场型基金	385	206	370.501
41	国寿安保	国寿安保尊益信用纯债	中长期纯债型基金	289	73	2.953
41	国寿安保	国寿安保尊享C	中长期纯债型基金	289	117	0.500
41	国寿安保	国寿安保尊享A	中长期纯债型基金	289	119	9.947
41	国寿安保	国寿安保成长优选	普通股票型基金	148	84	4.487
41	国寿安保	国寿安保智慧生活	普通股票型基金	148	87	6.922
41	国寿安保	国寿安保稳惠	灵活配置型基金	709	25	4.404
41	国寿安保	国寿安保沪深300ETF联接	被动指数型基金	306	112	34.136
41	国寿安保	国寿安保中证500ETF联接	被动指数型基金	306	272	5.539
41	国寿安保	国寿安保中证500ETF	被动指数型基金	306	282	6.719
41	国寿安保	国寿安保薪金宝	货币市场型基金	385	43	90.784
41	国寿安保	国寿安保增金宝A	货币市场型基金	385	51	20.180
41	国寿安保	国寿安保聚宝盆A	货币市场型基金	385	55	11.708
41	国寿安保	国寿安保鑫钱包	货币市场型基金	385	108	41.190

续表3-2

整体投资回报能力排名	基金公司（简称）	基金名称	投资类型（二级分类）	样本基金数量	同类基金中排名	期间内规模（亿）
41	国寿安保	国寿安保货币B	货币市场型基金	385	153	199.015
41	国寿安保	国寿安保场内申赎B	货币市场型基金	385	171	10.805
41	国寿安保	国寿安保货币A	货币市场型基金	385	296	82.447
41	国寿安保	国寿安保场内申赎A	货币市场型基金	385	364	5.549
42	长城	长城增强收益A	中长期纯债型基金	289	94	12.321
42	长城	长城增强收益C	中长期纯债型基金	289	158	1.248
42	长城	长城医疗保健	偏股混合型基金	474	16	6.945
42	长城	长城中小盘成长	偏股混合型基金	474	19	6.138
42	长城	长城品牌优选	偏股混合型基金	474	57	40.430
42	长城	长城优化升级	偏股混合型基金	474	172	1.766
42	长城	长城久富	偏股混合型基金	474	251	13.372
42	长城	长城消费增值	偏股混合型基金	474	304	15.658
42	长城	长城双动力	偏股混合型基金	474	467	8.121
42	长城	长城久泰沪深300A	增强指数型基金	43	20	9.890
42	长城	长城积极增利A	混合债券型一级基金	125	47	14.475
42	长城	长城积极增利C	混合债券型一级基金	125	65	5.992
42	长城	长城稳固收益A	混合债券型二级基金	230	81	0.779
42	长城	长城稳固收益C	混合债券型二级基金	230	104	0.890
42	长城	长城稳健增利A	混合债券型二级基金	230	180	11.825
42	长城	长城环保主题	灵活配置型基金	709	48	24.226
42	长城	长城久鑫	灵活配置型基金	709	137	16.917
42	长城	长城稳健成长灵活配置	灵活配置型基金	709	144	9.335
42	长城	长城新兴产业	灵活配置型基金	709	147	13.342
42	长城	长城安心回报	灵活配置型基金	709	206	23.177
42	长城	长城久祥	灵活配置型基金	709	240	15.040

续表3-2

整体投资回报能力排名	基金公司（简称）	基金名称	投资类型（二级分类）	样本基金数量	同类基金中排名	期间内规模（亿）
42	长城	长城久恒	灵活配置型基金	709	322	5.009
42	长城	长城久惠	灵活配置型基金	709	333	15.049
42	长城	长城核心优选	灵活配置型基金	709	340	7.827
42	长城	长城改革红利	灵活配置型基金	709	661	9.911
42	长城	长城景气行业龙头	灵活配置型基金	709	706	0.719
42	长城	长城货币B	货币市场型基金	385	76	101.432
42	长城	长城货币E	货币市场型基金	385	137	10.800
42	长城	长城货币A	货币市场型基金	385	236	316.783
42	长城	长城工资宝A	货币市场型基金	385	264	0.673
43	农银汇理	农银汇理策略精选	偏股混合型基金	474	40	26.899
43	农银汇理	农银汇理行业领先	偏股混合型基金	474	72	15.046
43	农银汇理	农银汇理策略价值	偏股混合型基金	474	91	4.929
43	农银汇理	农银汇理平衡双利	偏股混合型基金	474	108	4.377
43	农银汇理	农银汇理行业轮动	偏股混合型基金	474	193	2.948
43	农银汇理	农银汇理消费主题A	偏股混合型基金	474	234	14.787
43	农银汇理	农银汇理中小盘	偏股混合型基金	474	280	15.364
43	农银汇理	农银汇理大盘蓝筹	偏股混合型基金	474	313	2.772
43	农银汇理	农银汇理低估值高增长	偏股混合型基金	474	337	5.028
43	农银汇理	农银汇理行业成长A	偏股混合型基金	474	374	25.091
43	农银汇理	农银汇理医疗保健主题	普通股票型基金	148	40	28.010
43	农银汇理	农银汇理信息传媒	普通股票型基金	148	127	21.269
43	农银汇理	农银汇理恒久增利A	混合债券型一级基金	125	66	1.317
43	农银汇理	农银汇理恒久增利C	混合债券型一级基金	125	75	0.370
43	农银汇理	农银汇理增强收益A	混合债券型二级基金	230	78	0.544
43	农银汇理	农银汇理增强收益C	混合债券型二级基金	230	94	0.270

续表3-2

整体投资回报能力排名	基金公司（简称）	基金名称	投资类型（二级分类）	样本基金数量	同类基金中排名	期间内规模（亿）
43	农银汇理	农银汇理工业4.0	灵活配置型基金	709	27	5.339
43	农银汇理	农银汇理区间收益	灵活配置型基金	709	121	2.713
43	农银汇理	农银汇理研究精选	灵活配置型基金	709	149	9.687
43	农银汇理	农银汇理主题轮动	灵活配置型基金	709	208	7.598
43	农银汇理	农银汇理沪深300A	被动指数型基金	306	95	8.308
43	农银汇理	农银汇理中证500	被动指数型基金	306	290	0.888
43	农银汇理	农银汇理红利B	货币市场型基金	385	73	112.627
43	农银汇理	农银汇理货币B	货币市场型基金	385	93	183.549
43	农银汇理	农银汇理天天利B	货币市场型基金	385	113	15.685
43	农银汇理	农银汇理红利A	货币市场型基金	385	233	183.326
43	农银汇理	农银汇理货币A	货币市场型基金	385	255	81.006
43	农银汇理	农银汇理天天利A	货币市场型基金	385	275	38.172
44	国泰	国泰安康定期支付C	偏债混合型基金	44	9	2.539
44	国泰	国泰安康定期支付A	偏债混合型基金	44	10	11.638
44	国泰	国泰金马稳健回报	偏股混合型基金	474	13	14.819
44	国泰	国泰事件驱动	偏股混合型基金	474	20	1.930
44	国泰	国泰金牛创新成长	偏股混合型基金	474	120	20.741
44	国泰	国泰成长优选	偏股混合型基金	474	124	8.435
44	国泰	国泰金鹿	偏股混合型基金	474	129	2.542
44	国泰	国泰区位优势	偏股混合型基金	474	154	3.714
44	国泰	国泰金鹏蓝筹价值	偏股混合型基金	474	181	6.803
44	国泰	国泰估值优势	偏股混合型基金	474	183	9.327
44	国泰	国泰金龙行业精选	偏股混合型基金	474	195	10.614
44	国泰	国泰中小盘成长	偏股混合型基金	474	196	8.224
44	国泰	国泰金鼎价值精选	偏股混合型基金	474	333	16.838

续表3-2

整体投资回报能力排名	基金公司（简称）	基金名称	投资类型（二级分类）	样本基金数量	同类基金中排名	期间内规模（亿）
44	国泰	国泰量化策略收益	偏股混合型基金	474	400	0.778
44	国泰	国泰沪深300指数增强A	增强指数型基金	43	22	3.259
44	国泰	国泰沪深300指数增强C	增强指数型基金	43	25	12.384
44	国泰	国泰互联网＋	普通股票型基金	148	21	10.471
44	国泰	国泰央企改革	普通股票型基金	148	45	2.057
44	国泰	国泰金鑫	普通股票型基金	148	72	6.893
44	国泰	国泰金龙债券A	混合债券型一级基金	125	120	2.983
44	国泰	国泰金龙债券C	混合债券型一级基金	125	122	0.965
44	国泰	国泰双利债券A	混合债券型二级基金	230	69	0.475
44	国泰	国泰双利债券C	混合债券型二级基金	230	87	0.532
44	国泰	国泰民安增利A	混合债券型二级基金	230	128	0.170
44	国泰	国泰民安增利C	混合债券型二级基金	230	143	0.848
44	国泰	国泰聚信价值优势C	灵活配置型基金	709	54	17.263
44	国泰	国泰聚信价值优势A	灵活配置型基金	709	56	24.891
44	国泰	国泰新经济	灵活配置型基金	709	63	9.457
44	国泰	国泰浓益C	灵活配置型基金	709	68	12.107
44	国泰	国泰金泰C	灵活配置型基金	709	151	7.477
44	国泰	国泰金泰A	灵活配置型基金	709	164	3.415
44	国泰	国泰价值经典	灵活配置型基金	709	253	14.072
44	国泰	国泰金鹰增长	灵活配置型基金	709	302	23.567
44	国泰	国泰鑫策略价值灵活	灵活配置型基金	709	428	17.973
44	国泰	国泰多策略收益灵活	灵活配置型基金	709	461	19.192
44	国泰	国泰兴益A	灵活配置型基金	709	470	7.058
44	国泰	国泰兴益C	灵活配置型基金	709	476	11.476
44	国泰	国泰国策驱动C	灵活配置型基金	709	574	11.754

续表3-2

整体投资回报能力排名	基金公司（简称）	基金名称	投资类型（二级分类）	样本基金数量	同类基金中排名	期间内规模（亿）
44	国泰	国泰民益 C	灵活配置型基金	709	577	2.241
44	国泰	国泰国策驱动 A	灵活配置型基金	709	579	4.271
44	国泰	国泰民益 A	灵活配置型基金	709	589	19.513
44	国泰	国泰睿吉 A	灵活配置型基金	709	606	2.394
44	国泰	国泰浓益 A	灵活配置型基金	709	607	8.227
44	国泰	国泰睿吉 C	灵活配置型基金	709	616	24.833
44	国泰	国泰上证 5 年期国债 ETF	被动指数型债券基金	10	7	10.766
44	国泰	国泰国证食品饮料	被动指数型基金	306	3	39.562
44	国泰	国泰国证医药卫生	被动指数型基金	306	46	15.974
44	国泰	国泰沪深 300A	被动指数型基金	306	73	18.194
44	国泰	国泰上证 180 金融 ETF	被动指数型基金	306	149	42.629
44	国泰	国泰上证 180 金融 ETF 联接	被动指数型基金	306	154	7.145
44	国泰	国泰中证计算机主题 ETF 联接 A	被动指数型基金	306	201	3.816
44	国泰	国泰国证有色金属行业	被动指数型基金	306	223	10.386
44	国泰	国泰国证房地产	被动指数型基金	306	296	8.134
44	国泰	国泰货币 A	货币市场型基金	385	276	120.260
44	国泰	国泰现金管理 B	货币市场型基金	385	371	9.183
44	国泰	国泰现金管理 A	货币市场型基金	385	374	44.159
45	南方	南方金利 A	中长期纯债型基金	289	12	2.455
45	南方	南方金利 C	中长期纯债型基金	289	23	0.892
45	南方	南方弘利 A	中长期纯债型基金	289	102	21.848
45	南方	南方弘利 C	中长期纯债型基金	289	103	0.000
45	南方	南方通利 A	中长期纯债型基金	289	110	34.085

续表3-2

整体投资回报能力排名	基金公司（简称）	基金名称	投资类型（二级分类）	样本基金数量	同类基金中排名	期间内规模（亿）
45	南方	南方丰元信用增强A	中长期纯债型基金	289	139	22.430
45	南方	南方聚利1年A	中长期纯债型基金	289	155	1.992
45	南方	南方双元A	中长期纯债型基金	289	160	2.726
45	南方	南方通利C	中长期纯债型基金	289	163	9.215
45	南方	南方丰元信用增强C	中长期纯债型基金	289	183	4.986
45	南方	南方稳利1年A	中长期纯债型基金	289	184	16.530
45	南方	南方聚利1年C	中长期纯债型基金	289	195	0.302
45	南方	南方双元C	中长期纯债型基金	289	203	0.222
45	南方	南方润元纯债AB	中长期纯债型基金	289	223	7.976
45	南方	南方稳利1年C	中长期纯债型基金	289	229	0.399
45	南方	南方启元A	中长期纯债型基金	289	241	31.586
45	南方	南方润元纯债C	中长期纯债型基金	289	258	12.766
45	南方	南方启元C	中长期纯债型基金	289	265	0.996
45	南方	南方潜力新蓝筹	偏股混合型基金	474	92	14.423
45	南方	南方隆元产业主题	偏股混合型基金	474	126	24.403
45	南方	南方成分精选A	偏股混合型基金	474	152	49.842
45	南方	南方绩优成长A	偏股混合型基金	474	176	69.018
45	南方	南方优选价值A	偏股混合型基金	474	188	17.676
45	南方	南方稳健成长	偏股混合型基金	474	203	25.336
45	南方	南方稳健成长2号	偏股混合型基金	474	204	24.540
45	南方	南方盛元红利	偏股混合型基金	474	362	13.941
45	南方	南方高增长	偏股混合型基金	474	377	22.462
45	南方	南方积极配置	偏股混合型基金	474	395	9.766
45	南方	南方策略优化	偏股混合型基金	474	410	4.786
45	南方	南方核心竞争	平衡混合型基金	27	6	21.214

续表3-2

整体投资回报能力排名	基金公司（简称）	基金名称	投资类型（二级分类）	样本基金数量	同类基金中排名	期间内规模（亿）
45	南方	南方新兴消费A	普通股票型基金	148	13	6.042
45	南方	南方天元新产业	普通股票型基金	148	35	19.932
45	南方	南方中小盘成长	普通股票型基金	148	75	16.126
45	南方	南方国策动力	普通股票型基金	148	78	3.186
45	南方	南方量化成长	普通股票型基金	148	131	2.876
45	南方	南方产业活力	普通股票型基金	148	136	17.385
45	南方	南方多利增强A	混合债券型一级基金	125	61	15.307
45	南方	南方多利增强C	混合债券型一级基金	125	73	8.013
45	南方	南方宝元债券A	混合债券型二级基金	230	18	60.386
45	南方	南方广利回报AB	混合债券型二级基金	230	146	15.371
45	南方	南方广利回报C	混合债券型二级基金	230	166	6.581
45	南方	南方新优享A	灵活配置型基金	709	23	25.038
45	南方	南方创新经济	灵活配置型基金	709	24	22.880
45	南方	南方优选成长A	灵活配置型基金	709	70	17.826
45	南方	南方医药保健	灵活配置型基金	709	73	19.296
45	南方	南方高端装备A	灵活配置型基金	709	133	4.968
45	南方	南方瑞利	灵活配置型基金	709	200	10.125
45	南方	南方顺康	灵活配置型基金	709	245	12.871
45	南方	南方改革机遇	灵活配置型基金	709	252	15.960
45	南方	南方利众C	灵活配置型基金	709	351	8.383
45	南方	南方利众A	灵活配置型基金	709	381	7.071
45	南方	南方利淘A	灵活配置型基金	709	413	11.781
45	南方	南方利淘C	灵活配置型基金	709	415	1.281
45	南方	南方利达A	灵活配置型基金	709	441	11.382
45	南方	南方利达C	灵活配置型基金	709	445	6.999

续表3-2

整体投资回报能力排名	基金公司（简称）	基金名称	投资类型（二级分类）	样本基金数量	同类基金中排名	期间内规模（亿）
45	南方	南方利鑫A	灵活配置型基金	709	462	18.268
45	南方	南方利鑫C	灵活配置型基金	709	465	0.168
45	南方	南方荣光A	灵活配置型基金	709	478	3.211
45	南方	南方荣光C	灵活配置型基金	709	481	10.201
45	南方	南方中国梦	灵活配置型基金	709	554	2.765
45	南方	南方利安A	灵活配置型基金	709	560	2.767
45	南方	南方利安C	灵活配置型基金	709	563	7.458
45	南方	南方沪港深价值主题	灵活配置型基金	709	676	2.976
45	南方	南方绝对收益策略	股票多空	15	1	11.668
45	南方	南方沪深300ETF	被动指数型基金	306	59	14.031
45	南方	南方沪深300ETF联接A	被动指数型基金	306	69	11.218
45	南方	南方大数据300A	被动指数型基金	306	72	8.673
45	南方	南方大数据300C	被动指数型基金	306	79	1.042
45	南方	南方中证100A	被动指数型基金	306	82	4.147
45	南方	南方国企改革A	被动指数型基金	306	126	1.990
45	南方	南方恒生ETF	被动指数型基金	306	134	1.753
45	南方	南方小康产业ETF	被动指数型基金	306	162	6.196
45	南方	南方小康产业ETF联接A	被动指数型基金	306	163	6.350
45	南方	南方深成ETF	被动指数型基金	306	182	5.034
45	南方	南方深成ETF联接A	被动指数型基金	306	183	3.351
45	南方	南方中证互联网	被动指数型基金	306	202	2.256
45	南方	南方中证500原材料ETF	被动指数型基金	306	214	0.654
45	南方	南方大数据100A	被动指数型基金	306	238	54.512

续表3-2

整体投资回报能力排名	基金公司（简称）	基金名称	投资类型（二级分类）	样本基金数量	同类基金中排名	期间内规模（亿）
45	南方	南方上证380ETF联接A	被动指数型基金	306	239	2.026
45	南方	南方上证380ETF	被动指数型基金	306	240	2.291
45	南方	南方中证500信息技术ETF	被动指数型基金	306	249	5.448
45	南方	南方中证500ETF联接A	被动指数型基金	306	267	70.612
45	南方	南方中证500ETF	被动指数型基金	306	276	293.565
45	南方	南方中证500工业ETF	被动指数型基金	306	277	0.860
45	南方	南方中证高铁产业	被动指数型基金	306	303	1.961
45	南方	南方现金通C	货币市场型基金	385	12	64.873
45	南方	南方现金通B	货币市场型基金	385	24	0.460
45	南方	南方现金通A	货币市场型基金	385	32	0.124
45	南方	南方收益宝B	货币市场型基金	385	41	240.799
45	南方	南方现金通E	货币市场型基金	385	63	553.693
45	南方	南方现金增利B	货币市场型基金	385	78	348.257
45	南方	南方薪金宝	货币市场型基金	385	84	38.845
45	南方	南方收益宝A	货币市场型基金	385	193	9.456
45	南方	南方理财金A	货币市场型基金	385	224	123.269
45	南方	南方理财金H	货币市场型基金	385	225	78.919
45	南方	南方现金增利A	货币市场型基金	385	239	221.323
46	大成	大成景旭纯债A	中长期纯债型基金	289	152	1.432
46	大成	大成景旭纯债C	中长期纯债型基金	289	208	1.806
46	大成	大成财富管理2020	偏债混合型基金	44	42	24.642
46	大成	大成精选增值	偏股混合型基金	474	56	14.174
46	大成	大成新锐产业	偏股混合型基金	474	65	7.387

续表3-2

整体投资回报能力排名	基金公司（简称）	基金名称	投资类型（二级分类）	样本基金数量	同类基金中排名	期间内规模（亿）
46	大成	大成优选	偏股混合型基金	474	96	26.282
46	大成	大成行业轮动	偏股混合型基金	474	99	1.750
46	大成	大成中小盘	偏股混合型基金	474	105	11.088
46	大成	大成积极成长	偏股混合型基金	474	156	14.591
46	大成	大成互联网思维	偏股混合型基金	474	165	12.364
46	大成	大成内需增长A	偏股混合型基金	474	173	5.062
46	大成	大成景阳领先	偏股混合型基金	474	219	11.603
46	大成	大成景恒A	偏股混合型基金	474	256	5.088
46	大成	大成策略回报	偏股混合型基金	474	275	6.832
46	大成	大成蓝筹稳健	偏股混合型基金	474	282	37.286
46	大成	大成核心双动力	偏股混合型基金	474	286	1.161
46	大成	大成创新成长	偏股混合型基金	474	292	24.483
46	大成	大成健康产业	偏股混合型基金	474	334	0.877
46	大成	大成竞争优势	偏股混合型基金	474	396	1.595
46	大成	大成消费主题	偏股混合型基金	474	401	0.990
46	大成	大成价值增长	平衡混合型基金	27	14	25.742
46	大成	大成高新技术产业	普通股票型基金	148	20	9.605
46	大成	大成产业升级	普通股票型基金	148	97	6.244
46	大成	大成债券AB	混合债券型一级基金	125	32	8.703
46	大成	大成债券C	混合债券型一级基金	125	46	4.320
46	大成	大成景兴信用债A	混合债券型一级基金	125	49	0.980
46	大成	大成景兴信用债C	混合债券型一级基金	125	67	0.149
46	大成	大成可转债增强	混合债券型二级基金	230	226	0.406
46	大成	大成灵活配置	灵活配置型基金	709	229	3.334
46	大成	大成正向回报	灵活配置型基金	709	266	1.954

续表3-2

整体投资回报能力排名	基金公司（简称）	基金名称	投资类型（二级分类）	样本基金数量	同类基金中排名	期间内规模（亿）
46	大成	大成睿景A	灵活配置型基金	709	277	17.769
46	大成	大成睿景C	灵活配置型基金	709	311	9.662
46	大成	大成景安短融B	短期纯债型基金	11	1	15.202
46	大成	大成景安短融A	短期纯债型基金	11	2	6.062
46	大成	大成绝对收益A	股票多空	15	14	0.522
46	大成	大成绝对收益C	股票多空	15	15	0.265
46	大成	大成中证100ETF	被动指数型基金	306	48	0.394
46	大成	大成沪深300A	被动指数型基金	306	117	21.456
46	大成	大成深证成长40ETF	被动指数型基金	306	139	2.175
46	大成	大成中证红利A	被动指数型基金	306	142	12.561
46	大成	大成深证成长40ETF联接	被动指数型基金	306	147	2.192
46	大成	大成深证成分ETF	被动指数型基金	306	179	4.688
46	大成	大成中证500沪市ETF	被动指数型基金	306	281	0.461
46	大成	大成中证500深市ETF	被动指数型基金	306	292	0.405
46	大成	大成添利宝B	货币市场型基金	385	53	37.257
46	大成	大成丰财宝B	货币市场型基金	385	75	83.208
46	大成	大成现金增利B	货币市场型基金	385	91	1.116
46	大成	大成货币B	货币市场型基金	385	111	297.557
46	大成	大成现金宝B	货币市场型基金	385	121	6.589
46	大成	大成恒丰宝B	货币市场型基金	385	131	1.514
46	大成	大成添利宝E	货币市场型基金	385	144	8.904
46	大成	大成添利宝A	货币市场型基金	385	215	0.077
46	大成	大成丰财宝A	货币市场型基金	385	235	0.403
46	大成	大成现金增利A	货币市场型基金	385	251	178.950

续表3-2

整体投资回报能力排名	基金公司（简称）	基金名称	投资类型（二级分类）	样本基金数量	同类基金中排名	期间内规模（亿）
46	大成	大成货币A	货币市场型基金	385	273	18.200
46	大成	大成恒丰宝E	货币市场型基金	385	274	0.393
46	大成	大成恒丰宝A	货币市场型基金	385	285	0.068
46	大成	大成现金宝A	货币市场型基金	385	367	8.174
47	华泰柏瑞	华泰柏瑞丰盛纯债A	中长期纯债型基金	289	67	12.250
47	华泰柏瑞	华泰柏瑞季季红	中长期纯债型基金	289	74	17.687
47	华泰柏瑞	华泰柏瑞丰盛纯债C	中长期纯债型基金	289	131	0.413
47	华泰柏瑞	华泰柏瑞稳健收益A	中长期纯债型基金	289	219	36.913
47	华泰柏瑞	华泰柏瑞稳健收益C	中长期纯债型基金	289	252	21.573
47	华泰柏瑞	华泰柏瑞价值增长A	偏股混合型基金	474	69	22.909
47	华泰柏瑞	华泰柏瑞行业领先	偏股混合型基金	474	84	4.276
47	华泰柏瑞	华泰柏瑞盛世中国	偏股混合型基金	474	155	21.461
47	华泰柏瑞	华泰柏瑞量化增强A	偏股混合型基金	474	285	26.352
47	华泰柏瑞	华泰柏瑞量化先行A	偏股混合型基金	474	323	6.515
47	华泰柏瑞	华泰柏瑞积极成长A	偏股混合型基金	474	432	16.266
47	华泰柏瑞	华泰柏瑞积极优选	普通股票型基金	148	133	4.719
47	华泰柏瑞	华泰柏瑞丰汇A	混合债券型一级基金	125	69	1.243
47	华泰柏瑞	华泰柏瑞丰汇C	混合债券型一级基金	125	83	0.415
47	华泰柏瑞	华泰柏瑞信用增利	混合债券型一级基金	125	97	2.454
47	华泰柏瑞	华泰柏瑞增利A	混合债券型二级基金	230	187	0.264
47	华泰柏瑞	华泰柏瑞增利B	混合债券型二级基金	230	195	0.354
47	华泰柏瑞	华泰柏瑞激励动力C	灵活配置型基金	709	2	15.111
47	华泰柏瑞	华泰柏瑞激励动力A	灵活配置型基金	709	5	3.641
47	华泰柏瑞	华泰柏瑞创新动力	灵活配置型基金	709	76	3.788
47	华泰柏瑞	华泰柏瑞创新升级A	灵活配置型基金	709	89	20.064

续表3-2

整体投资回报能力排名	基金公司（简称）	基金名称	投资类型（二级分类）	样本基金数量	同类基金中排名	期间内规模（亿）
47	华泰柏瑞	华泰柏瑞消费成长	灵活配置型基金	709	160	9.176
47	华泰柏瑞	华泰柏瑞健康生活	灵活配置型基金	709	162	8.263
47	华泰柏瑞	华泰柏瑞量化优选	灵活配置型基金	709	244	4.955
47	华泰柏瑞	华泰柏瑞量化驱动A	灵活配置型基金	709	280	11.299
47	华泰柏瑞	华泰柏瑞量化智慧A	灵活配置型基金	709	439	5.831
47	华泰柏瑞	华泰柏瑞新利A	灵活配置型基金	709	514	12.991
47	华泰柏瑞	华泰柏瑞新利C	灵活配置型基金	709	537	1.895
47	华泰柏瑞	华泰柏瑞量化收益	股票多空	15	7	6.914
47	华泰柏瑞	华泰柏瑞沪深300ETF	被动指数型基金	306	100	338.028
47	华泰柏瑞	华泰柏瑞沪深300ETF联接A	被动指数型基金	306	104	10.969
47	华泰柏瑞	华泰柏瑞上证中小盘ETF	被动指数型基金	306	191	0.287
47	华泰柏瑞	华泰柏瑞红利ETF	被动指数型基金	306	195	48.868
47	华泰柏瑞	华泰柏瑞上证中小盘ETF联接	被动指数型基金	306	210	0.131
47	华泰柏瑞	华泰柏瑞中证500ETF	被动指数型基金	306	241	5.153
47	华泰柏瑞	华泰柏瑞中证500ETF联接A	被动指数型基金	306	244	2.174
47	华泰柏瑞	华泰柏瑞货币B	货币市场型基金	385	161	303.822
47	华泰柏瑞	华泰柏瑞交易货币A	货币市场型基金	385	248	16.939
47	华泰柏瑞	华泰柏瑞货币A	货币市场型基金	385	307	45.763
48	安信	安信永利信用A	中长期纯债型基金	289	39	4.391
48	安信	安信目标收益A	中长期纯债型基金	289	64	4.818
48	安信	安信永利信用C	中长期纯债型基金	289	76	1.032
48	安信	安信目标收益C	中长期纯债型基金	289	129	4.047

续表3-2

整体投资回报能力排名	基金公司（简称）	基金名称	投资类型（二级分类）	样本基金数量	同类基金中排名	期间内规模（亿）
48	安信	安信价值精选	普通股票型基金	148	26	22.219
48	安信	安信消费医药主题	普通股票型基金	148	66	4.949
48	安信	安信新常态沪港深精选	普通股票型基金	148	92	6.905
48	安信	安信宝利	混合债券型一级基金	125	19	15.089
48	安信	安信优势增长A	灵活配置型基金	709	13	2.451
48	安信	安信优势增长C	灵活配置型基金	709	15	11.809
48	安信	安信灵活配置	灵活配置型基金	709	179	2.126
48	安信	安信新动力A	灵活配置型基金	709	374	1.293
48	安信	安信新动力C	灵活配置型基金	709	406	12.764
48	安信	安信鑫安得利A	灵活配置型基金	709	414	3.067
48	安信	安信鑫安得利C	灵活配置型基金	709	427	16.825
48	安信	安信动态策略A	灵活配置型基金	709	449	2.955
48	安信	安信动态策略C	灵活配置型基金	709	467	8.168
48	安信	安信稳健增值A	灵活配置型基金	709	482	11.415
48	安信	安信稳健增值C	灵活配置型基金	709	524	19.976
48	安信	安信平稳增长A	灵活配置型基金	709	529	1.623
48	安信	安信平稳增长C	灵活配置型基金	709	539	12.369
48	安信	安信鑫发优选	灵活配置型基金	709	645	1.325
48	安信	安信中证一带一路	被动指数型基金	306	250	0.602
48	安信	安信现金管理货币B	货币市场型基金	385	146	30.731
48	安信	安信现金管理货币A	货币市场型基金	385	293	2.221
48	安信	安信现金增利A	货币市场型基金	385	354	1.784
49	长安	长安宏观策略	偏股混合型基金	474	444	0.863
49	长安	长安鑫利优选A	灵活配置型基金	709	61	0.222
49	长安	长安鑫利优选C	灵活配置型基金	709	66	0.252

续表3-2

整体投资回报能力排名	基金公司（简称）	基金名称	投资类型（二级分类）	样本基金数量	同类基金中排名	期间内规模（亿）
49	长安	长安产业精选A	灵活配置型基金	709	330	0.268
49	长安	长安产业精选C	灵活配置型基金	709	389	10.659
49	长安	长安300非周期	被动指数型基金	306	51	0.757
49	长安	长安货币B	货币市场型基金	385	134	29.228
49	长安	长安货币A	货币市场型基金	385	287	0.640
50	浦银安盛	浦银安盛6个月A	中长期纯债型基金	289	154	0.815
50	浦银安盛	浦银安盛6个月C	中长期纯债型基金	289	182	0.073
50	浦银安盛	浦银安盛幸福回报A	中长期纯债型基金	289	209	17.712
50	浦银安盛	浦银安盛月月盈A	中长期纯债型基金	289	220	1.534
50	浦银安盛	浦银安盛幸福回报B	中长期纯债型基金	289	238	2.323
50	浦银安盛	浦银安盛月月盈C	中长期纯债型基金	289	253	0.099
50	浦银安盛	浦银安盛红利精选	偏股混合型基金	474	260	1.107
50	浦银安盛	浦银安盛价值成长A	偏股混合型基金	474	441	22.696
50	浦银安盛	浦银安盛沪深300指数增强	增强指数型基金	43	9	2.584
50	浦银安盛	浦银安盛稳健增利C	混合债券型一级基金	125	68	0.453
50	浦银安盛	浦银安盛优化收益A	混合债券型二级基金	230	196	0.348
50	浦银安盛	浦银安盛优化收益C	混合债券型二级基金	230	206	0.090
50	浦银安盛	浦银安盛医疗健康	灵活配置型基金	709	202	15.333
50	浦银安盛	浦银安盛盛世精选C	灵活配置型基金	709	227	4.563
50	浦银安盛	浦银安盛盛世精选A	灵活配置型基金	709	255	20.322
50	浦银安盛	浦银安盛新经济结构	灵活配置型基金	709	309	1.859
50	浦银安盛	浦银安盛消费升级A	灵活配置型基金	709	550	1.005
50	浦银安盛	浦银安盛精致生活	灵活配置型基金	709	639	4.189
50	浦银安盛	浦银安盛战略新兴产业	灵活配置型基金	709	674	11.042

续表3-2

整体投资回报能力排名	基金公司（简称）	基金名称	投资类型（二级分类）	样本基金数量	同类基金中排名	期间内规模（亿）
50	浦银安盛	浦银安盛增长动力	灵活配置型基金	709	682	23.460
50	浦银安盛	浦银安盛基本面400	被动指数型基金	306	251	0.538
50	浦银安盛	浦银安盛货币B	货币市场型基金	385	29	196.251
50	浦银安盛	浦银安盛货币A	货币市场型基金	385	174	1.901
50	浦银安盛	浦银安盛货币E	货币市场型基金	385	177	0.027
50	浦银安盛	浦银安盛日日盈B	货币市场型基金	385	238	35.725
50	浦银安盛	浦银安盛日日盈A	货币市场型基金	385	344	0.344
50	浦银安盛	浦银安盛日日盈D	货币市场型基金	385	345	17.643
51	华安	华安年年红A	中长期纯债型基金	289	6	22.657
51	华安	华安年年红C	中长期纯债型基金	289	18	3.163
51	华安	华安年年盈A	中长期纯债型基金	289	51	1.902
51	华安	华安年年盈C	中长期纯债型基金	289	82	0.224
51	华安	华安纯债A	中长期纯债型基金	289	87	18.778
51	华安	华安信用四季红A	中长期纯债型基金	289	108	9.085
51	华安	华安双债添利A	中长期纯债型基金	289	109	11.056
51	华安	华安纯债C	中长期纯债型基金	289	114	7.575
51	华安	华安双债添利C	中长期纯债型基金	289	164	4.307
51	华安	华安添颐	偏债混合型基金	44	30	21.379
51	华安	华安生态优先	偏股混合型基金	474	10	19.730
51	华安	华安核心优选	偏股混合型基金	474	14	3.619
51	华安	华安安信消费服务	偏股混合型基金	474	17	13.780
51	华安	华安行业轮动	偏股混合型基金	474	53	3.502
51	华安	华安升级主题	偏股混合型基金	474	60	3.919
51	华安	华安策略优选	偏股混合型基金	474	68	52.370
51	华安	华安逆向策略	偏股混合型基金	474	82	32.314

续表3-2

整体投资回报能力排名	基金公司（简称）	基金名称	投资类型（二级分类）	样本基金数量	同类基金中排名	期间内规模（亿）
51	华安	华安科技动力	偏股混合型基金	474	121	8.060
51	华安	华安宏利	偏股混合型基金	474	264	31.001
51	华安	华安中小盘成长	偏股混合型基金	474	289	27.491
51	华安	华安量化多因子	偏股混合型基金	474	440	0.247
51	华安	华安沪深300量化增强A	增强指数型基金	43	5	2.326
51	华安	华安沪深300量化增强C	增强指数型基金	43	6	2.520
51	华安	华安MSCI中国A股指数增强	增强指数型基金	43	29	25.191
51	华安	华安宝利配置	平衡混合型基金	27	9	29.872
51	华安	华安创新	平衡混合型基金	27	23	27.444
51	华安	华安新丝路主题	普通股票型基金	148	8	29.014
51	华安	华安智能装备主题	普通股票型基金	148	70	13.589
51	华安	华安大国新经济	普通股票型基金	148	102	3.323
51	华安	华安物联网主题	普通股票型基金	148	128	14.837
51	华安	华安稳定收益A	混合债券型一级基金	125	26	13.993
51	华安	华安稳定收益B	混合债券型一级基金	125	37	2.757
51	华安	华安稳固收益C	混合债券型一级基金	125	78	17.662
51	华安	华安强化收益A	混合债券型二级基金	230	82	3.844
51	华安	华安安心收益A	混合债券型二级基金	230	102	1.770
51	华安	华安强化收益B	混合债券型二级基金	230	107	0.988
51	华安	华安安心收益B	混合债券型二级基金	230	120	0.623
51	华安	华安可转债A	混合债券型二级基金	230	223	2.229
51	华安	华安可转债B	混合债券型二级基金	230	225	3.076
51	华安	华安国企改革	灵活配置型基金	709	30	7.017
51	华安	华安安顺	灵活配置型基金	709	98	9.543

3 五年期公募基金管理公司整体投资回报能力评价

续表3-2

整体投资回报能力排名	基金公司（简称）	基金名称	投资类型（二级分类）	样本基金数量	同类基金中排名	期间内规模（亿）
51	华安	华安媒体互联网	灵活配置型基金	709	148	49.049
51	华安	华安动态灵活配置	灵活配置型基金	709	155	3.121
51	华安	华安新活力	灵活配置型基金	709	492	13.858
51	华安	华安新乐享	灵活配置型基金	709	530	15.052
51	华安	华安新机遇	灵活配置型基金	709	535	16.279
51	华安	华安新回报	灵活配置型基金	709	545	33.411
51	华安	华安安享	灵活配置型基金	709	621	20.869
51	华安	华安新动力	灵活配置型基金	709	622	24.527
51	华安	华安稳健回报	灵活配置型基金	709	640	6.049
51	华安	华安安益	灵活配置型基金	709	647	25.220
51	华安	华安新优选C	灵活配置型基金	709	653	20.984
51	华安	华安新优选A	灵活配置型基金	709	664	4.019
51	华安	华安添鑫中短债A	短期纯债型基金	11	11	4.404
51	华安	华安中证细分医药ETF	被动指数型基金	306	71	1.196
51	华安	华安中证细分医药ETF联接A	被动指数型基金	306	80	0.376
51	华安	华安中证细分医药ETF联接C	被动指数型基金	306	92	0.316
51	华安	华安上证180ETF	被动指数型基金	306	113	215.651
51	华安	华安上证180ETF联接	被动指数型基金	306	121	4.254
51	华安	华安中证银行	被动指数型基金	306	146	1.249
51	华安	华安上证龙头ETF	被动指数型基金	306	197	1.115
51	华安	华安上证龙头ETF联接	被动指数型基金	306	204	0.966
51	华安	华安中证全指证券	被动指数型基金	306	246	3.603
51	华安	华安创业板50	被动指数型基金	306	291	4.549
51	华安	华安日日鑫B	货币市场型基金	385	34	5.127

续表3-2

整体投资回报能力排名	基金公司（简称）	基金名称	投资类型（二级分类）	样本基金数量	同类基金中排名	期间内规模（亿）
51	华安	华安汇财通	货币市场型基金	385	136	62.975
51	华安	华安日日鑫A	货币市场型基金	385	185	819.380
51	华安	华安现金富利B	货币市场型基金	385	216	192.288
51	华安	华安现金富利A	货币市场型基金	385	337	15.161
52	中信保诚	信诚优质纯债A	中长期纯债型基金	289	20	1.774
52	中信保诚	信诚优质纯债B	中长期纯债型基金	289	61	11.179
52	中信保诚	信诚周期轮动	偏股混合型基金	474	50	6.249
52	中信保诚	中信保诚精萃成长	偏股混合型基金	474	235	14.836
52	中信保诚	信诚中小盘	偏股混合型基金	474	236	1.485
52	中信保诚	信诚新机遇	偏股混合型基金	474	246	3.062
52	中信保诚	中信保诚盛世蓝筹	偏股混合型基金	474	252	7.015
52	中信保诚	信诚优胜精选	偏股混合型基金	474	278	16.458
52	中信保诚	信诚幸福消费	偏股混合型基金	474	312	2.133
52	中信保诚	信诚四季红	偏股混合型基金	474	402	9.608
52	中信保诚	信诚新兴产业	偏股混合型基金	474	404	0.317
52	中信保诚	信诚深度价值	偏股混合型基金	474	423	0.805
52	中信保诚	信诚双盈	混合债券型一级基金	125	41	15.924
52	中信保诚	信诚增强收益	混合债券型二级基金	230	14	1.213
52	中信保诚	信诚三得益债券A	混合债券型二级基金	230	36	3.115
52	中信保诚	信诚三得益债券B	混合债券型二级基金	230	53	8.192
52	中信保诚	信诚新旺回报A	灵活配置型基金	709	404	4.619
52	中信保诚	信诚新旺回报C	灵活配置型基金	709	463	1.685
52	中信保诚	信诚新锐回报A	灵活配置型基金	709	578	4.386
52	中信保诚	信诚新锐回报B	灵活配置型基金	709	594	0.853
52	中信保诚	信诚新选回报B	灵活配置型基金	709	618	11.652

续表3-2

整体投资回报能力排名	基金公司（简称）	基金名称	投资类型（二级分类）	样本基金数量	同类基金中排名	期间内规模（亿）
52	中信保诚	信诚新选回报A	灵活配置型基金	709	620	2.885
52	中信保诚	信诚中证800医药	被动指数型基金	306	40	1.715
52	中信保诚	信诚沪深300分级	被动指数型基金	306	62	1.216
52	中信保诚	信诚中证800有色	被动指数型基金	306	141	4.455
52	中信保诚	信诚中证800金融	被动指数型基金	306	156	1.115
52	中信保诚	信诚中证500分级	被动指数型基金	306	206	2.810
52	中信保诚	信诚中证TMT产业	被动指数型基金	306	280	1.790
52	中信保诚	信诚中证智能家居	被动指数型基金	306	293	0.931
52	中信保诚	信诚中证信息安全	被动指数型基金	306	294	3.386
52	中信保诚	信诚薪金宝	货币市场型基金	385	109	126.190
52	中信保诚	信诚货币B	货币市场型基金	385	184	71.238
52	中信保诚	信诚货币A	货币市场型基金	385	322	1.588
53	中银	中银安心回报半年	中长期纯债型基金	289	35	27.144
53	中银	中银国有企业债A	中长期纯债型基金	289	50	15.514
53	中银	中银惠利纯债	中长期纯债型基金	289	69	24.712
53	中银	中银中高等级A	中长期纯债型基金	289	100	44.324
53	中银	中银纯债A	中长期纯债型基金	289	113	45.063
53	中银	中银纯债C	中长期纯债型基金	289	159	18.274
53	中银	中银收益A	偏股混合型基金	474	118	20.316
53	中银	中银中国精选	偏股混合型基金	474	168	17.543
53	中银	中银动态策略	偏股混合型基金	474	205	8.792
53	中银	中银美丽中国	偏股混合型基金	474	245	0.625
53	中银	中银中小盘成长	偏股混合型基金	474	324	0.661
53	中银	中银持续增长A	偏股混合型基金	474	354	28.883
53	中银	中银健康生活	偏股混合型基金	474	364	0.946

续表3-2

整体投资回报能力排名	基金公司（简称）	基金名称	投资类型（二级分类）	样本基金数量	同类基金中排名	期间内规模（亿）
53	中银	中银优秀企业	偏股混合型基金	474	379	0.658
53	中银	中银消费主题	偏股混合型基金	474	380	0.568
53	中银	中银主题策略	偏股混合型基金	474	397	4.245
53	中银	中银中证100指数增强	增强指数型基金	43	3	4.403
53	中银	中银战略新兴产业A	普通股票型基金	148	16	3.692
53	中银	中银智能制造	普通股票型基金	148	96	28.422
53	中银	中银互联网+	普通股票型基金	148	141	1.046
53	中银	中银新动力	普通股票型基金	148	142	28.670
53	中银	中银稳健增利	混合债券型一级基金	125	30	20.256
53	中银	中银信用增利A	混合债券型一级基金	125	42	28.299
53	中银	中银恒利半年	混合债券型二级基金	230	42	25.344
53	中银	中银稳健添利A	混合债券型二级基金	230	56	25.855
53	中银	中银稳健双利A	混合债券型二级基金	230	77	37.895
53	中银	中银稳健双利B	混合债券型二级基金	230	95	11.414
53	中银	中银转债增强A	混合债券型二级基金	230	103	3.415
53	中银	中银转债增强B	混合债券型二级基金	230	117	1.842
53	中银	中银行业优选	灵活配置型基金	709	129	5.376
53	中银	中银研究精选	灵活配置型基金	709	166	4.456
53	中银	中银蓝筹精选	灵活配置型基金	709	209	4.126
53	中银	中银价值精选	灵活配置型基金	709	264	2.618
53	中银	中银稳健策略灵活	灵活配置型基金	709	332	37.833
53	中银	中银新回报A	灵活配置型基金	709	352	39.937
53	中银	中银新机遇A	灵活配置型基金	709	359	2.537
53	中银	中银新机遇C	灵活配置型基金	709	365	22.210
53	中银	中银新趋势	灵活配置型基金	709	375	14.682

续表3-2

整体投资回报能力排名	基金公司（简称）	基金名称	投资类型（二级分类）	样本基金数量	同类基金中排名	期间内规模（亿）
53	中银	中银新财富A	灵活配置型基金	709	400	0.927
53	中银	中银多策略A	灵活配置型基金	709	401	29.369
53	中银	中银新财富C	灵活配置型基金	709	411	20.752
53	中银	中银宏观策略	灵活配置型基金	709	468	19.555
53	中银	中银新经济	灵活配置型基金	709	698	9.735
53	中银	中银沪深300等权重	被动指数型基金	306	169	0.583
53	中银	中银上证国企ETF	被动指数型基金	306	172	0.217
53	中银	中银机构现金管理	货币市场型基金	385	64	46.312
53	中银	中银活期宝	货币市场型基金	385	129	233.247
53	中银	中银薪钱包	货币市场型基金	385	138	96.276
53	中银	中银货币B	货币市场型基金	385	203	817.586
53	中银	中银货币A	货币市场型基金	385	334	4.608
54	国海富兰克林	国富恒久信用A	中长期纯债型基金	289	91	0.249
54	国海富兰克林	国富恒久信用C	中长期纯债型基金	289	138	0.046
54	国海富兰克林	国富弹性市值	偏股混合型基金	474	80	34.471
54	国海富兰克林	国富潜力组合A人民币	偏股混合型基金	474	147	19.844
54	国海富兰克林	国富研究精选	偏股混合型基金	474	224	3.354
54	国海富兰克林	国富深化价值	偏股混合型基金	474	247	3.845
54	国海富兰克林	国富成长动力	偏股混合型基金	474	368	1.183
54	国海富兰克林	国富沪深300指数增强	增强指数型基金	43	24	3.560
54	国海富兰克林	国富中国收益	平衡混合型基金	27	5	5.268
54	国海富兰克林	国富中小盘	普通股票型基金	148	42	20.046
54	国海富兰克林	国富健康优质生活	普通股票型基金	148	98	3.789
54	国海富兰克林	国富岁岁恒丰A	混合债券型一级基金	125	54	2.118
54	国海富兰克林	国富岁岁恒丰C	混合债券型一级基金	125	70	0.601

续表3-2

整体投资回报能力排名	基金公司（简称）	基金名称	投资类型（二级分类）	样本基金数量	同类基金中排名	期间内规模（亿）
54	国海富兰克林	国富强化收益 A	混合债券型二级基金	230	63	8.793
54	国海富兰克林	国富强化收益 C	混合债券型二级基金	230	75	1.016
54	国海富兰克林	国富新机遇 A	灵活配置型基金	709	356	2.589
54	国海富兰克林	国富新机遇 C	灵活配置型基金	709	378	13.414
54	国海富兰克林	国富金融地产 C	灵活配置型基金	709	426	15.919
54	国海富兰克林	国富焦点驱动灵活配置	灵活配置型基金	709	430	22.050
54	国海富兰克林	国富策略回报	灵活配置型基金	709	469	2.178
54	国海富兰克林	国富金融地产 A	灵活配置型基金	709	512	0.779
54	国海富兰克林	国富日日收益 B	货币市场型基金	385	197	36.925
54	国海富兰克林	国富日日收益 A	货币市场型基金	385	330	14.920
55	浙商	浙商聚盈纯债 A	中长期纯债型基金	289	88	9.444
55	浙商	浙商聚盈纯债 C	中长期纯债型基金	289	120	0.017
55	浙商	浙商惠盈纯债 A	中长期纯债型基金	289	125	1.262
55	浙商	浙商聚潮新思维	偏股混合型基金	474	146	4.422
55	浙商	浙商聚潮产业成长	偏股混合型基金	474	360	2.798
55	浙商	浙商日添利 B	货币市场型基金	385	252	6.501
55	浙商	浙商日添利 A	货币市场型基金	385	352	0.929
56	北信瑞丰	北信瑞丰稳定收益 A	中长期纯债型基金	289	173	4.839
56	北信瑞丰	北信瑞丰稳定收益 C	中长期纯债型基金	289	217	3.118
56	北信瑞丰	北信瑞丰新成长	灵活配置型基金	709	339	1.652
56	北信瑞丰	北信瑞丰健康生活主题	灵活配置型基金	709	555	6.389
56	北信瑞丰	北信瑞丰平安中国	灵活配置型基金	709	666	1.084
56	北信瑞丰	北信瑞丰宜投宝 B	货币市场型基金	385	83	26.400
56	北信瑞丰	北信瑞丰现金添利 B	货币市场型基金	385	167	1.959
56	北信瑞丰	北信瑞丰宜投宝 A	货币市场型基金	385	244	0.173

续表3-2

整体投资回报能力排名	基金公司（简称）	基金名称	投资类型（二级分类）	样本基金数量	同类基金中排名	期间内规模（亿）
56	北信瑞丰	北信瑞丰现金添利A	货币市场型基金	385	313	0.120
57	银河	银河领先债券	中长期纯债型基金	289	32	5.858
57	银河	银河久益回报6个月定开A	中长期纯债型基金	289	136	4.332
57	银河	银河久益回报6个月定开C	中长期纯债型基金	289	181	0.519
57	银河	银河泰利A	中长期纯债型基金	289	259	6.825
57	银河	银河泰利I	中长期纯债型基金	289	287	8.722
57	银河	银河收益	偏债混合型基金	44	18	12.533
57	银河	银河蓝筹精选	偏股混合型基金	474	36	7.439
57	银河	银河创新成长	偏股混合型基金	474	76	100.781
57	银河	银河稳健	偏股混合型基金	474	113	11.362
57	银河	银河竞争优势成长	偏股混合型基金	474	137	6.702
57	银河	银河美丽优萃A	偏股混合型基金	474	151	4.905
57	银河	银河美丽优萃C	偏股混合型基金	474	182	1.518
57	银河	银河主题策略	偏股混合型基金	474	210	12.488
57	银河	银河行业优选	偏股混合型基金	474	232	25.575
57	银河	银河消费驱动	偏股混合型基金	474	298	1.487
57	银河	银河康乐	普通股票型基金	148	50	8.733
57	银河	银河银信添利A	混合债券型一级基金	125	18	2.082
57	银河	银河银信添利B	混合债券型一级基金	125	29	0.998
57	银河	银河通利	混合债券型一级基金	125	31	6.386
57	银河	银河通利C	混合债券型一级基金	125	43	1.544
57	银河	银河强化收益	混合债券型二级基金	230	61	11.484
57	银河	银河增利A	混合债券型二级基金	230	79	2.282
57	银河	银河增利C	混合债券型二级基金	230	100	0.497

续表3-2

整体投资回报能力排名	基金公司（简称）	基金名称	投资类型（二级分类）	样本基金数量	同类基金中排名	期间内规模（亿）
57	银河	银河智联主题	灵活配置型基金	709	69	5.074
57	银河	银河现代服务主题	灵活配置型基金	709	92	18.698
57	银河	银河银泰理财分红	灵活配置型基金	709	348	17.160
57	银河	银河鑫利A	灵活配置型基金	709	354	11.786
57	银河	银河灵活配置A	灵活配置型基金	709	383	0.907
57	银河	银河鑫利C	灵活配置型基金	709	394	0.811
57	银河	银河灵活配置C	灵活配置型基金	709	431	0.899
57	银河	银河鑫利I	灵活配置型基金	709	472	8.551
57	银河	银河鸿利A	灵活配置型基金	709	619	0.990
57	银河	银河鸿利C	灵活配置型基金	709	628	0.127
57	银河	银河鸿利I	灵活配置型基金	709	644	14.042
57	银河	银河转型增长	灵活配置型基金	709	694	18.009
57	银河	银河沪深300价值	被动指数型基金	306	88	11.754
57	银河	银河定投宝	被动指数型基金	306	175	4.701
57	银河	银河银富货币B	货币市场型基金	385	183	103.218
57	银河	银河银富货币A	货币市场型基金	385	320	95.966
58	博时	博时双月薪	中长期纯债型基金	289	4	3.318
58	博时	博时裕盈三个月	中长期纯债型基金	289	27	10.890
58	博时	博时月月薪	中长期纯债型基金	289	31	2.892
58	博时	博时裕泰纯债	中长期纯债型基金	289	33	10.762
58	博时	博时裕瑞纯债	中长期纯债型基金	289	52	27.017
58	博时	博时信用债纯债A	中长期纯债型基金	289	55	22.535
58	博时	博时安丰18个月A	中长期纯债型基金	289	60	3.838
58	博时	博时裕恒纯债	中长期纯债型基金	289	71	23.489
58	博时	博时裕达纯债	中长期纯债型基金	289	83	8.780

续表3-2

整体投资回报能力排名	基金公司（简称）	基金名称	投资类型（二级分类）	样本基金数量	同类基金中排名	期间内规模（亿）
58	博时	博时裕嘉三个月	中长期纯债型基金	289	115	16.230
58	博时	博时裕坤纯债3个月	中长期纯债型基金	289	133	54.242
58	博时	博时信用债纯债C	中长期纯债型基金	289	143	4.920
58	博时	博时裕丰3个月	中长期纯债型基金	289	146	15.250
58	博时	博时岁岁增利	中长期纯债型基金	289	149	1.839
58	博时	博时裕荣纯债	中长期纯债型基金	289	172	26.821
58	博时	博时安心收益A	中长期纯债型基金	289	188	1.366
58	博时	博时裕康纯债	中长期纯债型基金	289	205	6.180
58	博时	博时安心收益C	中长期纯债型基金	289	234	0.525
58	博时	博时安誉18个月	中长期纯债型基金	289	243	14.036
58	博时	博时医疗保健行业A	偏股混合型基金	474	74	51.354
58	博时	博时特许价值A	偏股混合型基金	474	83	5.065
58	博时	博时主题行业	偏股混合型基金	474	158	89.431
58	博时	博时行业轮动	偏股混合型基金	474	222	2.029
58	博时	博时卓越品牌	偏股混合型基金	474	291	3.568
58	博时	博时新兴成长	偏股混合型基金	474	316	49.121
58	博时	博时创业成长A	偏股混合型基金	474	317	3.514
58	博时	博时精选A	偏股混合型基金	474	378	39.570
58	博时	博时第三产业成长	偏股混合型基金	474	447	22.844
58	博时	博时平衡配置	平衡混合型基金	27	16	6.336
58	博时	博时价值增长	平衡混合型基金	27	17	47.880
58	博时	博时价值增长2号	平衡混合型基金	27	18	19.657
58	博时	博时丝路主题A	普通股票型基金	148	52	13.970
58	博时	博时国企改革主题	普通股票型基金	148	140	15.654
58	博时	博时稳健回报A	混合债券型一级基金	125	48	0.344

续表3-2

整体投资回报能力排名	基金公司（简称）	基金名称	投资类型（二级分类）	样本基金数量	同类基金中排名	期间内规模（亿）
58	博时	博时稳定价值 A	混合债券型一级基金	125	52	1.839
58	博时	博时稳健回报 C	混合债券型一级基金	125	58	1.331
58	博时	博时稳定价值 B	混合债券型一级基金	125	64	2.794
58	博时	博时信用债券 A	混合债券型二级基金	230	6	15.208
58	博时	博时信用债券 B	混合债券型二级基金	230	7	15.208
58	博时	博时信用债券 C	混合债券型二级基金	230	9	7.296
58	博时	博时宏观回报 AB	混合债券型二级基金	230	70	36.785
58	博时	博时天颐 A	混合债券型二级基金	230	76	16.969
58	博时	博时宏观回报 C	混合债券型二级基金	230	86	5.053
58	博时	博时天颐 C	混合债券型二级基金	230	96	2.249
58	博时	博时转债增强 A	混合债券型二级基金	230	160	6.399
58	博时	博时转债增强 C	混合债券型二级基金	230	174	3.420
58	博时	博时裕隆	灵活配置型基金	709	102	13.158
58	博时	博时产业新动力 A	灵活配置型基金	709	116	5.799
58	博时	博时新起点 C	灵活配置型基金	709	120	6.521
58	博时	博时新起点 A	灵活配置型基金	709	122	2.879
58	博时	博时回报灵活配置	灵活配置型基金	709	212	6.612
58	博时	博时沪港深优质企业 A	灵活配置型基金	709	243	9.010
58	博时	博时策略灵活配置	灵活配置型基金	709	287	5.064
58	博时	博时新策略 A	灵活配置型基金	709	377	2.809
58	博时	博时互联网主题	灵活配置型基金	709	417	18.967
58	博时	博时新策略 C	灵活配置型基金	709	440	7.836
58	博时	博时内需增长灵活配置	灵活配置型基金	709	605	3.790
58	博时	博时裕益灵活配置	灵活配置型基金	709	609	5.138
58	博时	博时安盈 A	短期纯债型基金	11	3	28.856

续表3-2

整体投资回报能力排名	基金公司（简称）	基金名称	投资类型（二级分类）	样本基金数量	同类基金中排名	期间内规模（亿）
58	博时	博时安盈C	短期纯债型基金	11	6	22.710
58	博时	博时创业板ETF	被动指数型基金	306	26	2.011
58	博时	博时创业板ETF联接A	被动指数型基金	306	33	1.471
58	博时	博时上证50ETF	被动指数型基金	306	36	4.681
58	博时	博时上证50ETF联接A	被动指数型基金	306	47	3.282
58	博时	博时裕富沪深300A	被动指数型基金	306	55	54.067
58	博时	博时超大盘ETF	被动指数型基金	306	61	2.050
58	博时	博时超大盘ETF联接	被动指数型基金	306	78	1.817
58	博时	博时淘金大数据100I	被动指数型基金	306	143	2.376
58	博时	博时淘金大数据100A	被动指数型基金	306	144	11.060
58	博时	博时自然资源ETF联接	被动指数型基金	306	224	0.623
58	博时	博时自然资源ETF	被动指数型基金	306	226	2.218
58	博时	博时现金宝B	货币市场型基金	385	33	127.561
58	博时	博时外服货币	货币市场型基金	385	37	137.349
58	博时	博时现金宝A	货币市场型基金	385	90	44.977
58	博时	博时现金收益B	货币市场型基金	385	142	370.740
58	博时	博时天天增利B	货币市场型基金	385	234	14.042
58	博时	博时现金收益A	货币市场型基金	385	289	834.097
58	博时	博时天天增利A	货币市场型基金	385	341	26.807
58	博时	博时保证金	货币市场型基金	385	353	40.217
59	中海	中海纯债A	中长期纯债型基金	289	235	3.860
59	中海	中海纯债C	中长期纯债型基金	289	261	0.194
59	中海	中海消费主题精选	偏股混合型基金	474	150	5.094
59	中海	中海量化策略	偏股混合型基金	474	177	4.157
59	中海	中海优质成长	偏股混合型基金	474	226	18.902

续表3-2

整体投资回报能力排名	基金公司（简称）	基金名称	投资类型（二级分类）	样本基金数量	同类基金中排名	期间内规模（亿）
59	中海	中海分红增利	偏股混合型基金	474	358	6.470
59	中海	中海能源策略	偏股混合型基金	474	411	15.636
59	中海	中海上证50指数增强	增强指数型基金	43	15	2.347
59	中海	中海医疗保健	普通股票型基金	148	28	7.390
59	中海	中海稳健收益	混合债券型一级基金	125	91	6.549
59	中海	中海增强收益A	混合债券型二级基金	230	135	0.936
59	中海	中海增强收益C	混合债券型二级基金	230	162	0.195
59	中海	中海可转换债券A	混合债券型二级基金	230	227	0.812
59	中海	中海可转换债券C	混合债券型二级基金	230	228	0.696
59	中海	中海医药健康产业A	灵活配置型基金	709	40	6.582
59	中海	中海医药健康产业C	灵活配置型基金	709	60	2.641
59	中海	中海顺鑫	灵活配置型基金	709	107	7.265
59	中海	中海积极增利	灵活配置型基金	709	168	3.176
59	中海	中海进取收益	灵活配置型基金	709	184	15.289
59	中海	中海环保新能源	灵活配置型基金	709	210	1.529
59	中海	中海混改红利主题	灵活配置型基金	709	242	1.476
59	中海	中海积极收益	灵活配置型基金	709	341	17.666
59	中海	中海蓝筹配置	灵活配置型基金	709	600	1.549
59	中海	中海优势精选	灵活配置型基金	709	686	0.338
59	中海	中海货币B	货币市场型基金	385	145	31.648
59	中海	中海货币A	货币市场型基金	385	292	2.379
60	德邦	德邦新添利A	混合债券型二级基金	230	40	1.440
60	德邦	德邦大健康	灵活配置型基金	709	131	2.967
60	德邦	德邦福鑫A	灵活配置型基金	709	344	5.311
60	德邦	德邦福鑫C	灵活配置型基金	709	367	1.608

续表3-2

整体投资回报能力排名	基金公司（简称）	基金名称	投资类型（二级分类）	样本基金数量	同类基金中排名	期间内规模（亿）
60	德邦	德邦鑫星价值A	灵活配置型基金	709	397	3.953
60	德邦	德邦鑫星价值C	灵活配置型基金	709	422	7.324
60	德邦	德邦优化	灵活配置型基金	709	443	1.142
60	德邦	德邦德利货币B	货币市场型基金	385	189	109.583
60	德邦	德邦德利货币A	货币市场型基金	385	325	1.445
61	兴银	兴银长乐半年定期	中长期纯债型基金	289	21	51.585
61	兴银	兴银朝阳	中长期纯债型基金	289	95	7.633
61	兴银	兴银瑞益纯债	中长期纯债型基金	289	236	36.228
61	兴银	兴银稳健	中长期纯债型基金	289	254	25.032
61	兴银	兴银丰盈	灵活配置型基金	709	159	1.305
61	兴银	兴银鼎新	灵活配置型基金	709	412	1.316
61	兴银	兴银大健康	灵活配置型基金	709	660	2.206
61	兴银	兴银现金增利	货币市场型基金	385	181	133.736
61	兴银	兴银货币B	货币市场型基金	385	232	216.747
61	兴银	兴银货币A	货币市场型基金	385	335	0.243
62	创金合信	创金合信转债精选A	中长期纯债型基金	289	85	0.009
62	创金合信	创金合信转债精选C	中长期纯债型基金	289	277	12.670
62	创金合信	创金合信沪深300指数增强C	增强指数型基金	43	10	2.472
62	创金合信	创金合信沪深300指数增强A	增强指数型基金	43	11	1.567
62	创金合信	创金合信中证500指数增强C	增强指数型基金	43	31	2.772
62	创金合信	创金合信中证500指数增强A	增强指数型基金	43	32	2.747
62	创金合信	创金合信聚利A	混合债券型二级基金	230	183	0.693

续表3-2

整体投资回报能力排名	基金公司（简称）	基金名称	投资类型（二级分类）	样本基金数量	同类基金中排名	期间内规模（亿）
62	创金合信	创金合信聚利C	混合债券型二级基金	230	193	0.212
62	创金合信	创金合信沪港深研究精选	灵活配置型基金	709	224	1.909
62	创金合信	创金合信货币A	货币市场型基金	385	82	38.912
63	银华	银华信用季季红A	中长期纯债型基金	289	22	98.960
63	银华	银华纯债信用主题	中长期纯债型基金	289	111	30.661
63	银华	银华信用四季红A	中长期纯债型基金	289	116	9.682
63	银华	银华富裕主题	偏股混合型基金	474	3	99.866
63	银华	银华中小盘精选	偏股混合型基金	474	45	63.450
63	银华	银华领先策略	偏股混合型基金	474	166	14.837
63	银华	银华内需精选	偏股混合型基金	474	230	38.310
63	银华	银华优质增长	偏股混合型基金	474	238	43.726
63	银华	银华核心价值优选	偏股混合型基金	474	321	56.657
63	银华	银华道琼斯88精选A	增强指数型基金	43	4	24.222
63	银华	银华优势企业	平衡混合型基金	27	24	12.438
63	银华	银华中国梦30	普通股票型基金	148	34	15.126
63	银华	银华信用双利A	混合债券型二级基金	230	74	18.115
63	银华	银华信用双利C	混合债券型二级基金	230	90	6.141
63	银华	银华增强收益	混合债券型二级基金	230	97	6.301
63	银华	银华聚利A	灵活配置型基金	709	42	15.818
63	银华	银华和谐主题	灵活配置型基金	709	67	4.534
63	银华	银华战略新兴	灵活配置型基金	709	94	6.031
63	银华	银华互联网主题	灵活配置型基金	709	153	2.285
63	银华	银华恒利A	灵活配置型基金	709	239	25.793
63	银华	银华回报	灵活配置型基金	709	272	8.147

续表3-2

整体投资回报能力排名	基金公司（简称）	基金名称	投资类型（二级分类）	样本基金数量	同类基金中排名	期间内规模（亿）
63	银华	银华泰利A	灵活配置型基金	709	318	16.027
63	银华	银华汇利A	灵活配置型基金	709	483	11.753
63	银华	银华高端制造业	灵活配置型基金	709	569	4.436
63	银华	银华稳利A	灵活配置型基金	709	613	4.682
63	银华	银华成长先锋	灵活配置型基金	709	631	4.201
63	银华	银华沪深300	被动指数型基金	306	64	1.096
63	银华	银华深证100	被动指数型基金	306	77	5.925
63	银华	银华中证等权重90	被动指数型基金	306	116	2.115
63	银华	银华活钱宝F	货币市场型基金	385	13	280.660
63	银华	银华多利宝B	货币市场型基金	385	15	61.005
63	银华	银华惠增利	货币市场型基金	385	28	39.025
63	银华	银华多利宝A	货币市场型基金	385	116	1.616
63	银华	银华货币B	货币市场型基金	385	168	105.393
63	银华	银华交易货币A	货币市场型基金	385	245	69 451.844
63	银华	银华货币A	货币市场型基金	385	312	229.436
63	银华	银华活钱宝A	货币市场型基金	385	380	0.000
63	银华	银华活钱宝C	货币市场型基金	385	381	0.000
63	银华	银华活钱宝D	货币市场型基金	385	382	0.000
63	银华	银华活钱宝E	货币市场型基金	385	383	0.000
63	银华	银华活钱宝B	货币市场型基金	385	384	0.000
64	汇丰晋信	汇丰晋信龙腾	偏股混合型基金	474	212	7.361
64	汇丰晋信	汇丰晋信新动力	偏股混合型基金	474	327	4.910
64	汇丰晋信	汇丰晋信2026	平衡混合型基金	27	8	1.329
64	汇丰晋信	汇丰晋信智造先锋A	普通股票型基金	148	11	8.826
64	汇丰晋信	汇丰晋信智造先锋C	普通股票型基金	148	12	7.290

续表3-2

整体投资回报能力排名	基金公司（简称）	基金名称	投资类型（二级分类）	样本基金数量	同类基金中排名	期间内规模（亿）
64	汇丰晋信	汇丰晋信消费红利	普通股票型基金	148	30	1.887
64	汇丰晋信	汇丰晋信大盘 A	普通股票型基金	148	43	25.810
64	汇丰晋信	汇丰晋信大盘 H	普通股票型基金	148	46	1.555
64	汇丰晋信	汇丰晋信中小盘	普通股票型基金	148	81	1.073
64	汇丰晋信	汇丰晋信低碳先锋	普通股票型基金	148	107	29.123
64	汇丰晋信	汇丰晋信科技先锋	普通股票型基金	148	132	14.097
64	汇丰晋信	汇丰晋信2016	混合债券型二级基金	230	147	2.046
64	汇丰晋信	汇丰晋信动态策略 A	灵活配置型基金	709	140	9.664
64	汇丰晋信	汇丰晋信双核策略 A	灵活配置型基金	709	172	8.679
64	汇丰晋信	汇丰晋信双核策略 C	灵活配置型基金	709	187	1.779
64	汇丰晋信	汇丰晋信恒生 A 股 A	被动指数型基金	306	15	2.263
64	汇丰晋信	汇丰晋信恒生 A 股 C	被动指数型基金	306	19	0.069
64	汇丰晋信	汇丰晋信货币 B	货币市场型基金	385	323	60.814
64	汇丰晋信	汇丰晋信货币 A	货币市场型基金	385	366	0.451
65	泰达宏利	泰达宏利淘利 A	中长期纯债型基金	289	46	1.916
65	泰达宏利	泰达宏利淘利 C	中长期纯债型基金	289	68	0.812
65	泰达宏利	泰达宏利宏达 A	偏债混合型基金	44	12	10.709
65	泰达宏利	泰达宏利宏达 B	偏债混合型基金	44	15	5.140
65	泰达宏利	泰达宏利风险预算	偏债混合型基金	44	23	8.854
65	泰达宏利	泰达宏利稳定	偏股混合型基金	474	25	2.157
65	泰达宏利	泰达宏利行业精选	偏股混合型基金	474	145	8.874
65	泰达宏利	泰达宏利周期	偏股混合型基金	474	225	2.826
65	泰达宏利	泰达宏利逆向策略	偏股混合型基金	474	233	1.765
65	泰达宏利	泰达宏利效率优选	偏股混合型基金	474	239	11.736
65	泰达宏利	泰达宏利蓝筹价值	偏股混合型基金	474	249	1.519

续表3-2

整体投资回报能力排名	基金公司（简称）	基金名称	投资类型（二级分类）	样本基金数量	同类基金中排名	期间内规模（亿）
65	泰达宏利	泰达宏利市值优选	偏股混合型基金	474	319	14.804
65	泰达宏利	泰达宏利领先中小盘	偏股混合型基金	474	407	1.928
65	泰达宏利	泰达宏利成长	偏股混合型基金	474	419	9.243
65	泰达宏利	泰达宏利红利先锋	偏股混合型基金	474	422	3.448
65	泰达宏利	泰达宏利沪深300指数增强A	增强指数型基金	43	8	2.402
65	泰达宏利	泰达宏利转型机遇	普通股票型基金	148	37	1.582
65	泰达宏利	泰达宏利首选企业	普通股票型基金	148	74	6.757
65	泰达宏利	泰达宏利集利A	混合债券型二级基金	230	175	9.512
65	泰达宏利	泰达宏利集利C	混合债券型二级基金	230	185	8.063
65	泰达宏利	泰达宏利复兴伟业	灵活配置型基金	709	180	13.116
65	泰达宏利	泰达宏利改革动力A	灵活配置型基金	709	219	5.525
65	泰达宏利	泰达宏利创盈A	灵活配置型基金	709	256	4.000
65	泰达宏利	泰达宏利新思路A	灵活配置型基金	709	262	11.539
65	泰达宏利	泰达宏利创盈B	灵活配置型基金	709	270	13.539
65	泰达宏利	泰达宏利创益A	灵活配置型基金	709	331	14.610
65	泰达宏利	泰达宏利新起点A	灵活配置型基金	709	502	20.808
65	泰达宏利	泰达宏利品质生活	灵活配置型基金	709	702	0.371
65	泰达宏利	泰达宏利货币B	货币市场型基金	385	30	13.169
65	泰达宏利	泰达宏利活期友B	货币市场型基金	385	61	6.634
65	泰达宏利	泰达宏利货币A	货币市场型基金	385	176	2.444
65	泰达宏利	泰达宏利活期友A	货币市场型基金	385	213	2.572
66	天弘	天弘稳利A	中长期纯债型基金	289	122	1.809
66	天弘	天弘稳利B	中长期纯债型基金	289	178	0.787
66	天弘	天弘安康颐养A	偏债混合型基金	44	20	18.827

续表3-2

整体投资回报能力排名	基金公司（简称）	基金名称	投资类型（二级分类）	样本基金数量	同类基金中排名	期间内规模（亿）
66	天弘	天弘医疗健康 A	偏股混合型基金	474	29	4.013
66	天弘	天弘医疗健康 C	偏股混合型基金	474	33	5.908
66	天弘	天弘永定成长	偏股混合型基金	474	87	5.124
66	天弘	天弘周期策略	偏股混合型基金	474	389	2.167
66	天弘	天弘中证 500 指数增强 A	增强指数型基金	43	36	3.510
66	天弘	天弘中证 500 指数增强 C	增强指数型基金	43	37	1.319
66	天弘	天弘添利 C	混合债券型一级基金	125	21	13.489
66	天弘	天弘丰利	混合债券型一级基金	125	33	8.025
66	天弘	天弘永利债券 B	混合债券型二级基金	230	33	25.662
66	天弘	天弘永利债券 A	混合债券型二级基金	230	48	7.844
66	天弘	天弘债券型发起式 A	混合债券型二级基金	230	165	2.798
66	天弘	天弘债券型发起式 B	混合债券型二级基金	230	182	2.374
66	天弘	天弘弘利	混合债券型二级基金	230	186	15.381
66	天弘	天弘互联网	灵活配置型基金	709	314	16.686
66	天弘	天弘惠利	灵活配置型基金	709	315	24.607
66	天弘	天弘云端生活优选	灵活配置型基金	709	319	4.263
66	天弘	天弘新价值	灵活配置型基金	709	370	15.870
66	天弘	天弘新活力	灵活配置型基金	709	393	17.344
66	天弘	天弘通利	灵活配置型基金	709	456	17.599
66	天弘	天弘精选	灵活配置型基金	709	501	14.828
66	天弘	天弘中证食品饮料 A	被动指数型基金	306	6	7.940
66	天弘	天弘中证食品饮料 C	被动指数型基金	306	8	14.703
66	天弘	天弘上证 50A	被动指数型基金	306	42	5.295
66	天弘	天弘上证 50C	被动指数型基金	306	45	4.623
66	天弘	天弘沪深 300ETF 联接 A	被动指数型基金	306	96	16.102

续表3-2

整体投资回报能力排名	基金公司（简称）	基金名称	投资类型（二级分类）	样本基金数量	同类基金中排名	期间内规模（亿）
66	天弘	天弘中证800A	被动指数型基金	306	105	0.154
66	天弘	天弘中证800C	被动指数型基金	306	110	0.205
66	天弘	天弘中证电子ETF联接A	被动指数型基金	306	123	3.103
66	天弘	天弘中证电子ETF联接C	被动指数型基金	306	128	9.485
66	天弘	天弘中证证券保险A	被动指数型基金	306	155	3.518
66	天弘	天弘中证证券保险C	被动指数型基金	306	160	8.248
66	天弘	天弘中证银行ETF联接A	被动指数型基金	306	161	12.741
66	天弘	天弘中证银行ETF联接C	被动指数型基金	306	164	33.993
66	天弘	天弘中证医药100A	被动指数型基金	306	166	2.694
66	天弘	天弘中证医药100C	被动指数型基金	306	170	2.936
66	天弘	天弘创业板ETF联接A	被动指数型基金	306	215	6.637
66	天弘	天弘创业板ETF联接C	被动指数型基金	306	220	18.181
66	天弘	天弘中证500ETF联接A	被动指数型基金	306	264	11.011
66	天弘	天弘中证计算机主题ETF联接A	被动指数型基金	306	284	2.372
66	天弘	天弘中证计算机主题ETF联接C	被动指数型基金	306	288	6.664
66	天弘	天弘弘运宝A	货币市场型基金	385	120	2.981
66	天弘	天弘现金B	货币市场型基金	385	133	31.995
66	天弘	天弘云商宝	货币市场型基金	385	175	371.330
66	天弘	天弘余额宝	货币市场型基金	385	250	9 041.987
66	天弘	天弘现金C	货币市场型基金	385	253	4.104

续表3-2

整体投资回报能力排名	基金公司（简称）	基金名称	投资类型（二级分类）	样本基金数量	同类基金中排名	期间内规模（亿）
66	天弘	天弘弘运宝B	货币市场型基金	385	262	74.464
66	天弘	天弘现金D	货币市场型基金	385	286	0.202
66	天弘	天弘现金A	货币市场型基金	385	288	1.000
67	长信	长信纯债一年A	中长期纯债型基金	289	16	5.608
67	长信	长信纯债一年C	中长期纯债型基金	289	44	3.001
67	长信	长信富安纯债半年A	中长期纯债型基金	289	49	6.641
67	长信	长信富安纯债半年C	中长期纯债型基金	289	97	2.930
67	长信	长信富海纯债一年C	中长期纯债型基金	289	123	6.341
67	长信	长信纯债壹号A	中长期纯债型基金	289	180	14.704
67	长信	长信富民纯债一年C	中长期纯债型基金	289	269	2.818
67	长信	长信内需成长A	偏股混合型基金	474	73	24.134
67	长信	长信银利精选	偏股混合型基金	474	184	8.212
67	长信	长信恒利优势	偏股混合型基金	474	201	0.551
67	长信	长信双利优选A	偏股混合型基金	474	217	10.926
67	长信	长信金利趋势	偏股混合型基金	474	315	25.767
67	长信	长信增利策略	偏股混合型基金	474	387	12.432
67	长信	长信量化先锋A	偏股混合型基金	474	409	20.411
67	长信	长信量化多策略A	普通股票型基金	148	103	1.400
67	长信	长信量化中小盘	普通股票型基金	148	137	4.203
67	长信	长信利富	混合债券型二级基金	230	57	18.930
67	长信	长信可转债A	混合债券型二级基金	230	80	22.276
67	长信	长信可转债C	混合债券型二级基金	230	105	18.792
67	长信	长信利丰C	混合债券型二级基金	230	156	54.915
67	长信	长信利保A	混合债券型二级基金	230	219	10.810
67	长信	长信多利	灵活配置型基金	709	47	6.562

续表3-2

整体投资回报能力排名	基金公司（简称）	基金名称	投资类型（二级分类）	样本基金数量	同类基金中排名	期间内规模（亿）
67	长信	长信医疗保健行业	灵活配置型基金	709	215	2.024
67	长信	长信利广A	灵活配置型基金	709	232	8.060
67	长信	长信利广C	灵活配置型基金	709	278	3.330
67	长信	长信改革红利	灵活配置型基金	709	306	14.694
67	长信	长信利盈A	灵活配置型基金	709	350	11.922
67	长信	长信利盈C	灵活配置型基金	709	457	5.650
67	长信	长信新利	灵活配置型基金	709	635	3.918
67	长信	长信睿进A	灵活配置型基金	709	700	0.116
67	长信	长信睿进C	灵活配置型基金	709	704	6.301
67	长信	长信利息收益B	货币市场型基金	385	99	33.530
67	长信	长信利息收益A	货币市场型基金	385	256	89.960
68	申万菱信	申万菱信消费增长	偏股混合型基金	474	35	3.714
68	申万菱信	申万菱信盛利精选	偏股混合型基金	474	142	12.417
68	申万菱信	申万菱信新动力	偏股混合型基金	474	259	16.307
68	申万菱信	申万菱信竞争优势	偏股混合型基金	474	281	0.440
68	申万菱信	申万菱信新经济	偏股混合型基金	474	310	12.655
68	申万菱信	申万菱信沪深300指数增强A	增强指数型基金	43	13	6.299
68	申万菱信	申万菱信量化小盘	普通股票型基金	148	118	6.332
68	申万菱信	申万菱信稳益宝	混合债券型二级基金	230	72	11.137
68	申万菱信	申万菱信可转债	混合债券型二级基金	230	205	1.591
68	申万菱信	申万菱信新能源汽车	灵活配置型基金	709	57	18.836
68	申万菱信	申万菱信多策略A	灵活配置型基金	709	342	8.699
68	申万菱信	申万菱信多策略C	灵活配置型基金	709	399	13.202
68	申万菱信	申万菱信安鑫回报A	灵活配置型基金	709	453	9.783

续表3-2

整体投资回报能力排名	基金公司（简称）	基金名称	投资类型（二级分类）	样本基金数量	同类基金中排名	期间内规模（亿）
68	申万菱信	申万菱信安鑫回报C	灵活配置型基金	709	458	8.722
68	申万菱信	申万菱信医药生物	被动指数型基金	306	50	8.305
68	申万菱信	申万菱信沪深300价值A	被动指数型基金	306	93	5.204
68	申万菱信	申万菱信电子行业A	被动指数型基金	306	111	2.829
68	申万菱信	申万菱信深证成指分级	被动指数型基金	306	205	1.471
68	申万菱信	申万菱信中证环保产业A	被动指数型基金	306	221	6.442
68	申万菱信	申万菱信中证军工	被动指数型基金	306	248	23.728
68	申万菱信	申万菱信中证申万证券	被动指数型基金	306	286	34.995
68	申万菱信	申万菱信货币B	货币市场型基金	385	243	112.634
68	申万菱信	申万菱信货币A	货币市场型基金	385	348	5.093
69	西部利得	西部利得策略优选	偏股混合型基金	474	343	1.742
69	西部利得	西部利得稳健双利A	混合债券型二级基金	230	4	0.392
69	西部利得	西部利得稳健双利C	混合债券型二级基金	230	8	0.388
69	西部利得	西部利得多策略优选	灵活配置型基金	709	296	28.210
69	西部利得	西部利得成长精选	灵活配置型基金	709	301	19.543
69	西部利得	西部利得新动向	灵活配置型基金	709	608	1.878
70	融通	融通债券AB	中长期纯债型基金	289	231	4.668
70	融通	融通岁岁添利A	中长期纯债型基金	289	245	6.391
70	融通	融通债券C	中长期纯债型基金	289	260	8.613
70	融通	融通岁岁添利B	中长期纯债型基金	289	268	1.193
70	融通	融通行业景气A	偏股混合型基金	474	64	61.829
70	融通	融通医疗保健行业A	偏股混合型基金	474	218	26.361
70	融通	融通领先成长A	偏股混合型基金	474	263	56.854
70	融通	融通内需驱动	偏股混合型基金	474	296	3.864

续表3-2

整体投资回报能力排名	基金公司（简称）	基金名称	投资类型（二级分类）	样本基金数量	同类基金中排名	期间内规模（亿）
70	融通	融通动力先锋	偏股混合型基金	474	314	12.546
70	融通	融通新蓝筹	偏股混合型基金	474	438	30.534
70	融通	融通巨潮100AB	增强指数型基金	43	12	9.095
70	融通	融通创业板指数增强AB	增强指数型基金	43	41	5.333
70	融通	融通蓝筹成长	平衡混合型基金	27	26	8.714
70	融通	融通四季添利A	混合债券型一级基金	125	56	4.503
70	融通	融通增强收益A	混合债券型二级基金	230	110	0.917
70	融通	融通增强收益C	混合债券型二级基金	230	140	13.141
70	融通	融通通瑞AB	混合债券型二级基金	230	188	1.307
70	融通	融通通瑞C	混合债券型二级基金	230	204	0.075
70	融通	融通可转债A	混合债券型二级基金	230	221	0.159
70	融通	融通可转债C	混合债券型二级基金	230	224	0.099
70	融通	融通跨界成长	灵活配置型基金	709	88	4.087
70	融通	融通转型三动力A	灵活配置型基金	709	90	5.974
70	融通	融通新能源	灵活配置型基金	709	100	12.381
70	融通	融通成长30	灵活配置型基金	709	106	6.239
70	融通	融通健康产业A	灵活配置型基金	709	181	16.152
70	融通	融通通鑫	灵活配置型基金	709	447	11.104
70	融通	融通新机遇	灵活配置型基金	709	459	20.081
70	融通	融通新区域新经济	灵活配置型基金	709	566	12.868
70	融通	融通互联网传媒	灵活配置型基金	709	646	29.011
70	融通	融通通源短融B	短期纯债型基金	11	5	6.248
70	融通	融通通源短融A	短期纯债型基金	11	8	1.466
70	融通	融通深证100AB	被动指数型基金	306	76	65.645
70	融通	融通深证成指AB	被动指数型基金	306	157	1.702

续表3-2

整体投资回报能力排名	基金公司（简称）	基金名称	投资类型（二级分类）	样本基金数量	同类基金中排名	期间内规模（亿）
70	融通	融通中证精准医疗	被动指数型基金	306	225	0.475
70	融通	融通中证云计算与大数据	被动指数型基金	306	287	0.936
70	融通	融通易支付货币B	货币市场型基金	385	201	211.007
70	融通	融通易支付货币A	货币市场型基金	385	333	231.428
71	光大保德信	光大岁末红利纯债A	中长期纯债型基金	289	215	8.903
71	光大保德信	光大岁末红利纯债C	中长期纯债型基金	289	248	0.253
71	光大保德信	光大行业轮动	偏股混合型基金	474	42	14.600
71	光大保德信	光大新增长	偏股混合型基金	474	79	10.959
71	光大保德信	光大银发商机主题	偏股混合型基金	474	169	3.177
71	光大保德信	光大中小盘	偏股混合型基金	474	237	2.659
71	光大保德信	光大一带一路	偏股混合型基金	474	284	6.395
71	光大保德信	光大精选	偏股混合型基金	474	344	1.285
71	光大保德信	光大红利	偏股混合型基金	474	386	14.373
71	光大保德信	光大优势	偏股混合型基金	474	435	31.707
71	光大保德信	光大国企改革主题	普通股票型基金	148	59	14.483
71	光大保德信	光大核心	普通股票型基金	148	139	35.801
71	光大保德信	光大增利A	混合债券型一级基金	125	39	4.113
71	光大保德信	光大增利C	混合债券型一级基金	125	57	0.168
71	光大保德信	光大添益A	混合债券型二级基金	230	2	8.067
71	光大保德信	光大添益C	混合债券型二级基金	230	3	1.857
71	光大保德信	光大中国制造2025	灵活配置型基金	709	44	7.850
71	光大保德信	光大欣鑫A	灵活配置型基金	709	126	4.588
71	光大保德信	光大睿鑫A	灵活配置型基金	709	238	2.200
71	光大保德信	光大动态优选	灵活配置型基金	709	269	8.673

续表3-2

整体投资回报能力排名	基金公司（简称）	基金名称	投资类型（二级分类）	样本基金数量	同类基金中排名	期间内规模（亿）
71	光大保德信	光大欣鑫C	灵活配置型基金	709	425	1.190
71	光大保德信	光大鼎鑫A	灵活配置型基金	709	487	21.471
71	光大保德信	光大鼎鑫C	灵活配置型基金	709	516	3.956
71	光大保德信	光大睿鑫C	灵活配置型基金	709	532	13.131
71	光大保德信	光大现金宝B	货币市场型基金	385	160	127.205
71	光大保德信	光大耀钱包A	货币市场型基金	385	200	23.335
71	光大保德信	光大现金宝A	货币市场型基金	385	308	0.840
71	光大保德信	光大货币A	货币市场型基金	385	315	129.973
72	宝盈	宝盈祥泰A	偏债混合型基金	44	35	15.070
72	宝盈	宝盈祥瑞A	偏债混合型基金	44	44	16.319
72	宝盈	宝盈泛沿海增长	偏股混合型基金	474	431	16.558
72	宝盈	宝盈资源优选	偏股混合型基金	474	443	50.612
72	宝盈	宝盈策略增长	偏股混合型基金	474	452	43.112
72	宝盈	宝盈中证100指数增强A	增强指数型基金	43	2	2.438
72	宝盈	宝盈医疗健康沪港深	普通股票型基金	148	55	9.195
72	宝盈	宝盈增强收益AB	混合债券型二级基金	230	167	6.290
72	宝盈	宝盈增强收益C	混合债券型二级基金	230	181	3.953
72	宝盈	宝盈新锐A	灵活配置型基金	709	9	4.049
72	宝盈	宝盈鸿利收益A	灵活配置型基金	709	22	29.612
72	宝盈	宝盈先进制造A	灵活配置型基金	709	71	19.571
72	宝盈	宝盈优势产业	灵活配置型基金	709	234	1.179
72	宝盈	宝盈核心优势A	灵活配置型基金	709	258	19.872
72	宝盈	宝盈科技30	灵活配置型基金	709	300	37.738
72	宝盈	宝盈核心优势C	灵活配置型基金	709	323	0.971

续表3-2

整体投资回报能力排名	基金公司（简称）	基金名称	投资类型（二级分类）	样本基金数量	同类基金中排名	期间内规模（亿）
72	宝盈	宝盈新价值 A	灵活配置型基金	709	360	21.531
72	宝盈	宝盈睿丰创新 AB	灵活配置型基金	709	494	1.381
72	宝盈	宝盈睿丰创新 C	灵活配置型基金	709	551	4.704
72	宝盈	宝盈转型动力	灵活配置型基金	709	656	29.225
72	宝盈	宝盈新兴产业	灵活配置型基金	709	657	24.134
72	宝盈	宝盈货币 B	货币市场型基金	385	65	129.117
72	宝盈	宝盈货币 A	货币市场型基金	385	228	45.570
73	国联安	国联安安心成长	偏债混合型基金	44	34	16.903
73	国联安	国联安优势	偏股混合型基金	474	186	4.077
73	国联安	国联安精选	偏股混合型基金	474	262	16.158
73	国联安	国联安优选行业	偏股混合型基金	474	325	27.205
73	国联安	国联安主题驱动	偏股混合型基金	474	341	4.120
73	国联安	国联安小盘精选	偏股混合型基金	474	367	14.846
73	国联安	国联安红利	偏股混合型基金	474	468	2.009
73	国联安	国联安稳健	平衡混合型基金	27	10	1.958
73	国联安	国联安双佳信用	混合债券型一级基金	125	74	3.039
73	国联安	国联安增利债券 A	混合债券型一级基金	125	105	11.402
73	国联安	国联安增利债券 B	混合债券型一级基金	125	109	1.092
73	国联安	国联安信心增益	混合债券型一级基金	125	123	2.373
73	国联安	国联安信心增长 A	混合债券型二级基金	230	152	0.883
73	国联安	国联安信心增长 B	混合债券型二级基金	230	169	0.135
73	国联安	国联安鑫安	灵活配置型基金	709	62	12.153
73	国联安	国联安添鑫 A	灵活配置型基金	709	143	0.944
73	国联安	国联安添鑫 C	灵活配置型基金	709	157	20.923
73	国联安	国联安鑫享 C	灵活配置型基金	709	259	5.905

续表3-2

整体投资回报能力排名	基金公司（简称）	基金名称	投资类型（二级分类）	样本基金数量	同类基金中排名	期间内规模（亿）
73	国联安	国联安睿祺	灵活配置型基金	709	346	12.259
73	国联安	国联安新精选	灵活配置型基金	709	372	14.208
73	国联安	国联安安泰灵活配置	灵活配置型基金	709	568	4.014
73	国联安	国联安鑫享A	灵活配置型基金	709	596	0.843
73	国联安	国联安通盈A	灵活配置型基金	709	598	19.519
73	国联安	国联安中证100	被动指数型基金	306	31	1.887
73	国联安	国联安上证商品ETF	被动指数型基金	306	145	1.534
73	国联安	国联安上证商品ETF联接	被动指数型基金	306	158	1.277
73	国联安	国联安中证医药100A	被动指数型基金	306	192	14.332
73	国联安	国联安双力中小板	被动指数型基金	306	269	0.165
73	国联安	国联安货币B	货币市场型基金	385	173	64.044
73	国联安	国联安货币A	货币市场型基金	385	316	1.370
74	华宝	华宝资源优选	偏股混合型基金	474	39	2.883
74	华宝	华宝创新优选	偏股混合型基金	474	62	14.507
74	华宝	华宝医药生物	偏股混合型基金	474	100	9.502
74	华宝	华宝大盘精选	偏股混合型基金	474	138	2.827
74	华宝	华宝宝康消费品	偏股混合型基金	474	231	16.955
74	华宝	华宝生态中国	偏股混合型基金	474	269	8.508
74	华宝	华宝服务优选	偏股混合型基金	474	297	28.017
74	华宝	华宝新兴产业	偏股混合型基金	474	306	8.831
74	华宝	华宝先进成长	偏股混合型基金	474	335	21.609
74	华宝	华宝多策略	偏股混合型基金	474	350	16.310
74	华宝	华宝收益增长	偏股混合型基金	474	375	13.032
74	华宝	华宝动力组合	偏股混合型基金	474	382	17.507

续表3-2

整体投资回报能力排名	基金公司（简称）	基金名称	投资类型（二级分类）	样本基金数量	同类基金中排名	期间内规模（亿）
74	华宝	华宝事件驱动	偏股混合型基金	474	424	31.043
74	华宝	华宝国策导向	偏股混合型基金	474	448	15.019
74	华宝	华宝行业精选	偏股混合型基金	474	449	30.069
74	华宝	华宝品质生活	普通股票型基金	148	67	2.530
74	华宝	华宝高端制造	普通股票型基金	148	116	7.019
74	华宝	华宝宝康债券A	混合债券型一级基金	125	35	3.816
74	华宝	华宝可转债A	混合债券型一级基金	125	100	1.941
74	华宝	华宝增强收益A	混合债券型二级基金	230	133	0.693
74	华宝	华宝增强收益B	混合债券型二级基金	230	155	1.548
74	华宝	华宝宝康灵活	灵活配置型基金	709	247	5.326
74	华宝	华宝稳健回报	灵活配置型基金	709	335	5.679
74	华宝	华宝新机遇A	灵活配置型基金	709	391	3.212
74	华宝	华宝新价值	灵活配置型基金	709	398	14.741
74	华宝	华宝万物互联	灵活配置型基金	709	420	6.284
74	华宝	华宝转型升级	灵活配置型基金	709	517	3.034
74	华宝	华宝量化对冲A	股票多空	15	4	15.318
74	华宝	华宝量化对冲C	股票多空	15	5	3.303
74	华宝	华宝中证100A	被动指数型基金	306	23	7.192
74	华宝	华宝上证180价值ETF	被动指数型基金	306	84	1.506
74	华宝	华宝中证医疗	被动指数型基金	306	86	7.326
74	华宝	华宝上证180价值ETF联接	被动指数型基金	306	103	1.230
74	华宝	华宝中证银行ETF联接A	被动指数型基金	306	167	1.325
74	华宝	华宝中证1000	被动指数型基金	306	301	1.028
74	华宝	华宝现金宝E	货币市场型基金	385	68	59.224

续表3-2

整体投资回报能力排名	基金公司（简称）	基金名称	投资类型（二级分类）	样本基金数量	同类基金中排名	期间内规模（亿）
74	华宝	华宝现金宝B	货币市场型基金	385	69	5.794
74	华宝	华宝现金添益B	货币市场型基金	385	147	50.761
74	华宝	华宝现金宝A	货币市场型基金	385	230	84.286
74	华宝	华宝现金添益A	货币市场型基金	385	278	1 313.940
75	东方	东方添益	中长期纯债型基金	289	59	12.438
75	东方	东方策略成长	偏股混合型基金	474	228	5.469
75	东方	东方新能源汽车主题	偏股混合型基金	474	305	4.287
75	东方	东方主题精选	偏股混合型基金	474	351	2.258
75	东方	东方核心动力	偏股混合型基金	474	384	1.937
75	东方	东方精选	偏股混合型基金	474	436	28.715
75	东方	东方新价值A	平衡混合型基金	27	20	1.981
75	东方	东方成长回报	平衡混合型基金	27	21	9.569
75	东方	东方新价值C	平衡混合型基金	27	25	1.518
75	东方	东方稳健回报A	混合债券型一级基金	125	103	7.035
75	东方	东方强化收益	混合债券型二级基金	230	64	8.604
75	东方	东方双债添利A	混合债券型二级基金	230	171	8.437
75	东方	东方双债添利C	混合债券型二级基金	230	184	0.738
75	东方	东方新兴成长	灵活配置型基金	709	35	3.346
75	东方	东方创新科技	灵活配置型基金	709	174	4.821
75	东方	东方新思路A	灵活配置型基金	709	226	4.182
75	东方	东方新思路C	灵活配置型基金	709	236	3.073
75	东方	东方鼎新A	灵活配置型基金	709	384	10.515
75	东方	东方龙	灵活配置型基金	709	507	8.744
75	东方	东方新策略C	灵活配置型基金	709	572	2.387
75	东方	东方惠新A	灵活配置型基金	709	586	3.503

续表3-2

整体投资回报能力排名	基金公司（简称）	基金名称	投资类型（二级分类）	样本基金数量	同类基金中排名	期间内规模（亿）
75	东方	东方新策略 A	灵活配置型基金	709	590	10.996
75	东方	东方惠新 C	灵活配置型基金	709	614	3.200
75	东方	东方睿鑫热点挖掘 A	灵活配置型基金	709	634	0.310
75	东方	东方睿鑫热点挖掘 C	灵活配置型基金	709	654	2.023
75	东方	东方多策略 A	灵活配置型基金	709	662	3.160
75	东方	东方多策略 C	灵活配置型基金	709	665	6.223
75	东方	东方金账簿货币 B	货币市场型基金	385	67	60.646
75	东方	东方金元宝	货币市场型基金	385	85	1.495
75	东方	东方金账簿货币 A	货币市场型基金	385	229	2.143
76	鑫元	鑫元鸿利	中长期纯债型基金	289	65	16.216
76	鑫元	鑫元稳利	中长期纯债型基金	289	198	23.041
76	鑫元	鑫元聚鑫收益增强 A	混合债券型二级基金	230	179	1.034
76	鑫元	鑫元聚鑫收益增强 C	混合债券型二级基金	230	191	0.531
76	鑫元	鑫元恒鑫收益增强 A	混合债券型二级基金	230	207	6.254
76	鑫元	鑫元恒鑫收益增强 C	混合债券型二级基金	230	212	1.706
76	鑫元	鑫元鑫新收益 A	灵活配置型基金	709	421	1.639
76	鑫元	鑫元鑫新收益 C	灵活配置型基金	709	475	11.540
76	鑫元	鑫元货币 B	货币市场型基金	385	155	15.219
76	鑫元	鑫元安鑫宝货币 B	货币市场型基金	385	212	2.934
76	鑫元	鑫元货币 A	货币市场型基金	385	300	3.573
76	鑫元	鑫元安鑫宝货币 A	货币市场型基金	385	372	4.103
77	上投摩根	上投摩根纯债添利 A	中长期纯债型基金	289	224	0.898
77	上投摩根	上投摩根纯债 A	中长期纯债型基金	289	237	4.958
77	上投摩根	上投摩根纯债 B	中长期纯债型基金	289	264	0.472
77	上投摩根	上投摩根纯债丰利 A	中长期纯债型基金	289	266	7.147

续表3-2

整体投资回报能力排名	基金公司（简称）	基金名称	投资类型（二级分类）	样本基金数量	同类基金中排名	期间内规模（亿）
77	上投摩根	上投摩根纯债丰利C	中长期纯债型基金	289	273	0.220
77	上投摩根	上投摩根纯债添利C	中长期纯债型基金	289	281	0.113
77	上投摩根	上投摩根红利回报A	偏债混合型基金	44	38	5.093
77	上投摩根	上投摩根稳进回报	偏债混合型基金	44	41	0.509
77	上投摩根	上投摩根智选30	偏股混合型基金	474	61	10.005
77	上投摩根	上投摩根新兴动力A	偏股混合型基金	474	85	44.408
77	上投摩根	上投摩根双核平衡	偏股混合型基金	474	111	4.689
77	上投摩根	上投摩根核心优选	偏股混合型基金	474	175	17.080
77	上投摩根	上投摩根行业轮动A	偏股混合型基金	474	216	17.397
77	上投摩根	上投摩根健康品质生活	偏股混合型基金	474	220	1.608
77	上投摩根	上投摩根中小盘	偏股混合型基金	474	250	7.784
77	上投摩根	上投摩根成长先锋	偏股混合型基金	474	254	16.496
77	上投摩根	上投摩根内需动力	偏股混合型基金	474	261	34.055
77	上投摩根	上投摩根中国优势	偏股混合型基金	474	271	18.113
77	上投摩根	上投摩根阿尔法	偏股混合型基金	474	329	21.121
77	上投摩根	上投摩根双息平衡A	平衡混合型基金	27	27	20.959
77	上投摩根	上投摩根医疗健康	普通股票型基金	148	25	8.800
77	上投摩根	上投摩根卓越制造	普通股票型基金	148	44	26.120
77	上投摩根	上投摩根安全战略	普通股票型基金	148	61	10.986
77	上投摩根	上投摩根大盘蓝筹	普通股票型基金	148	63	3.574
77	上投摩根	上投摩根新兴服务	普通股票型基金	148	82	1.307
77	上投摩根	上投摩根核心成长	普通股票型基金	148	89	12.872
77	上投摩根	上投摩根民生需求	普通股票型基金	148	94	5.064
77	上投摩根	上投摩根智慧互联	普通股票型基金	148	113	19.883
77	上投摩根	上投摩根分红添利A	混合债券型一级基金	125	108	1.367

续表3-2

整体投资回报能力排名	基金公司（简称）	基金名称	投资类型（二级分类）	样本基金数量	同类基金中排名	期间内规模（亿）
77	上投摩根	上投摩根分红添利B	混合债券型一级基金	125	112	0.078
77	上投摩根	上投摩根强化回报A	混合债券型二级基金	230	136	1.093
77	上投摩根	上投摩根强化回报B	混合债券型二级基金	230	154	0.240
77	上投摩根	上投摩根双债增利A	混合债券型二级基金	230	161	0.191
77	上投摩根	上投摩根双债增利C	混合债券型二级基金	230	176	0.138
77	上投摩根	上投摩根科技前沿	灵活配置型基金	709	43	30.925
77	上投摩根	上投摩根成长动力	灵活配置型基金	709	228	3.396
77	上投摩根	上投摩根转型动力	灵活配置型基金	709	254	16.196
77	上投摩根	上投摩根文体休闲	灵活配置型基金	709	576	1.836
77	上投摩根	上投摩根动态多因子	灵活配置型基金	709	603	6.918
77	上投摩根	上投摩根整合驱动	灵活配置型基金	709	659	17.251
77	上投摩根	上投摩根中证消费	被动指数型基金	306	52	0.314
77	上投摩根	上投摩根天添盈E	货币市场型基金	385	291	1.935
77	上投摩根	上投摩根天添宝B	货币市场型基金	385	303	2.536
77	上投摩根	上投摩根货币B	货币市场型基金	385	304	675.630
77	上投摩根	上投摩根天添盈A	货币市场型基金	385	342	42.086
77	上投摩根	上投摩根天添宝A	货币市场型基金	385	358	0.179
77	上投摩根	上投摩根货币A	货币市场型基金	385	359	1.143
77	上投摩根	上投摩根天添盈B	货币市场型基金	385	376	0.100
78	富安达	富安达优势成长	偏股混合型基金	474	381	18.343
78	富安达	富安达增强收益A	混合债券型二级基金	230	220	0.336
78	富安达	富安达增强收益C	混合债券型二级基金	230	222	0.449
78	富安达	富安达健康人生	灵活配置型基金	709	86	2.118
78	富安达	富安达策略精选	灵活配置型基金	709	150	1.865
78	富安达	富安达新兴成长	灵活配置型基金	709	416	4.870

续表3-2

整体投资回报能力排名	基金公司（简称）	基金名称	投资类型（二级分类）	样本基金数量	同类基金中排名	期间内规模（亿）
78	富安达	富安达现金通货币B	货币市场型基金	385	128	15.312
78	富安达	富安达现金通货币A	货币市场型基金	385	284	0.739
79	红塔红土	红塔红土盛金新动力A	灵活配置型基金	709	298	1.167
79	红塔红土	红塔红土盛金新动力C	灵活配置型基金	709	307	6.210
79	红塔红土	红塔红土盛世普益	灵活配置型基金	709	387	5.287
80	诺安	诺安纯债A	中长期纯债型基金	289	11	5.170
80	诺安	诺安纯债C	中长期纯债型基金	289	29	1.371
80	诺安	诺安泰鑫一年A	中长期纯债型基金	289	86	1.747
80	诺安	诺安聚利A	中长期纯债型基金	289	151	2.836
80	诺安	诺安稳固收益	中长期纯债型基金	289	167	18.059
80	诺安	诺安泰鑫一年C	中长期纯债型基金	289	169	0.411
80	诺安	诺安聚利C	中长期纯债型基金	289	210	0.439
80	诺安	诺安主题精选	偏股混合型基金	474	70	5.673
80	诺安	诺安中小盘精选	偏股混合型基金	474	240	6.704
80	诺安	诺安鸿鑫	偏股混合型基金	474	276	1.928
80	诺安	诺安价值增长	偏股混合型基金	474	308	20.093
80	诺安	诺安先锋	偏股混合型基金	474	349	42.587
80	诺安	诺安成长	偏股混合型基金	474	413	156.260
80	诺安	诺安多策略	偏股混合型基金	474	415	0.805
80	诺安	诺安平衡	偏股混合型基金	474	439	18.053
80	诺安	诺安沪深300指数增强A	增强指数型基金	43	33	2.379
80	诺安	诺安中证500指数增强A	增强指数型基金	43	42	1.571
80	诺安	诺安先进制造	普通股票型基金	148	36	1.693
80	诺安	诺安研究精选	普通股票型基金	148	41	13.338

续表3-2

整体投资回报能力排名	基金公司（简称）	基金名称	投资类型（二级分类）	样本基金数量	同类基金中排名	期间内规模（亿）
80	诺安	诺安低碳经济A	普通股票型基金	148	56	14.002
80	诺安	诺安策略精选	普通股票型基金	148	95	13.875
80	诺安	诺安新经济	普通股票型基金	148	120	12.526
80	诺安	诺安优化收益	混合债券型一级基金	125	1	9.009
80	诺安	诺安双利	混合债券型二级基金	230	1	9.701
80	诺安	诺安增利A	混合债券型二级基金	230	121	3.572
80	诺安	诺安增利B	混合债券型二级基金	230	139	1.777
80	诺安	诺安灵活配置	灵活配置型基金	709	274	27.451
80	诺安	诺安新动力	灵活配置型基金	709	288	0.807
80	诺安	诺安景鑫	灵活配置型基金	709	312	25.179
80	诺安	诺安利鑫	灵活配置型基金	709	379	25.147
80	诺安	诺安稳健回报A	灵活配置型基金	709	610	2.772
80	诺安	诺安稳健回报C	灵活配置型基金	709	625	12.645
80	诺安	诺安创新驱动A	灵活配置型基金	709	629	6.325
80	诺安	诺安创新驱动C	灵活配置型基金	709	637	17.505
80	诺安	诺安优势行业C	灵活配置型基金	709	649	7.025
80	诺安	诺安优势行业A	灵活配置型基金	709	650	8.400
80	诺安	诺安中证100A	被动指数型基金	306	16	2.522
80	诺安	诺安天天宝B	货币市场型基金	385	100	1.290
80	诺安	诺安理财宝B	货币市场型基金	385	101	72.987
80	诺安	诺安理财宝A	货币市场型基金	385	102	2.587
80	诺安	诺安理财宝C	货币市场型基金	385	103	0.450
80	诺安	诺安聚鑫宝C	货币市场型基金	385	149	0.172
80	诺安	诺安天天宝E	货币市场型基金	385	164	6.041
80	诺安	诺安货币B	货币市场型基金	385	217	71.500

续表3-2

整体投资回报能力排名	基金公司（简称）	基金名称	投资类型（二级分类）	样本基金数量	同类基金中排名	期间内规模（亿）
80	诺安	诺安天天宝 C	货币市场型基金	385	242	0.004
80	诺安	诺安天天宝 A	货币市场型基金	385	269	261.737
80	诺安	诺安聚鑫宝 D	货币市场型基金	385	281	7.526
80	诺安	诺安聚鑫宝 B	货币市场型基金	385	302	43.249
80	诺安	诺安聚鑫宝 A	货币市场型基金	385	309	35.702
80	诺安	诺安货币 A	货币市场型基金	385	338	2.388
81	中信建投	中信建投稳利 A	偏债混合型基金	44	31	0.955
81	中信建投	中信建投聚利 A	偏债混合型基金	44	39	9.357
81	中信建投	中信建投睿信 A	灵活配置型基金	709	697	3.158
81	中信建投	中信建投景和中短债 A	短期纯债型基金	11	7	4.690
81	中信建投	中信建投景和中短债 C	短期纯债型基金	11	10	0.236
81	中信建投	中信建投凤凰 A	货币市场型基金	385	258	2.989
81	中信建投	中信建投添鑫宝	货币市场型基金	385	299	69.258
82	天治	天治财富增长	偏债混合型基金	44	27	1.125
82	天治	天治核心成长	偏股混合型基金	474	442	8.295
82	天治	天治稳健双盈	混合债券型二级基金	230	144	3.391
82	天治	天治可转债增强 A	混合债券型二级基金	230	203	0.996
82	天治	天治可转债增强 C	混合债券型二级基金	230	211	1.468
82	天治	天治研究驱动 A	灵活配置型基金	709	81	0.834
82	天治	天治研究驱动 C	灵活配置型基金	709	132	5.299
82	天治	天治中国制造 2025	灵活配置型基金	709	173	0.643
82	天治	天治趋势精选	灵活配置型基金	709	268	9.850
82	天治	天治新消费	灵活配置型基金	709	615	0.270
82	天治	天治低碳经济	灵活配置型基金	709	699	1.149
82	天治	天治天得利货币 A	货币市场型基金	385	340	2.507

续表3-2

整体投资回报能力排名	基金公司（简称）	基金名称	投资类型（二级分类）	样本基金数量	同类基金中排名	期间内规模（亿）
83	九泰	九泰锐智事件驱动	灵活配置型基金	709	45	3.059
83	九泰	九泰久盛量化先锋A	灵活配置型基金	709	386	2.172
83	九泰	九泰天宝A	灵活配置型基金	709	575	0.087
83	九泰	九泰天宝C	灵活配置型基金	709	585	12.975
83	九泰	九泰天富改革新动力A	灵活配置型基金	709	691	12.898
83	九泰	九泰日添金B	货币市场型基金	385	79	14.389
83	九泰	九泰日添金A	货币市场型基金	385	240	0.944
84	东吴	东吴行业轮动	偏股混合型基金	474	356	6.285
84	东吴	东吴嘉禾优势	偏股混合型基金	474	388	5.943
84	东吴	东吴价值成长	偏股混合型基金	474	425	6.214
84	东吴	东吴新经济	偏股混合型基金	474	430	0.436
84	东吴	东吴进取策略	灵活配置型基金	709	237	1.921
84	东吴	东吴配置优化	灵活配置型基金	709	261	0.225
84	东吴	东吴多策略	灵活配置型基金	709	265	0.338
84	东吴	东吴移动互联A	灵活配置型基金	709	289	5.147
84	东吴	东吴移动互联C	灵活配置型基金	709	290	0.000
84	东吴	东吴阿尔法	灵活配置型基金	709	611	0.774
84	东吴	东吴安享量化	灵活配置型基金	709	642	0.172
84	东吴	东吴国企改革	灵活配置型基金	709	667	1.798
84	东吴	东吴新趋势价值线	灵活配置型基金	709	696	5.648
84	东吴	东吴中证新兴产业	被动指数基金	306	150	1.266
84	东吴	东吴沪深300A	被动指数型基金	306	194	0.132
84	东吴	东吴货币B	货币市场型基金	385	179	26.405
84	东吴	东吴货币A	货币市场型基金	385	318	1.045
85	长盛	长盛年年收益A	中长期纯债型基金	289	283	0.525

续表3-2

整体投资回报能力排名	基金公司（简称）	基金名称	投资类型（二级分类）	样本基金数量	同类基金中排名	期间内规模（亿）
85	长盛	长盛年年收益C	中长期纯债型基金	289	285	0.101
85	长盛	长盛量化红利策略	偏股混合型基金	474	244	2.512
85	长盛	长盛成长价值	偏股混合型基金	474	302	3.655
85	长盛	长盛动态精选	偏股混合型基金	474	326	5.021
85	长盛	长盛同德	偏股混合型基金	474	372	16.325
85	长盛	长盛城镇化主题	偏股混合型基金	474	412	1.695
85	长盛	长盛电子信息产业A	偏股混合型基金	474	418	22.483
85	长盛	长盛同智	偏股混合型基金	474	421	8.726
85	长盛	长盛同鑫行业配置A	偏股混合型基金	474	451	0.598
85	长盛	长盛中小盘精选	偏股混合型基金	474	466	0.716
85	长盛	长盛积极配置	混合债券型二级基金	230	118	2.134
85	长盛	长盛新兴成长	灵活配置型基金	709	241	3.849
85	长盛	长盛转型升级主题	灵活配置型基金	709	271	29.841
85	长盛	长盛高端装备制造	灵活配置型基金	709	273	5.294
85	长盛	长盛养老健康产业	灵活配置型基金	709	281	1.329
85	长盛	长盛同益成长回报	灵活配置型基金	709	327	3.033
85	长盛	长盛生态环境主题	灵活配置型基金	709	337	3.465
85	长盛	长盛战略新兴产业A	灵活配置型基金	709	402	9.788
85	长盛	长盛盛世A	灵活配置型基金	709	435	2.380
85	长盛	长盛互联网＋	灵活配置型基金	709	460	4.938
85	长盛	长盛航天海工装备	灵活配置型基金	709	511	2.598
85	长盛	长盛盛世C	灵活配置型基金	709	528	2.588
85	长盛	长盛同盛成长优选	灵活配置型基金	709	536	3.330
85	长盛	长盛战略新兴产业C	灵活配置型基金	709	592	5.354
85	长盛	长盛创新先锋	灵活配置型基金	709	595	1.414

续表3-2

整体投资回报能力排名	基金公司（简称）	基金名称	投资类型（二级分类）	样本基金数量	同类基金中排名	期间内规模（亿）
85	长盛	长盛国企改革主题	灵活配置型基金	709	690	13.669
85	长盛	长盛电子信息主题	灵活配置型基金	709	701	19.434
85	长盛	长盛中证100	被动指数型基金	306	30	4.542
85	长盛	长盛上证50	被动指数型基金	306	39	0.663
85	长盛	长盛沪深300	被动指数型基金	306	60	2.185
85	长盛	长盛同庆中证800	被动指数型基金	306	81	3.423
85	长盛	长盛中证金融地产	被动指数型基金	306	119	2.424
85	长盛	长盛中证申万一带一路	被动指数型基金	306	231	9.475
85	长盛	长盛中证全指证券	被动指数型基金	306	257	1.955
85	长盛	长盛添利宝B	货币市场型基金	385	194	72.459
85	长盛	长盛货币A	货币市场型基金	385	231	27.088
85	长盛	长盛添利宝A	货币市场型基金	385	329	39.674
86	益民	益民创新优势	偏股混合型基金	474	330	11.247
86	益民	益民红利成长	偏股混合型基金	474	338	6.084
86	益民	益民服务领先	灵活配置型基金	709	161	2.190
86	益民	益民品质升级	灵活配置型基金	709	334	3.353
86	益民	益民核心增长	灵活配置型基金	709	672	0.553
87	华润元大	华润元大稳健收益A	中长期纯债型基金	289	284	3.885
87	华润元大	华润元大稳健收益C	中长期纯债型基金	289	286	1.033
87	华润元大	华润元大信息传媒科技	偏股混合型基金	474	339	3.361
87	华润元大	华润元大量化优选A	偏股混合型基金	474	457	1.664
87	华润元大	华润元大安鑫A	灵活配置型基金	709	395	2.585
87	华润元大	华润元大富时中国A50A	被动指数型基金	306	13	2.341
87	华润元大	华润元大现金收益B	货币市场型基金	385	226	12.403

续表3-2

整体投资回报能力排名	基金公司（简称）	基金名称	投资类型（二级分类）	样本基金数量	同类基金中排名	期间内规模（亿）
87	华润元大	华润元大现金收益A	货币市场型基金	385	339	0.719
88	华富	华富恒稳纯债A	中长期纯债型基金	289	141	7.219
88	华富	华富恒稳纯债C	中长期纯债型基金	289	191	0.225
88	华富	华富成长趋势	偏股混合型基金	474	293	13.863
88	华富	华富竞争力优选	偏股混合型基金	474	399	6.888
88	华富	华富量子生命力	偏股混合型基金	474	426	0.486
88	华富	华富中小板指数增强	增强指数型基金	43	43	0.097
88	华富	华富强化回报	混合债券型一级基金	125	10	3.930
88	华富	华富收益增强A	混合债券型一级基金	125	36	12.234
88	华富	华富收益增强B	混合债券型一级基金	125	55	1.328
88	华富	华富恒利A	混合债券型二级基金	230	132	4.220
88	华富	华富安鑫	混合债券型二级基金	230	148	0.980
88	华富	华富恒利C	混合债券型二级基金	230	173	0.555
88	华富	华富价值增长	灵活配置型基金	709	114	5.917
88	华富	华富国泰民安	灵活配置型基金	709	347	1.462
88	华富	华富健康文娱	灵活配置型基金	709	533	0.769
88	华富	华富策略精选	灵活配置型基金	709	641	0.192
88	华富	华富灵活配置	灵活配置型基金	709	643	24.108
88	华富	华富永鑫A	灵活配置型基金	709	669	4.615
88	华富	华富永鑫C	灵活配置型基金	709	673	13.105
88	华富	华富智慧城市	灵活配置型基金	709	684	4.972
88	华富	华富中证100	被动指数型基金	306	20	1.470
88	华富	华富货币A	货币市场型基金	385	332	35.639
89	华融	华融新锐	灵活配置型基金	709	630	1.616
89	华融	华融新利	灵活配置型基金	709	689	6.084

续表3-2

整体投资回报能力排名	基金公司（简称）	基金名称	投资类型（二级分类）	样本基金数量	同类基金中排名	期间内规模（亿）
89	华融	华融现金增利B	货币市场型基金	385	162	3.543
89	华融	华融现金增利A	货币市场型基金	385	295	0.107
89	华融	华融现金增利C	货币市场型基金	385	306	5.752
90	泰信	泰信鑫益A	中长期纯债型基金	289	171	0.839
90	泰信	泰信鑫益C	中长期纯债型基金	289	225	0.228
90	泰信	泰信中小盘精选	偏股混合型基金	474	221	5.084
90	泰信	泰信发展主题	偏股混合型基金	474	283	0.813
90	泰信	泰信现代服务业	偏股混合型基金	474	347	0.641
90	泰信	泰信先行策略	偏股混合型基金	474	456	15.195
90	泰信	泰信优质生活	偏股混合型基金	474	461	8.854
90	泰信	泰信蓝筹精选	偏股混合型基金	474	469	5.454
90	泰信	泰信周期回报	混合债券型一级基金	125	86	1.111
90	泰信	泰信增强收益A	混合债券型一级基金	125	106	0.380
90	泰信	泰信增强收益C	混合债券型一级基金	125	110	0.025
90	泰信	泰信双息双利	混合债券型二级基金	230	98	0.904
90	泰信	泰信行业精选A	灵活配置型基金	709	249	6.100
90	泰信	泰信国策驱动	灵活配置型基金	709	358	2.886
90	泰信	泰信优势增长	灵活配置型基金	709	663	1.011
90	泰信	泰信中证200	被动指数型基金	306	211	0.633
90	泰信	泰信基本面400	被动指数型基金	306	285	0.453
90	泰信	泰信天天收益A	货币市场型基金	385	350	26.397
91	中邮	中邮定期开放A	中长期纯债型基金	289	93	17.616
91	中邮	中邮定期开放C	中长期纯债型基金	289	126	2.376
91	中邮	中邮稳定收益A	中长期纯债型基金	289	147	49.951
91	中邮	中邮稳定收益C	中长期纯债型基金	289	189	10.397

续表3-2

整体投资回报能力排名	基金公司（简称）	基金名称	投资类型（二级分类）	样本基金数量	同类基金中排名	期间内规模（亿）
91	中邮	中邮核心主题	偏股混合型基金	474	391	16.774
91	中邮	中邮核心优选	偏股混合型基金	474	420	35.609
91	中邮	中邮战略新兴产业	偏股混合型基金	474	454	65.309
91	中邮	中邮核心成长	偏股混合型基金	474	460	83.496
91	中邮	中邮新思路	灵活配置型基金	709	12	11.884
91	中邮	中邮稳健添利	灵活配置型基金	709	434	13.412
91	中邮	中邮乐享收益	灵活配置型基金	709	450	6.754
91	中邮	中邮中小盘灵活配置	灵活配置型基金	709	527	9.997
91	中邮	中邮核心科技创新	灵活配置型基金	709	531	3.268
91	中邮	中邮多策略	灵活配置型基金	709	636	0.425
91	中邮	中邮信息产业	灵活配置型基金	709	681	53.953
91	中邮	中邮核心优势	灵活配置型基金	709	695	8.859
91	中邮	中邮趋势精选	灵活配置型基金	709	703	35.489
91	中邮	中邮创新优势	灵活配置型基金	709	705	6.756
91	中邮	中邮核心竞争力	灵活配置型基金	709	709	21.900
91	中邮	中邮绝对收益策略	股票多空	15	13	10.030
91	中邮	中邮现金驿站C	货币市场型基金	385	126	5.487
91	中邮	中邮现金驿站B	货币市场型基金	385	169	0.436
91	中邮	中邮货币B	货币市场型基金	385	188	38.864
91	中邮	中邮现金驿站A	货币市场型基金	385	195	0.116
91	中邮	中邮货币A	货币市场型基金	385	326	3.229
92	华商	华商双翼	偏债混合型基金	44	32	1.414
92	华商	华商产业升级	偏股混合型基金	474	287	1.808
92	华商	华商价值精选	偏股混合型基金	474	445	33.406
92	华商	华商盛世成长	偏股混合型基金	474	446	49.838

续表3-2

整体投资回报能力排名	基金公司（简称）	基金名称	投资类型（二级分类）	样本基金数量	同类基金中排名	期间内规模（亿）
92	华商	华商主题精选	偏股混合型基金	474	450	18.054
92	华商	华商领先企业	偏股混合型基金	474	455	23.334
92	华商	华商新动力	偏股混合型基金	474	470	1.192
92	华商	华商未来主题	偏股混合型基金	474	474	21.689
92	华商	华商收益增强A	混合债券型一级基金	125	124	4.347
92	华商	华商收益增强B	混合债券型一级基金	125	125	3.151
92	华商	华商稳定增利A	混合债券型二级基金	230	13	6.937
92	华商	华商稳定增利C	混合债券型二级基金	230	17	2.035
92	华商	华商稳健双利A	混合债券型二级基金	230	150	2.718
92	华商	华商稳健双利B	混合债券型二级基金	230	170	4.222
92	华商	华商信用增强A	混合债券型二级基金	230	210	1.194
92	华商	华商信用增强C	混合债券型二级基金	230	215	0.520
92	华商	华商双债丰利A	混合债券型二级基金	230	229	11.949
92	华商	华商双债丰利C	混合债券型二级基金	230	230	10.201
92	华商	华商新趋势优选	灵活配置型基金	709	28	4.127
92	华商	华商优势行业	灵活配置型基金	709	72	19.467
92	华商	华商新量化	灵活配置型基金	709	123	8.205
92	华商	华商量化进取	灵活配置型基金	709	170	23.292
92	华商	华商智能生活	灵活配置型基金	709	222	4.892
92	华商	华商价值共享灵活配置	灵活配置型基金	709	235	10.881
92	华商	华商红利优选	灵活配置型基金	709	251	5.865
92	华商	华商乐享互联网	灵活配置型基金	709	267	3.888
92	华商	华商策略精选	灵活配置型基金	709	305	12.541
92	华商	华商新常态	灵活配置型基金	709	316	9.156
92	华商	华商双驱优选	灵活配置型基金	709	317	9.889

续表3-2

整体投资回报能力排名	基金公司（简称）	基金名称	投资类型（二级分类）	样本基金数量	同类基金中排名	期间内规模（亿）
92	华商	华商健康生活	灵活配置型基金	709	392	12.261
92	华商	华商创新成长	灵活配置型基金	709	442	19.887
92	华商	华商大盘量化精选	灵活配置型基金	709	500	12.037
92	华商	华商新锐产业	灵活配置型基金	709	677	38.072
92	华商	华商动态阿尔法	灵活配置型基金	709	680	15.214
92	华商	华商现金增利B	货币市场型基金	385	346	5.140
92	华商	华商现金增利A	货币市场型基金	385	370	1.973
93	江信	江信聚福	中长期纯债型基金	289	249	8.719
93	江信	江信同福A	灵活配置型基金	709	588	0.876
93	江信	江信同福C	灵活配置型基金	709	612	5.515
94	山西证券	山西证券日日添利B	货币市场型基金	385	98	3.873
94	山西证券	山西证券日日添利A	货币市场型基金	385	267	0.267
94	山西证券	山西证券日日添利C	货币市场型基金	385	377	28.226

4 十年期公募基金管理公司整体投资回报能力评价

4.1 数据来源与样本说明

十年期的数据区间为 2010 年 12 月 31 日至 2020 年 12 月 31 日。所有公募基金数据来源于 Wind 金融资讯终端。从 Wind 上我们获得的数据变量有：基金名称、基金管理公司、投资类型（二级分类）、投资风格、复权单位净值增长率（20101231—20201231）、单位净值（20101231）、单位净值（20201231）、基金份额（20101231）、基金份额（20201231）。

我们删除国际（QDII）类基金、同期样本数少于 10 的类别，再删除同期旗下样本基金数少于 3 只的基金管理公司，最后的样本基金数为 679 只，样本基金管理公司总共 59 家。

投资类型包括：偏股混合型基金（294 只）、灵活配置型基金（65 只）、货币市场型基金（67 只）、混合债券型一级基金（67 只）、平衡混合型基金（21 只）、混合债券型二级基金（73 只）、被动指数型基金（67 只）、增强指数型基金（15 只）、普通股票型基金（10 只）。

我们按第 1 部分介绍的计算方法，计算出样本中每家基金公司的整体投资回报能力分数，依高分到低分进行排序。

4.2 十年期整体投资回报能力评价结果

在十年期的整体投资能力评价中，样本基金公司只有 59 家，整体看来这些基金公司均属于样本基金数量中等或较少的公司，且排名靠前的多为老牌的基金公司。见表 4-1。

4 十年期公募基金管理公司整体投资回报能力评价

表 4-1 十年期整体投资回报能力评价

整体投资回报能力排名	基金公司(简称)	整体投资回报能力得分	样本基金数量
1	兴证全球	1.345	8
2	银河	1.276	11
3	汇添富	1.109	13
4	诺德	1.108	5
5	景顺长城	0.956	12
6	易方达	0.936	25
7	中欧	0.857	5
8	富国	0.845	18
9	新华	0.814	5
10	万家	0.690	9
11	华富	0.641	9
12	交银施罗德	0.486	15
13	民生加银	0.483	5
14	农银汇理	0.375	9
15	国海富兰克林	0.354	9
16	宝盈	0.342	10
17	南方	0.320	23
18	工银瑞信	0.305	17
19	招商	0.286	16
20	长城	0.249	10
21	汇丰晋信	0.183	8
22	建信	0.153	12
23	国泰	0.144	15
24	鹏华	0.054	18
25	中银	0.043	12
26	华夏	0.013	24
27	嘉实	−0.004	19
28	博时	−0.013	24

续表4-1

整体投资回报能力排名	基金公司(简称)	整体投资回报能力得分	样本基金数量
29	银华	−0.021	15
30	华安	−0.022	20
31	国投瑞银	−0.033	11
32	华宝	−0.121	17
33	中信保诚	−0.128	9
34	广发	−0.139	15
35	长信	−0.169	10
36	华泰柏瑞	−0.194	10
37	浦银安盛	−0.204	6
38	申万菱信	−0.274	9
39	摩根士丹利华鑫	−0.289	6
40	海富通	−0.381	16
41	国联安	−0.385	12
42	天弘	−0.452	5
43	长盛	−0.495	10
44	大成	−0.500	17
45	融通	−0.505	10
46	泰达宏利	−0.505	13
47	东方	−0.515	6
48	金鹰	−0.539	6
49	华商	−0.605	9
50	中海	−0.662	10
51	信达澳银	−0.707	6
52	诺安	−0.710	12
53	光大保德信	−0.721	10
54	天治	−0.990	6
55	金元顺安	−1.154	5
56	东吴	−1.209	8

续表4-1

整体投资回报能力排名	基金公司（简称）	整体投资回报能力得分	样本基金数量
57	泰信	−1.287	9
58	中邮	−1.293	4
59	上投摩根	−1.452	11

4.3 十年期整体投资回报能力评价详细说明

从表4-2可以看出，在十年的评价期间内，基金数量较少的基金公司排名靠前，如排名第一的兴证全球旗下仅8只基金。虽然兴证全球旗下的样本基金数量不多，但每只基金的规模中等或较大，且排名靠前，如较大规模的兴全合润分级基金在同期294只偏股混合型基金中排第1，十年期间内规模为89.632亿元；大型规模的兴全趋势投资在同期65只灵活配置型基金中排第12，十年期间内规模为247.824亿元。这是兴证全球基金公司在十年期整体投资回报能力评价中排名第1的重要原因。

表4-2 十年期整体投资回报能力评价

整体投资回报能力排名	基金公司（简称）	基金名称	投资类型（二级分类）	样本基金数量	同类基金中排名	期间内规模（亿）
1	兴证全球	兴全合润分级	偏股混合型基金	294	1	89.632
1	兴证全球	兴全社会责任	偏股混合型基金	294	42	72.302
1	兴证全球	兴全沪深300指数增强A	增强指数型基金	15	4	42.717
1	兴证全球	兴全全球视野	普通股票型基金	10	6	44.710
1	兴证全球	兴全磐稳增利债券A	混合债券型一级基金	67	12	15.617
1	兴证全球	兴全有机增长	灵活配置型基金	65	8	32.519
1	兴证全球	兴全趋势投资	灵活配置型基金	65	12	247.824
1	兴证全球	兴全货币A	货币市场型基金	67	10	24.791
2	银河	银河创新成长	偏股混合型基金	294	4	100.834
2	银河	银河竞争优势成长	偏股混合型基金	294	8	3.680

续表4-2

整体投资回报能力排名	基金公司（简称）	基金名称	投资类型（二级分类）	样本基金数量	同类基金中排名	期间内规模（亿）
2	银河	银河蓝筹精选	偏股混合型基金	294	13	7.998
2	银河	银河行业优选	偏股混合型基金	294	16	19.463
2	银河	银河稳健	偏股混合型基金	294	43	16.061
2	银河	银河银信添利A	混合债券型一级基金	67	28	1.360
2	银河	银河银信添利B	混合债券型一级基金	67	38	1.639
2	银河	银河银泰理财分红	灵活配置型基金	65	26	25.614
2	银河	银河沪深300价值	被动指数型基金	67	19	13.645
2	银河	银河银富货币B	货币市场型基金	67	11	7.572
2	银河	银河银富货币A	货币市场型基金	67	42	88.050
3	汇添富	汇添富民营活力A	偏股混合型基金	294	5	35.763
3	汇添富	汇添富价值精选A	偏股混合型基金	294	6	105.441
3	汇添富	汇添富成长焦点	偏股混合型基金	294	9	103.693
3	汇添富	汇添富医药保健A	偏股混合型基金	294	37	49.784
3	汇添富	汇添富优势精选	偏股混合型基金	294	62	39.350
3	汇添富	汇添富策略回报	偏股混合型基金	294	77	38.256
3	汇添富	汇添富均衡增长	偏股混合型基金	294	187	137.204
3	汇添富	汇添富增强收益A	混合债券型一级基金	67	50	12.335
3	汇添富	汇添富增强收益C	混合债券型一级基金	67	54	1.152
3	汇添富	汇添富蓝筹稳健	灵活配置型基金	65	4	55.041
3	汇添富	汇添富上证综指	被动指数型基金	67	51	38.586
3	汇添富	汇添富货币B	货币市场型基金	67	8	115.049
3	汇添富	汇添富货币A	货币市场型基金	67	40	2.305
4	诺德	诺德价值优势	偏股混合型基金	294	23	31.712
4	诺德	诺德成长优势	偏股混合型基金	294	45	6.223
4	诺德	诺德中小盘	偏股混合型基金	294	200	2.000

续表4-2

整体投资回报能力排名	基金公司（简称）	基金名称	投资类型（二级分类）	样本基金数量	同类基金中排名	期间内规模（亿）
4	诺德	诺德增强收益	混合债券型二级基金	73	73	2.313
4	诺德	诺德主题灵活配置	灵活配置型基金	65	36	0.859
5	景顺长城	景顺长城鼎益	偏股混合型基金	294	2	84.475
5	景顺长城	景顺长城优选	偏股混合型基金	294	11	37.991
5	景顺长城	景顺长城内需增长	偏股混合型基金	294	21	27.233
5	景顺长城	景顺长城新兴成长	偏股混合型基金	294	31	184.443
5	景顺长城	景顺长城内需增长贰号	偏股混合型基金	294	33	53.640
5	景顺长城	景顺长城精选蓝筹	偏股混合型基金	294	72	70.852
5	景顺长城	景顺长城资源垄断	偏股混合型基金	294	149	57.133
5	景顺长城	景顺长城能源基建	偏股混合型基金	294	184	10.995
5	景顺长城	景顺长城公司治理	偏股混合型基金	294	195	2.157
5	景顺长城	景顺长城动力平衡	灵活配置型基金	65	33	36.872
5	景顺长城	景顺长城货币B	货币市场型基金	67	57	3.704
5	景顺长城	景顺长城货币A	货币市场型基金	67	66	62.253
6	易方达	易方达中小盘	偏股混合型基金	294	3	195.663
6	易方达	易方达科翔	偏股混合型基金	294	14	33.274
6	易方达	易方达行业领先	偏股混合型基金	294	32	24.543
6	易方达	易方达科讯	偏股混合型基金	294	126	57.895
6	易方达	易方达价值精选	偏股混合型基金	294	168	53.996
6	易方达	易方达积极成长	偏股混合型基金	294	259	52.913
6	易方达	易方达策略2号	偏股混合型基金	294	279	33.073
6	易方达	易方达策略成长	偏股混合型基金	294	281	32.632
6	易方达	易方达上证50指数A	增强指数型基金	15	2	237.822
6	易方达	易方达平稳增长	平衡混合型基金	21	6	30.938
6	易方达	易方达消费行业	普通股票型基金	10	1	178.157

续表4-2

整体投资回报能力排名	基金公司（简称）	基金名称	投资类型（二级分类）	样本基金数量	同类基金中排名	期间内规模（亿）
6	易方达	易方达岁丰添利	混合债券型一级基金	67	1	14.427
6	易方达	易方达增强回报A	混合债券型一级基金	67	2	36.961
6	易方达	易方达增强回报B	混合债券型一级基金	67	4	13.428
6	易方达	易方达稳健收益B	混合债券型二级基金	73	5	84.456
6	易方达	易方达稳健收益A	混合债券型二级基金	73	7	22.314
6	易方达	易方达科汇	灵活配置型基金	65	41	14.698
6	易方达	易方达价值成长	灵活配置型基金	65	48	162.373
6	易方达	易方达沪深300ETF联接A	被动指数型基金	67	29	79.608
6	易方达	易方达深证100ETF	被动指数型基金	67	32	141.043
6	易方达	易方达深证100ETF联接A	被动指数型基金	67	34	67.746
6	易方达	易方达上证中盘ETF	被动指数型基金	67	45	11.245
6	易方达	易方达上证中盘ETF联接A	被动指数型基金	67	47	7.366
6	易方达	易方达货币B	货币市场型基金	67	13	92.652
6	易方达	易方达货币A	货币市场型基金	67	46	14.775
7	中欧	中欧新趋势A	偏股混合型基金	294	28	42.832
7	中欧	中欧价值发现A	偏股混合型基金	294	74	15.002
7	中欧	中欧行业成长A	偏股混合型基金	294	98	71.642
7	中欧	中欧增强回报A	混合债券型一级基金	67	18	32.273
7	中欧	中欧新蓝筹A	灵活配置型基金	65	5	62.301
8	富国	富国天合稳健优选	偏股混合型基金	294	15	40.353
8	富国	富国天瑞强势精选	偏股混合型基金	294	22	53.329
8	富国	富国天益价值	偏股混合型基金	294	26	99.792
8	富国	富国天惠精选成长A	偏股混合型基金	294	29	146.112

续表4-2

整体投资回报能力排名	基金公司（简称）	基金名称	投资类型（二级分类）	样本基金数量	同类基金中排名	期间内规模（亿）
8	富国	富国通胀通缩主题	偏股混合型基金	294	65	4.704
8	富国	富国天博创新主题	偏股混合型基金	294	69	66.391
8	富国	富国沪深300增强	增强指数型基金	15	5	49.768
8	富国	富国中证红利指数增强A	增强指数型基金	15	10	25.247
8	富国	富国天源沪港深	平衡混合型基金	21	3	7.310
8	富国	富国天利增长债券	混合债券型一级基金	67	26	72.545
8	富国	富国天丰强化收益	混合债券型一级基金	67	27	12.316
8	富国	富国可转债A	混合债券型二级基金	73	18	35.987
8	富国	富国优化增强A	混合债券型二级基金	73	38	14.830
8	富国	富国优化增强B	混合债券型二级基金	73	39	14.830
8	富国	富国优化增强C	混合债券型二级基金	73	48	4.749
8	富国	富国天成红利	灵活配置型基金	65	17	9.694
8	富国	富国天时货币B	货币市场型基金	67	16	51.303
8	富国	富国天时货币A	货币市场型基金	67	48	2.477
9	新华	新华行业周期轮换	偏股混合型基金	294	17	1.713
9	新华	新华钻石品质企业	偏股混合型基金	294	54	6.284
9	新华	新华优选分红	偏股混合型基金	294	81	16.166
9	新华	新华优选成长	偏股混合型基金	294	123	14.855
9	新华	新华泛资源优势	灵活配置型基金	65	2	8.857
10	万家	万家行业优选	偏股混合型基金	294	24	104.078
10	万家	万家和谐增长	偏股混合型基金	294	78	20.373
10	万家	万家精选	偏股混合型基金	294	156	7.309
10	万家	万家稳健增利A	混合债券型一级基金	67	29	2.569
10	万家	万家稳健增利C	混合债券型一级基金	67	37	0.588

续表4-2

整体投资回报能力排名	基金公司（简称）	基金名称	投资类型（二级分类）	样本基金数量	同类基金中排名	期间内规模（亿）
10	万家	万家增强收益	混合债券型二级基金	73	53	1.969
10	万家	万家双引擎	灵活配置型基金	65	42	0.552
10	万家	万家上证180	被动指数型基金	67	44	47.839
10	万家	万家货币A	货币市场型基金	67	32	18.417
11	华富	华富成长趋势	偏股混合型基金	294	174	14.411
11	华富	华富竞争力优选	偏股混合型基金	294	244	9.481
11	华富	华富强化回报	混合债券型一级基金	67	5	12.493
11	华富	华富收益增强A	混合债券型一级基金	67	6	17.273
11	华富	华富收益增强B	混合债券型一级基金	67	10	7.711
11	华富	华富价值增长	灵活配置型基金	65	7	2.523
11	华富	华富策略精选	灵活配置型基金	65	56	0.657
11	华富	华富中证100	被动指数型基金	67	4	2.295
11	华富	华富货币A	货币市场型基金	67	39	3.680
12	交银施罗德	交银趋势优先	偏股混合型基金	294	47	25.062
12	交银施罗德	交银精选	偏股混合型基金	294	64	85.336
12	交银施罗德	交银成长A	偏股混合型基金	294	115	49.138
12	交银施罗德	交银蓝筹	偏股混合型基金	294	133	69.250
12	交银施罗德	交银先锋	偏股混合型基金	294	158	13.806
12	交银施罗德	交银增利债券B	混合债券型一级基金	67	34	12.109
12	交银施罗德	交银增利债券A	混合债券型一级基金	67	35	12.109
12	交银施罗德	交银增利债券C	混合债券型一级基金	67	43	5.749
12	交银施罗德	交银优势行业	灵活配置型基金	65	1	46.775
12	交银施罗德	交银主题优选	灵活配置型基金	65	14	22.087
12	交银施罗德	交银稳健配置A	灵活配置型基金	65	39	45.245
12	交银施罗德	交银180治理ETF	被动指数型基金	67	27	21.631

续表4-2

整体投资回报能力排名	基金公司（简称）	基金名称	投资类型（二级分类）	样本基金数量	同类基金中排名	期间内规模（亿）
12	交银施罗德	交银180治理ETF联接	被动指数型基金	67	33	21.739
12	交银施罗德	交银货币B	货币市场型基金	67	44	10.962
12	交银施罗德	交银货币A	货币市场型基金	67	62	2.223
13	民生加银	民生加银稳健成长	偏股混合型基金	294	63	2.812
13	民生加银	民生加银精选	偏股混合型基金	294	293	5.944
13	民生加银	民生加银增强收益A	混合债券型二级基金	73	6	11.592
13	民生加银	民生加银增强收益C	混合债券型二级基金	73	9	6.761
13	民生加银	民生加银品牌蓝筹	灵活配置型基金	65	15	4.223
14	农银汇理	农银汇理中小盘	偏股混合型基金	294	34	16.814
14	农银汇理	农银汇理平衡双利	偏股混合型基金	294	67	9.179
14	农银汇理	农银汇理策略价值	偏股混合型基金	294	68	14.264
14	农银汇理	农银汇理行业成长A	偏股混合型基金	294	116	27.251
14	农银汇理	农银汇理大盘蓝筹	偏股混合型基金	294	260	17.097
14	农银汇理	农银汇理恒久增利A	混合债券型一级基金	67	31	2.420
14	农银汇理	农银汇理恒久增利C	混合债券型一级基金	67	40	0.153
14	农银汇理	农银汇理货币B	货币市场型基金	67	3	9.032
14	农银汇理	农银汇理货币A	货币市场型基金	67	27	13.370
15	国海富兰克林	国富弹性市值	偏股混合型基金	294	91	51.999
15	国海富兰克林	国富潜力组合A人民币	偏股混合型基金	294	101	40.697
15	国海富兰克林	国富成长动力	偏股混合型基金	294	220	1.599
15	国海富兰克林	国富深化价值	偏股混合型基金	294	221	9.269
15	国海富兰克林	国富沪深300指数增强	增强指数型基金	15	12	8.619
15	国海富兰克林	国富中国收益	平衡混合型基金	21	8	10.515
15	国海富兰克林	国富中小盘	普通股票型基金	10	3	33.609
15	国海富兰克林	国富强化收益A	混合债券型二级基金	73	20	4.689

续表4-2

整体投资回报能力排名	基金公司（简称）	基金名称	投资类型（二级分类）	样本基金数量	同类基金中排名	期间内规模（亿）
15	国海富兰克林	国富强化收益C	混合债券型二级基金	73	28	0.525
16	宝盈	宝盈资源优选	偏股混合型基金	294	114	12.841
16	宝盈	宝盈策略增长	偏股混合型基金	294	209	22.114
16	宝盈	宝盈泛沿海增长	偏股混合型基金	294	249	15.997
16	宝盈	宝盈中证100指数增强A	增强指数型基金	15	6	2.318
16	宝盈	宝盈增强收益AB	混合债券型二级基金	73	56	5.028
16	宝盈	宝盈增强收益C	混合债券型二级基金	73	64	2.838
16	宝盈	宝盈鸿利收益A	灵活配置型基金	65	3	25.124
16	宝盈	宝盈核心优势A	灵活配置型基金	65	10	8.827
16	宝盈	宝盈货币B	货币市场型基金	67	4	6.946
16	宝盈	宝盈货币A	货币市场型基金	67	30	28.272
17	南方	南方优选价值A	偏股混合型基金	294	38	24.401
17	南方	南方成分精选A	偏股混合型基金	294	71	84.378
17	南方	南方绩优成长A	偏股混合型基金	294	83	99.566
17	南方	南方稳健成长	偏股混合型基金	294	148	41.730
17	南方	南方稳健成长2号	偏股混合型基金	294	150	38.874
17	南方	南方盛元红利	偏股混合型基金	294	170	20.147
17	南方	南方高增长	偏股混合型基金	294	186	31.098
17	南方	南方隆元产业主题	偏股混合型基金	294	194	42.117
17	南方	南方积极配置	偏股混合型基金	294	226	16.136
17	南方	南方策略优化	偏股混合型基金	294	233	8.865
17	南方	南方多利增强A	混合债券型一级基金	67	25	3.654
17	南方	南方多利增强C	混合债券型一级基金	67	32	4.373
17	南方	南方宝元债券A	混合债券型二级基金	73	4	57.903

续表4-2

整体投资回报能力排名	基金公司（简称）	基金名称	投资类型（二级分类）	样本基金数量	同类基金中排名	期间内规模（亿）
17	南方	南方广利回报AB	混合债券型二级基金	73	19	14.805
17	南方	南方广利回报C	混合债券型二级基金	73	25	11.594
17	南方	南方沪深300ETF联接A	被动指数型基金	67	28	16.251
17	南方	南方小康产业ETF	被动指数型基金	67	50	4.835
17	南方	南方小康产业ETF联接A	被动指数型基金	67	55	4.497
17	南方	南方中证500ETF联接A	被动指数型基金	67	60	60.398
17	南方	南方深成ETF联接A	被动指数型基金	67	62	13.370
17	南方	南方深成ETF	被动指数型基金	67	63	20.751
17	南方	南方现金增利B	货币市场型基金	67	1	86.818
17	南方	南方现金增利A	货币市场型基金	67	15	59.768
18	工银瑞信	工银瑞信中小盘成长	偏股混合型基金	294	73	9.528
18	工银瑞信	工银瑞信核心价值A	偏股混合型基金	294	135	76.454
18	工银瑞信	工银瑞信大盘蓝筹	偏股混合型基金	294	176	7.448
18	工银瑞信	工银瑞信红利	偏股混合型基金	294	264	21.202
18	工银瑞信	工银瑞信精选平衡	偏股混合型基金	294	280	45.075
18	工银瑞信	工银瑞信稳健成长A	偏股混合型基金	294	282	38.728
18	工银瑞信	工银瑞信增强收益A	混合债券型一级基金	67	24	13.475
18	工银瑞信	工银瑞信增强收益B	混合债券型一级基金	67	33	8.496
18	工银瑞信	工银瑞信信用添利A	混合债券型一级基金	67	41	17.780
18	工银瑞信	工银瑞信信用添利B	混合债券型一级基金	67	48	8.799
18	工银瑞信	工银瑞信双利A	混合债券型二级基金	73	11	92.087
18	工银瑞信	工银瑞信双利B	混合债券型二级基金	73	14	37.801
18	工银瑞信	工银瑞信深证红利ETF	被动指数型基金	67	5	23.618
18	工银瑞信	工银瑞信深证红利ETF联接A	被动指数型基金	67	10	21.873

续表4-2

整体投资回报能力排名	基金公司（简称）	基金名称	投资类型（二级分类）	样本基金数量	同类基金中排名	期间内规模（亿）
18	工银瑞信	工银瑞信沪深300A	被动指数型基金	67	38	36.202
18	工银瑞信	工银上证央企50ETF	被动指数型基金	67	54	5.923
18	工银瑞信	工银瑞信货币	货币市场型基金	67	17	329.018
19	招商	招商中小盘精选	偏股混合型基金	294	93	5.602
19	招商	招商大盘蓝筹	偏股混合型基金	294	107	11.939
19	招商	招商行业领先A	偏股混合型基金	294	111	12.549
19	招商	招商安泰	偏股混合型基金	294	118	7.351
19	招商	招商优质成长	偏股混合型基金	294	136	39.609
19	招商	招商先锋	偏股混合型基金	294	163	43.510
19	招商	招商核心价值	偏股混合型基金	294	204	34.068
19	招商	招商安泰平衡	平衡混合型基金	21	15	2.825
19	招商	招商信用添利A	混合债券型一级基金	67	7	18.287
19	招商	招商安心收益C	混合债券型一级基金	67	16	24.011
19	招商	招商安本增利	混合债券型二级基金	73	45	12.797
19	招商	招商上证消费80ETF	被动指数型基金	67	1	6.032
19	招商	招商上证消费80ETF联接A	被动指数型基金	67	2	13.132
19	招商	招商深证100A	被动指数型基金	67	24	3.631
19	招商	招商现金增值B	货币市场型基金	67	5	41.485
19	招商	招商现金增值A	货币市场型基金	67	36	58.760
20	长城	长城品牌优选	偏股混合型基金	294	50	73.110
20	长城	长城久富	偏股混合型基金	294	191	20.151
20	长城	长城双动力	偏股混合型基金	294	234	1.635
20	长城	长城消费增值	偏股混合型基金	294	253	34.577
20	长城	长城久泰沪深300A	增强指数型基金	15	14	14.145

续表4-2

整体投资回报能力排名	基金公司（简称）	基金名称	投资类型（二级分类）	样本基金数量	同类基金中排名	期间内规模（亿）
20	长城	长城稳健增利A	混合债券型二级基金	73	68	6.574
20	长城	长城安心回报	灵活配置型基金	65	37	57.244
20	长城	长城久恒	灵活配置型基金	65	50	1.645
20	长城	长城景气行业龙头	灵活配置型基金	65	63	2.067
20	长城	长城货币A	货币市场型基金	67	24	286.259
21	汇丰晋信	汇丰晋信龙腾	偏股混合型基金	294	102	16.330
21	汇丰晋信	汇丰晋信2026	平衡混合型基金	21	9	1.337
21	汇丰晋信	汇丰晋信大盘A	普通股票型基金	10	2	23.260
21	汇丰晋信	汇丰晋信低碳先锋	普通股票型基金	10	7	26.340
21	汇丰晋信	汇丰晋信消费红利	普通股票型基金	10	8	12.209
21	汇丰晋信	汇丰晋信中小盘	普通股票型基金	10	9	5.076
21	汇丰晋信	汇丰晋信2016	混合债券型二级基金	73	70	3.916
21	汇丰晋信	汇丰晋信动态策略A	灵活配置型基金	65	13	20.247
22	建信	建信内生动力	偏股混合型基金	294	48	31.006
22	建信	建信核心精选	偏股混合型基金	294	56	9.644
22	建信	建信优选成长A	偏股混合型基金	294	88	28.263
22	建信	建信恒久价值	偏股混合型基金	294	141	24.702
22	建信	建信优化配置	偏股混合型基金	294	171	59.783
22	建信	建信稳定增利C	混合债券型一级基金	67	22	16.184
22	建信	建信收益增强A	混合债券型二级基金	73	41	3.153
22	建信	建信收益增强C	混合债券型二级基金	73	50	4.765
22	建信	建信上证社会责任ETF	被动指数型基金	67	8	2.829
22	建信	建信上证社会责任ETF联接	被动指数型基金	67	14	2.842
22	建信	建信沪深300	被动指数型基金	67	23	25.573

续表4-2

整体投资回报能力排名	基金公司（简称）	基金名称	投资类型（二级分类）	样本基金数量	同类基金中排名	期间内规模（亿）
22	建信	建信货币A	货币市场型基金	67	33	59.533
23	国泰	国泰中小盘成长	偏股混合型基金	294	20	13.212
23	国泰	国泰金牛创新成长	偏股混合型基金	294	25	29.652
23	国泰	国泰区位优势	偏股混合型基金	294	53	12.297
23	国泰	国泰金龙行业精选	偏股混合型基金	294	121	11.379
23	国泰	国泰金鹏蓝筹价值	偏股混合型基金	294	128	13.810
23	国泰	国泰金马稳健回报	偏股混合型基金	294	144	42.168
23	国泰	国泰金鼎价值精选	偏股混合型基金	294	167	34.867
23	国泰	国泰金龙债券A	混合债券型一级基金	67	64	1.238
23	国泰	国泰金龙债券C	混合债券型一级基金	67	66	0.279
23	国泰	国泰双利债券A	混合债券型二级基金	73	54	1.637
23	国泰	国泰双利债券C	混合债券型二级基金	73	57	1.957
23	国泰	国泰价值经典	灵活配置型基金	65	21	8.777
23	国泰	国泰金鹰增长	灵活配置型基金	65	27	24.781
23	国泰	国泰沪深300A	被动指数型基金	67	31	46.427
23	国泰	国泰货币A	货币市场型基金	67	55	26.788
24	鹏华	鹏华消费优选	偏股混合型基金	294	12	13.081
24	鹏华	鹏华价值优势	偏股混合型基金	294	75	64.454
24	鹏华	鹏华盛世创新	偏股混合型基金	294	103	5.313
24	鹏华	鹏华普天收益	偏股混合型基金	294	104	17.140
24	鹏华	鹏华精选成长	偏股混合型基金	294	129	11.004
24	鹏华	鹏华中国50	偏股混合型基金	294	140	33.385
24	鹏华	鹏华动力增长	偏股混合型基金	294	182	52.933
24	鹏华	鹏华优质治理	偏股混合型基金	294	248	41.207
24	鹏华	鹏华丰润	混合债券型一级基金	67	19	23.929

续表4-2

整体投资回报能力排名	基金公司（简称）	基金名称	投资类型（二级分类）	样本基金数量	同类基金中排名	期间内规模（亿）
24	鹏华	鹏华普天债券A	混合债券型一级基金	67	36	8.265
24	鹏华	鹏华普天债券B	混合债券型一级基金	67	44	1.378
24	鹏华	鹏华信用增利A	混合债券型二级基金	73	30	13.948
24	鹏华	鹏华信用增利B	混合债券型二级基金	73	37	2.747
24	鹏华	鹏华丰收	混合债券型二级基金	73	52	19.143
24	鹏华	鹏华沪深300A	被动指数型基金	67	18	9.432
24	鹏华	鹏华中证500A	被动指数型基金	67	52	7.709
24	鹏华	鹏华货币B	货币市场型基金	67	20	35.949
24	鹏华	鹏华货币A	货币市场型基金	67	49	4.270
25	中银	中银收益A	偏股混合型基金	294	41	28.299
25	中银	中银动态策略	偏股混合型基金	294	58	15.279
25	中银	中银中国精选	偏股混合型基金	294	108	22.575
25	中银	中银持续增长A	偏股混合型基金	294	203	63.224
25	中银	中银中证100指数增强	增强指数型基金	15	7	14.887
25	中银	中银稳健增利	混合债券型一级基金	67	23	20.218
25	中银	中银稳健双利A	混合债券型二级基金	73	23	25.896
25	中银	中银稳健双利B	混合债券型二级基金	73	33	20.439
25	中银	中银行业优选	灵活配置型基金	65	9	6.477
25	中银	中银价值精选	灵活配置型基金	65	30	12.930
25	中银	中银蓝筹精选	灵活配置型基金	65	31	14.865
25	中银	中银货币A	货币市场型基金	67	47	26.066
26	华夏	华夏行业精选	偏股混合型基金	294	127	61.079
26	华夏	华夏收入	偏股混合型基金	294	130	34.520
26	华夏	华夏大盘精选	偏股混合型基金	294	134	64.526
26	华夏	华夏蓝筹核心	偏股混合型基金	294	165	80.287

续表4-2

整体投资回报能力排名	基金公司（简称）	基金名称	投资类型（二级分类）	样本基金数量	同类基金中排名	期间内规模（亿）
26	华夏	华夏复兴	偏股混合型基金	294	183	51.576
26	华夏	华夏红利	偏股混合型基金	294	217	155.306
26	华夏	华夏优势增长	偏股混合型基金	294	223	150.010
26	华夏	华夏经典配置	偏股混合型基金	294	225	13.538
26	华夏	华夏成长	偏股混合型基金	294	268	77.532
26	华夏	华夏盛世精选	偏股混合型基金	294	290	67.377
26	华夏	华夏回报2号	平衡混合型基金	21	4	67.581
26	华夏	华夏回报A	平衡混合型基金	21	5	138.249
26	华夏	华夏债券AB	混合债券型一级基金	67	30	13.247
26	华夏	华夏债券C	混合债券型一级基金	67	39	15.163
26	华夏	华夏稳定双利债券C	混合债券型一级基金	67	51	9.334
26	华夏	华夏希望债券A	混合债券型二级基金	73	59	17.371
26	华夏	华夏希望债券C	混合债券型二级基金	73	63	14.349
26	华夏	华夏策略精选	灵活配置型基金	65	20	20.416
26	华夏	华夏平稳增长	灵活配置型基金	65	58	37.974
26	华夏	华夏上证50ETF	被动指数型基金	67	20	382.612
26	华夏	华夏沪深300ETF联接A	被动指数型基金	67	26	186.198
26	华夏	华夏中小板ETF	被动指数型基金	67	59	34.954
26	华夏	华夏现金增利A	货币市场型基金	67	14	194.256
26	华夏	华夏货币A	货币市场型基金	67	23	9.284
27	嘉实	嘉实增长	偏股混合型基金	294	35	46.032
27	嘉实	嘉实优质企业	偏股混合型基金	294	51	46.923
27	嘉实	嘉实研究精选A	偏股混合型基金	294	79	27.103
27	嘉实	嘉实价值优势	偏股混合型基金	294	89	27.927
27	嘉实	嘉实主题新动力	偏股混合型基金	294	92	37.752

续表4-2

整体投资回报能力排名	基金公司（简称）	基金名称	投资类型（二级分类）	样本基金数量	同类基金中排名	期间内规模（亿）
27	嘉实	嘉实策略增长	偏股混合型基金	294	208	90.999
27	嘉实	嘉实稳健	偏股混合型基金	294	211	82.540
27	嘉实	嘉实服务增值行业	偏股混合型基金	294	213	59.580
27	嘉实	嘉实量化阿尔法	偏股混合型基金	294	232	10.098
27	嘉实	嘉实主题精选	偏股混合型基金	294	252	92.254
27	嘉实	嘉实成长收益A	平衡混合型基金	21	1	36.156
27	嘉实	嘉实债券	混合债券型一级基金	67	47	18.099
27	嘉实	嘉实稳固收益C	混合债券型二级基金	73	27	37.607
27	嘉实	嘉实多元收益A	混合债券型二级基金	73	43	8.299
27	嘉实	嘉实多元收益B	混合债券型二级基金	73	49	8.878
27	嘉实	嘉实回报灵活配置	灵活配置型基金	65	24	19.591
27	嘉实	嘉实基本面50指数（LOF）A	被动指数型基金	67	15	16.157
27	嘉实	嘉实沪深300ETF联接（LOF）A	被动指数型基金	67	35	257.909
27	嘉实	嘉实货币A	货币市场型基金	67	18	100.011
28	博时	博时主题行业	偏股混合型基金	294	30	111.064
28	博时	博时特许价值A	偏股混合型基金	294	85	7.146
28	博时	博时创业成长A	偏股混合型基金	294	122	5.578
28	博时	博时精选A	偏股混合型基金	294	235	72.118
28	博时	博时行业轮动	偏股混合型基金	294	251	7.998
28	博时	博时新兴成长	偏股混合型基金	294	256	106.641
28	博时	博时第三产业成长	偏股混合型基金	294	271	50.988
28	博时	博时价值增长	平衡混合型基金	21	17	111.997
28	博时	博时价值增长2号	平衡混合型基金	21	20	41.418
28	博时	博时平衡配置	平衡混合型基金	21	21	20.949

续表4-2

整体投资回报能力排名	基金公司（简称）	基金名称	投资类型（二级分类）	样本基金数量	同类基金中排名	期间内规模（亿）
28	博时	博时稳定价值 A	混合债券型一级基金	67	13	3.297
28	博时	博时稳定价值 B	混合债券型一级基金	67	17	3.477
28	博时	博时信用债券 B	混合债券型二级基金	73	1	12.804
28	博时	博时信用债券 A	混合债券型二级基金	73	2	12.804
28	博时	博时信用债券 C	混合债券型二级基金	73	3	7.110
28	博时	博时转债增强 A	混合债券型二级基金	73	21	23.664
28	博时	博时转债增强 C	混合债券型二级基金	73	29	20.447
28	博时	博时宏观回报 AB	混合债券型二级基金	73	55	38.202
28	博时	博时宏观回报 C	混合债券型二级基金	73	60	7.178
28	博时	博时策略灵活配置	灵活配置型基金	65	45	18.076
28	博时	博时裕富沪深 300A	被动指数型基金	67	13	96.156
28	博时	博时超大盘 ETF	被动指数型基金	67	39	10.180
28	博时	博时超大盘 ETF 联接	被动指数型基金	67	43	8.232
28	博时	博时现金收益 A	货币市场型基金	67	31	822.322
29	银华	银华富裕主题	偏股混合型基金	294	10	143.779
29	银华	银华领先策略	偏股混合型基金	294	84	14.006
29	银华	银华内需精选	偏股混合型基金	294	113	50.823
29	银华	银华优质增长	偏股混合型基金	294	152	57.088
29	银华	银华核心价值优选	偏股混合型基金	294	202	108.850
29	银华	银华道琼斯 88 精选 A	增强指数型基金	15	11	60.658
29	银华	银华优势企业	平衡混合型基金	21	13	23.234
29	银华	银华信用双利 A	混合债券型二级基金	73	32	17.952
29	银华	银华信用双利 C	混合债券型二级基金	73	44	12.288
29	银华	银华增强收益	混合债券型二级基金	73	51	7.006
29	银华	银华和谐主题	灵活配置型基金	65	11	10.015

续表4-2

整体投资回报能力排名	基金公司（简称）	基金名称	投资类型（二级分类）	样本基金数量	同类基金中排名	期间内规模（亿）
29	银华	银华成长先锋	灵活配置型基金	65	52	19.882
29	银华	银华深证100	被动指数型基金	67	46	9.207
29	银华	银华货币B	货币市场型基金	67	28	34.907
29	银华	银华货币A	货币市场型基金	67	58	228.962
30	华安	华安行业轮动	偏股混合型基金	294	18	6.508
30	华安	华安核心优选	偏股混合型基金	294	36	5.520
30	华安	华安策略优选	偏股混合型基金	294	76	96.684
30	华安	华安宏利	偏股混合型基金	294	125	62.213
30	华安	华安中小盘成长	偏股混合型基金	294	198	58.768
30	华安	华安MSCI中国A股指数增强	增强指数型基金	15	15	42.543
30	华安	华安宝利配置	平衡混合型基金	21	2	35.849
30	华安	华安创新	平衡混合型基金	21	19	52.142
30	华安	华安稳定收益A	混合债券型一级基金	67	14	8.613
30	华安	华安稳固收益C	混合债券型一级基金	67	20	14.679
30	华安	华安稳定收益B	混合债券型一级基金	67	21	4.476
30	华安	华安强化收益A	混合债券型二级基金	73	13	4.694
30	华安	华安强化收益B	混合债券型二级基金	73	16	1.338
30	华安	华安动态灵活配置	灵活配置型基金	65	6	7.192
30	华安	华安上证180ETF	被动指数型基金	67	30	149.402
30	华安	华安上证180ETF联接	被动指数型基金	67	36	6.135
30	华安	华安上证龙头ETF	被动指数型基金	67	53	5.913
30	华安	华安上证龙头ETF联接	被动指数型基金	67	57	8.867
30	华安	华安现金富利B	货币市场型基金	67	25	43.175
30	华安	华安现金富利A	货币市场型基金	67	53	10.814

续表4-2

整体投资回报能力排名	基金公司（简称）	基金名称	投资类型（二级分类）	样本基金数量	同类基金中排名	期间内规模（亿）
31	国投瑞银	国投瑞银创新动力	偏股混合型基金	294	146	39.310
31	国投瑞银	国投瑞银成长优选	偏股混合型基金	294	161	19.153
31	国投瑞银	国投瑞银核心企业	偏股混合型基金	294	275	39.776
31	国投瑞银	国投瑞银景气行业	平衡混合型基金	21	11	21.691
31	国投瑞银	国投瑞银稳定增利	混合债券型一级基金	67	15	16.902
31	国投瑞银	国投瑞银优化增强 AB	混合债券型二级基金	73	12	13.204
31	国投瑞银	国投瑞银优化增强 C	混合债券型二级基金	73	15	4.454
31	国投瑞银	国投瑞银稳健增长	灵活配置型基金	65	16	18.257
31	国投瑞银	国投瑞银中证下游	被动指数型基金	67	6	6.448
31	国投瑞银	国投瑞银货币 B	货币市场型基金	67	19	24.201
31	国投瑞银	国投瑞银货币 A	货币市场型基金	67	50	6.994
32	华宝	华宝新兴产业	偏股混合型基金	294	39	20.751
32	华宝	华宝先进成长	偏股混合型基金	294	86	20.282
32	华宝	华宝宝康消费品	偏股混合型基金	294	90	26.161
32	华宝	华宝收益增长	偏股混合型基金	294	153	28.694
32	华宝	华宝大盘精选	偏股混合型基金	294	155	10.335
32	华宝	华宝动力组合	偏股混合型基金	294	173	16.990
32	华宝	华宝行业精选	偏股混合型基金	294	255	82.049
32	华宝	华宝多策略	偏股混合型基金	294	261	39.617
32	华宝	华宝宝康债券 A	混合债券型一级基金	67	49	4.349
32	华宝	华宝增强收益 A	混合债券型二级基金	73	58	0.576
32	华宝	华宝增强收益 B	混合债券型二级基金	73	65	0.584
32	华宝	华宝宝康灵活	灵活配置型基金	65	32	8.219
32	华宝	华宝中证 100A	被动指数型基金	67	9	9.687
32	华宝	华宝上证 180 价值 ETF	被动指数型基金	67	12	6.155

续表4-2

整体投资回报能力排名	基金公司（简称）	基金名称	投资类型（二级分类）	样本基金数量	同类基金中排名	期间内规模（亿）
32	华宝	华宝上证180价值ETF联接	被动指数型基金	67	16	2.087
32	华宝	华宝现金宝B	货币市场型基金	67	7	28.160
32	华宝	华宝现金宝A	货币市场型基金	67	38	84.282
33	中信保诚	信诚中小盘	偏股混合型基金	294	55	2.453
33	中信保诚	信诚优胜精选	偏股混合型基金	294	100	29.385
33	中信保诚	中信保诚精萃成长	偏股混合型基金	294	120	20.208
33	中信保诚	中信保诚盛世蓝筹	偏股混合型基金	294	143	24.444
33	中信保诚	信诚深度价值	偏股混合型基金	294	169	2.448
33	中信保诚	信诚四季红	偏股混合型基金	294	263	31.178
33	中信保诚	信诚增强收益	混合债券型二级基金	73	8	11.406
33	中信保诚	信诚三得益债券A	混合债券型二级基金	73	36	3.372
33	中信保诚	信诚三得益债券B	混合债券型二级基金	73	47	8.074
34	广发	广发聚瑞A	偏股混合型基金	294	52	25.519
34	广发	广发小盘成长A	偏股混合型基金	294	96	141.155
34	广发	广发行业领先A	偏股混合型基金	294	131	29.016
34	广发	广发大盘成长	偏股混合型基金	294	137	87.485
34	广发	广发核心精选	偏股混合型基金	294	139	21.115
34	广发	广发聚丰A	偏股混合型基金	294	227	169.127
34	广发	广发策略优选	偏股混合型基金	294	230	86.414
34	广发	广发稳健增长A	平衡混合型基金	21	10	185.121
34	广发	广发聚富	平衡混合型基金	21	18	41.558
34	广发	广发增强债券	混合债券型一级基金	67	42	8.325
34	广发	广发内需增长	灵活配置型基金	65	55	25.961
34	广发	广发沪深300ETF联接A	被动指数型基金	67	37	24.170

续表4-2

整体投资回报能力排名	基金公司（简称）	基金名称	投资类型（二级分类）	样本基金数量	同类基金中排名	期间内规模（亿）
34	广发	广发中证500ETF联接A	被动指数型基金	67	64	26.457
34	广发	广发货币B	货币市场型基金	67	2	37.112
34	广发	广发货币A	货币市场型基金	67	21	16.399
35	长信	长信双利优选A	偏股混合型基金	294	57	4.032
35	长信	长信恒利优势	偏股混合型基金	294	99	1.955
35	长信	长信量化先锋A	偏股混合型基金	294	105	8.955
35	长信	长信增利策略	偏股混合型基金	294	159	18.248
35	长信	长信银利精选	偏股混合型基金	294	193	18.789
35	长信	长信金利趋势	偏股混合型基金	294	207	50.627
35	长信	长信利丰C	混合债券型二级基金	73	10	11.422
35	长信	长信医疗保健行业	灵活配置型基金	65	23	1.913
35	长信	长信利息收益B	货币市场型基金	67	12	21.401
35	长信	长信利息收益A	货币市场型基金	67	43	92.054
36	华泰柏瑞	华泰柏瑞价值增长A	偏股混合型基金	294	7	24.351
36	华泰柏瑞	华泰柏瑞行业领先	偏股混合型基金	294	61	12.979
36	华泰柏瑞	华泰柏瑞盛世中国	偏股混合型基金	294	145	55.627
36	华泰柏瑞	华泰柏瑞量化先行A	偏股混合型基金	294	172	5.848
36	华泰柏瑞	华泰柏瑞积极成长A	偏股混合型基金	294	243	23.094
36	华泰柏瑞	华泰柏瑞增利A	混合债券型二级基金	73	71	0.563
36	华泰柏瑞	华泰柏瑞增利B	混合债券型二级基金	73	72	0.678
36	华泰柏瑞	华泰柏瑞红利ETF	被动指数型基金	67	48	57.934
36	华泰柏瑞	华泰柏瑞货币B	货币市场型基金	67	34	2.048
36	华泰柏瑞	华泰柏瑞货币A	货币市场型基金	67	61	41.041
37	浦银安盛	浦银安盛红利精选	偏股混合型基金	294	82	1.395
37	浦银安盛	浦银安盛价值成长A	偏股混合型基金	294	157	10.668

续表4-2

整体投资回报能力排名	基金公司（简称）	基金名称	投资类型（二级分类）	样本基金数量	同类基金中排名	期间内规模（亿）
37	浦银安盛	浦银安盛沪深300指数增强	增强指数型基金	15	8	5.752
37	浦银安盛	浦银安盛优化收益A	混合债券型二级基金	73	61	0.404
37	浦银安盛	浦银安盛优化收益C	混合债券型二级基金	73	66	0.066
37	浦银安盛	浦银安盛精致生活	灵活配置型基金	65	28	1.879
38	申万菱信	申万菱信消费增长	偏股混合型基金	294	60	4.967
38	申万菱信	申万菱信盛利精选	偏股混合型基金	294	109	16.618
38	申万菱信	申万菱信竞争优势	偏股混合型基金	294	178	0.910
38	申万菱信	申万菱信新动力	偏股混合型基金	294	179	27.333
38	申万菱信	申万菱信新经济	偏股混合型基金	294	218	27.786
38	申万菱信	申万菱信沪深300指数增强A	增强指数型基金	15	1	3.792
38	申万菱信	申万菱信沪深300价值A	被动指数型基金	67	17	7.580
38	申万菱信	申万菱信深证成指分级	被动指数型基金	67	65	3.066
38	申万菱信	申万菱信货币A	货币市场型基金	67	64	5.217
39	摩根士丹利华鑫	大摩卓越成长	偏股混合型基金	294	19	9.278
39	摩根士丹利华鑫	大摩基础行业	偏股混合型基金	294	95	1.759
39	摩根士丹利华鑫	大摩领先优势	偏股混合型基金	294	177	14.727
39	摩根士丹利华鑫	大摩资源优选	偏股混合型基金	294	196	22.881
39	摩根士丹利华鑫	大摩强收益债券	混合债券型一级基金	67	9	9.078
39	摩根士丹利华鑫	大摩消费领航	灵活配置型基金	65	62	19.397

续表4-2

整体投资回报能力排名	基金公司（简称）	基金名称	投资类型（二级分类）	样本基金数量	同类基金中排名	期间内规模（亿）
40	海富通	海富通精选2号	偏股混合型基金	294	180	11.951
40	海富通	海富通精选	偏股混合型基金	294	210	53.855
40	海富通	海富通领先成长	偏股混合型基金	294	229	10.537
40	海富通	海富通股票	偏股混合型基金	294	273	51.299
40	海富通	海富通中小盘	偏股混合型基金	294	278	17.456
40	海富通	海富通风格优势	偏股混合型基金	294	289	39.734
40	海富通	海富通稳健添利A	混合债券型一级基金	67	62	1.138
40	海富通	海富通稳健添利C	混合债券型一级基金	67	63	1.054
40	海富通	海富通稳固收益	混合债券型二级基金	73	31	16.565
40	海富通	海富通收益增长	灵活配置型基金	65	35	29.851
40	海富通	海富通强化回报	灵活配置型基金	65	61	16.489
40	海富通	海富通中证100A	被动指数型基金	67	7	9.727
40	海富通	海富通上证周期ETF	被动指数型基金	67	41	3.715
40	海富通	海富通上证周期ETF联接	被动指数型基金	67	49	1.693
40	海富通	海富通货币B	货币市场型基金	67	6	72.369
40	海富通	海富通货币A	货币市场型基金	67	37	5.371
41	国联安	国联安精选	偏股混合型基金	294	70	22.718
41	国联安	国联安优势	偏股混合型基金	294	87	7.359
41	国联安	国联安主题驱动	偏股混合型基金	294	106	2.122
41	国联安	国联安小盘精选	偏股混合型基金	294	142	16.460
41	国联安	国联安红利	偏股混合型基金	294	254	1.509
41	国联安	国联安稳健	平衡混合型基金	21	7	4.954
41	国联安	国联安增利债券A	混合债券型一级基金	67	53	7.650
41	国联安	国联安增利债券B	混合债券型一级基金	67	57	4.117

续表4-2

整体投资回报能力排名	基金公司（简称）	基金名称	投资类型（二级分类）	样本基金数量	同类基金中排名	期间内规模（亿）
41	国联安	国联安信心增益	混合债券型一级基金	67	67	10.231
41	国联安	国联安中证100	被动指数型基金	67	21	2.733
41	国联安	国联安上证商品ETF联接	被动指数型基金	67	66	7.027
41	国联安	国联安上证商品ETF	被动指数型基金	67	67	5.447
42	天弘	天弘永定成长	偏股混合型基金	294	97	4.729
42	天弘	天弘周期策略	偏股混合型基金	294	147	3.158
42	天弘	天弘永利债券B	混合债券型二级基金	73	26	13.665
42	天弘	天弘永利债券A	混合债券型二级基金	73	40	3.343
42	天弘	天弘精选	灵活配置型基金	65	57	23.712
43	长盛	长盛量化红利策略	偏股混合型基金	294	59	2.901
43	长盛	长盛成长价值	偏股混合型基金	294	132	7.575
43	长盛	长盛动态精选	偏股混合型基金	294	189	9.175
43	长盛	长盛同德	偏股混合型基金	294	214	51.156
43	长盛	长盛同智	偏股混合型基金	294	270	17.482
43	长盛	长盛积极配置	混合债券型二级基金	73	62	8.599
43	长盛	长盛创新先锋	灵活配置型基金	65	29	1.286
43	长盛	长盛中证100	被动指数型基金	67	11	7.642
43	长盛	长盛沪深300	被动指数型基金	67	22	3.060
43	长盛	长盛货币A	货币市场型基金	67	35	4.985
44	大成	大成积极成长	偏股混合型基金	294	80	24.191
44	大成	大成精选增值	偏股混合型基金	294	124	23.108
44	大成	大成策略回报	偏股混合型基金	294	138	16.573
44	大成	大成行业轮动	偏股混合型基金	294	160	3.876
44	大成	大成核心双动力	偏股混合型基金	294	188	6.531

续表4-2

整体投资回报能力排名	基金公司（简称）	基金名称	投资类型（二级分类）	样本基金数量	同类基金中排名	期间内规模（亿）
44	大成	大成景阳领先	偏股混合型基金	294	224	42.262
44	大成	大成创新成长	偏股混合型基金	294	238	68.002
44	大成	大成蓝筹稳健	偏股混合型基金	294	272	92.162
44	大成	大成价值增长	平衡混合型基金	21	12	71.746
44	大成	大成债券AB	混合债券型一级基金	67	8	7.726
44	大成	大成债券C	混合债券型一级基金	67	11	4.122
44	大成	大成中证红利A	被动指数型基金	67	25	14.453
44	大成	大成沪深300A	被动指数型基金	67	40	52.674
44	大成	大成深证成长40ETF	被动指数型基金	67	56	3.585
44	大成	大成深证成长40ETF联接	被动指数型基金	67	58	16.770
44	大成	大成货币B	货币市场型基金	67	26	6.327
44	大成	大成货币A	货币市场型基金	67	54	3.994
45	融通	融通行业景气A	偏股混合型基金	294	117	72.131
45	融通	融通动力先锋	偏股混合型基金	294	205	20.875
45	融通	融通领先成长A	偏股混合型基金	294	216	38.637
45	融通	融通内需驱动	偏股混合型基金	294	236	4.812
45	融通	融通新蓝筹	偏股混合型基金	294	274	84.880
45	融通	融通巨潮100AB	增强指数型基金	15	9	18.249
45	融通	融通蓝筹成长	平衡混合型基金	21	14	15.491
45	融通	融通深证100AB	被动指数型基金	67	42	112.717
45	融通	融通深证成指AB	被动指数型基金	67	61	9.702
45	融通	融通易支付货币A	货币市场型基金	67	45	227.156
46	泰达宏利	泰达宏利稳定	偏股混合型基金	294	44	2.611
46	泰达宏利	泰达宏利效率优选	偏股混合型基金	294	166	31.160

续表4-2

整体投资回报能力排名	基金公司（简称）	基金名称	投资类型（二级分类）	样本基金数量	同类基金中排名	期间内规模（亿）
46	泰达宏利	泰达宏利周期	偏股混合型基金	294	181	5.656
46	泰达宏利	泰达宏利行业精选	偏股混合型基金	294	190	34.563
46	泰达宏利	泰达宏利成长	偏股混合型基金	294	222	15.571
46	泰达宏利	泰达宏利红利先锋	偏股混合型基金	294	239	4.660
46	泰达宏利	泰达宏利市值优选	偏股混合型基金	294	242	42.800
46	泰达宏利	泰达宏利沪深300指数增强A	增强指数型基金	15	3	4.932
46	泰达宏利	泰达宏利首选企业	普通股票型基金	10	5	9.582
46	泰达宏利	泰达宏利集利A	混合债券型二级基金	73	22	2.764
46	泰达宏利	泰达宏利集利C	混合债券型二级基金	73	35	0.706
46	泰达宏利	泰达宏利品质生活	灵活配置型基金	65	64	2.301
46	泰达宏利	泰达宏利货币A	货币市场型基金	67	29	3.698
47	东方	东方策略成长	偏股混合型基金	294	49	2.471
47	东方	东方核心动力	偏股混合型基金	294	199	2.629
47	东方	东方精选	偏股混合型基金	294	219	41.767
47	东方	东方稳健回报A	混合债券型一级基金	67	65	4.087
47	东方	东方龙	灵活配置型基金	65	25	6.797
47	东方	东方金账簿货币A	货币市场型基金	67	22	3.449
48	金鹰	金鹰稳健成长	偏股混合型基金	294	119	5.840
48	金鹰	金鹰行业优势	偏股混合型基金	294	154	7.880
48	金鹰	金鹰主题优势	偏股混合型基金	294	206	12.838
48	金鹰	金鹰中小盘精选	偏股混合型基金	294	231	9.414
48	金鹰	金鹰红利价值	灵活配置型基金	65	49	1.105
48	金鹰	金鹰成分股优选	灵活配置型基金	65	53	9.324
49	华商	华商产业升级	偏股混合型基金	294	201	5.176

续表4-2

整体投资回报能力排名	基金公司（简称）	基金名称	投资类型（二级分类）	样本基金数量	同类基金中排名	期间内规模（亿）
49	华商	华商盛世成长	偏股混合型基金	294	215	76.576
49	华商	华商领先企业	偏股混合型基金	294	250	51.340
49	华商	华商收益增强 A	混合债券型一级基金	67	56	3.100
49	华商	华商收益增强 B	混合债券型一级基金	67	60	3.401
49	华商	华商稳健双利 A	混合债券型二级基金	73	34	4.120
49	华商	华商稳健双利 B	混合债券型二级基金	73	46	3.711
49	华商	华商策略精选	灵活配置型基金	65	38	65.778
49	华商	华商动态阿尔法	灵活配置型基金	65	44	26.256
50	中海	中海量化策略	偏股混合型基金	294	175	6.762
50	中海	中海优质成长	偏股混合型基金	294	197	38.095
50	中海	中海分红增利	偏股混合型基金	294	265	18.958
50	中海	中海能源策略	偏股混合型基金	294	292	42.355
50	中海	中海上证 50 指数增强	增强指数型基金	15	13	3.568
50	中海	中海稳健收益	混合债券型一级基金	67	45	4.915
50	中海	中海蓝筹配置	灵活配置型基金	65	40	1.139
50	中海	中海环保新能源	灵活配置型基金	65	47	5.797
50	中海	中海货币 B	货币市场型基金	67	9	25.929
50	中海	中海货币 A	货币市场型基金	67	41	1.260
51	信达澳银	信达澳银中小盘	偏股混合型基金	294	192	4.754
51	信达澳银	信达澳银红利回报	偏股混合型基金	294	228	1.829
51	信达澳银	信达澳银领先增长	偏股混合型基金	294	241	38.173
51	信达澳银	信达澳银稳定 A	混合债券型一级基金	67	46	3.206
51	信达澳银	信达澳银稳定 B	混合债券型一级基金	67	55	0.254
51	信达澳银	信达澳银精华	灵活配置型基金	65	19	5.158
52	诺安	诺安主题精选	偏股混合型基金	294	27	14.047

续表4-2

整体投资回报能力排名	基金公司（简称）	基金名称	投资类型（二级分类）	样本基金数量	同类基金中排名	期间内规模（亿）
52	诺安	诺安中小盘精选	偏股混合型基金	294	66	10.449
52	诺安	诺安先锋	偏股混合型基金	294	237	112.582
52	诺安	诺安价值增长	偏股混合型基金	294	246	55.923
52	诺安	诺安成长	偏股混合型基金	294	258	158.970
52	诺安	诺安平衡	偏股混合型基金	294	269	45.186
52	诺安	诺安优化收益	混合债券型一级基金	67	3	10.220
52	诺安	诺安增利A	混合债券型二级基金	73	24	0.820
52	诺安	诺安增利B	混合债券型二级基金	73	42	0.399
52	诺安	诺安灵活配置	灵活配置型基金	65	22	15.579
52	诺安	诺安中证100A	被动指数型基金	67	3	8.949
52	诺安	诺安货币A	货币市场型基金	67	60	7.583
53	光大保德信	光大新增长	偏股混合型基金	294	94	16.188
53	光大保德信	光大红利	偏股混合型基金	294	162	16.130
53	光大保德信	光大中小盘	偏股混合型基金	294	164	6.873
53	光大保德信	光大优势	偏股混合型基金	294	212	66.438
53	光大保德信	光大精选	偏股混合型基金	294	240	1.320
53	光大保德信	光大核心	普通股票型基金	10	10	75.030
53	光大保德信	光大增利A	混合债券型一级基金	67	52	1.781
53	光大保德信	光大增利C	混合债券型一级基金	67	58	0.335
53	光大保德信	光大动态优选	灵活配置型基金	65	18	2.428
53	光大保德信	光大货币A	货币市场型基金	67	56	3.037
54	天治	天治核心成长	偏股混合型基金	294	266	18.682
54	天治	天治稳健双盈	混合债券型二级基金	73	17	1.497
54	天治	天治中国制造2025	灵活配置型基金	65	34	2.058
54	天治	天治趋势精选	灵活配置型基金	65	59	1.550

续表4-2

整体投资回报能力排名	基金公司（简称）	基金名称	投资类型（二级分类）	样本基金数量	同类基金中排名	期间内规模（亿）
54	天治	天治低碳经济	灵活配置型基金	65	65	1.661
54	天治	天治天得利货币A	货币市场型基金	67	51	1.273
55	金元顺安	金元顺安消费主题	偏股混合型基金	294	257	1.933
55	金元顺安	金元顺安宝石动力	偏股混合型基金	294	277	3.597
55	金元顺安	金元顺安价值增长	偏股混合型基金	294	294	0.794
55	金元顺安	金元顺安丰利	混合债券型二级基金	73	69	17.576
55	金元顺安	金元顺安成长动力	灵活配置型基金	65	60	1.034
56	东吴	东吴新经济	偏股混合型基金	294	262	2.401
56	东吴	东吴价值成长	偏股混合型基金	294	276	21.527
56	东吴	东吴嘉禾优势	偏股混合型基金	294	285	17.972
56	东吴	东吴行业轮动	偏股混合型基金	294	291	17.167
56	东吴	东吴进取策略	灵活配置型基金	65	43	7.573
56	东吴	东吴安享量化	灵活配置型基金	65	51	1.203
56	东吴	东吴货币B	货币市场型基金	67	52	14.526
56	东吴	东吴货币A	货币市场型基金	67	63	0.776
57	泰信	泰信发展主题	偏股混合型基金	294	110	3.931
57	泰信	泰信优质生活	偏股混合型基金	294	286	14.295
57	泰信	泰信先行策略	偏股混合型基金	294	287	34.191
57	泰信	泰信蓝筹精选	偏股混合型基金	294	288	4.855
57	泰信	泰信增强收益A	混合债券型一级基金	67	59	1.580
57	泰信	泰信增强收益C	混合债券型一级基金	67	61	0.256
57	泰信	泰信双息双利	混合债券型二级基金	73	67	1.537
57	泰信	泰信优势增长	灵活配置型基金	65	46	1.220
57	泰信	泰信天天收益A	货币市场型基金	67	59	5.497
58	中邮	中邮核心主题	偏股混合型基金	294	112	14.998

续表4-2

整体投资回报能力排名	基金公司（简称）	基金名称	投资类型（二级分类）	样本基金数量	同类基金中排名	期间内规模（亿）
58	中邮	中邮核心成长	偏股混合型基金	294	283	146.796
58	中邮	中邮核心优选	偏股混合型基金	294	284	80.297
58	中邮	中邮核心优势	灵活配置型基金	65	54	17.517
59	上投摩根	上投摩根行业轮动A	偏股混合型基金	294	40	16.926
59	上投摩根	上投摩根双核平衡	偏股混合型基金	294	46	6.501
59	上投摩根	上投摩根中小盘	偏股混合型基金	294	151	11.682
59	上投摩根	上投摩根内需动力	偏股混合型基金	294	185	69.703
59	上投摩根	上投摩根中国优势	偏股混合型基金	294	245	41.080
59	上投摩根	上投摩根成长先锋	偏股混合型基金	294	247	30.264
59	上投摩根	上投摩根阿尔法	偏股混合型基金	294	267	30.978
59	上投摩根	上投摩根双息平衡A	平衡混合型基金	21	16	22.732
59	上投摩根	上投摩根大盘蓝筹	普通股票型基金	10	4	8.413
59	上投摩根	上投摩根货币B	货币市场型基金	67	65	370.075
59	上投摩根	上投摩根货币A	货币市场型基金	67	67	1.027

5 2020 年度中国公募基金管理公司整体投资能力评价总结

整体投资回报能力评价总结我们提出的中国公募基金管理公司整体投资回报能力评价(TIP Rating)综合考虑一家基金公司的投资能力。通过这一评价体系,投资者可以了解一家基金公司每一只样本基金产品的收益在同期同类基金产品的相对位置,在看到基金公司旗下所有样本基金在同类基金中的收益排名后,我们基本就可以了解某一基金公司的综合投资管理能力。如果某一家基金公司旗下多数样本基金在同类基金中收益排名靠前,那么我们可以认为它的整体投研实力较好。如果某一家基金公司大部分样本基金在同类基金中排名靠后,或仅少数基金排名较前,则我们一般可以认为这家基金的整体投研实力不强,或由于投研实力的欠缺只能在某只基金产品上取得较好的相对业绩。

本书运用截至 2020 年 12 月 31 日国内所有公募基金的净值数据,根据我们设计的基金公司整体投资回报排名的算法,分别计算出三年期、五年期与十年期不同时间跨度上国内所有基金公司 TIP Rating 的排名情况。在通过对短期、中期、长期的排名结果观察后,我们可以看到有些基金公司的整体投研能力比较稳定,在短、中、长期的排名上变化波动较小。但有些基金公司的整体投研水平则随时间出现较大波动,在短、中、长期的排名上变化波动较大。如果可以对典型基金公司进行具体的案例研究,我们也许可以分析出投资管理行业经营的成败之处。

在后继年度的基金公司整体投资回报评价研究中,我们将在对不同投资类型的基金产品进行更加细致分类的基础上进行业绩分析,这将有助于基金投资者和管理者更加清晰地了解国内公募基金的投资能力。